공정국가

공정국가 -대한민국의 새로운 국가모델

2010년 10월 25일 초판 1쇄 찍음
2010년 10월 30일 초판 1쇄 펴냄

지은이 | 남기업

편 집 | 오정원
영 업 | 우현권
관 리 | 이영하

종 이 | 세종페이퍼
인 쇄 | 미르인쇄
제 본 | 은정제책

펴낸이 | 장의덕
펴낸곳 | ㈜도서출판 개마고원
등 록 | 1989년 9월 4일 제2-877호
주 소 | 서울시 마포구 공덕1동 105-225 (2층)
전 화 | (02) 326-1012
팩 스 | (02) 326-0232
이메일 | webmaster@kaema.co.kr

ISBN 978-89-5769-116-8 93340
ⓒ 남기업, 2010. Printed in Seoul, Korea.

이 도서의 국립중앙도서관 출판시도서목록(CIP)은 e-CIP홈페이지
(http://www.nl.go.kr/ecip)에서 이용하실 수 있습니다. (CIP제어번호 : CIP2010003766)

공정국가

대한민국의 새로운 국가모델

남기업 지음

FAIR STATE

개마고원

이제는 '공정국가'다

이명박 대통령이 지난 8·15 광복절 경축사에서 남은 임기 동안의 국정 방향으로 "공정한 사회"를 제시했을 때, 필자의 가슴속엔 한편으로 너무도 반가운 마음과 다른 한편으로 너무도 뜨악한 마음이 교차했다. 필자가 '공정'을 화두 삼아 새로운 국가모델 창안에 2년 가까이를 꼬박 매달려오던 처지이고 보니, 같은 곳을 바라보고 있었구나 하는 공감이 어찌 없었겠는가. 이명박 정권이 늦게나마 정신을 차린 것일지도 모른다는 일말의 기대는, 그러나 그간의 행태로 보아 너무 뜬금없는 노릇이기도 했기에 이내 불안감으로 바뀌어갔다. 아니나 다를까. 마치 대통령-여당-정부가 일제히 공정이란 제복으로 갈아입은 듯한 형세지만, 여기저기서 나오는 소리들을 들어보면 도무지 공정에 대한 철학도 개념 정리도 없는, 그야말로 그럴싸한 정치적 레토릭으로 등장한 구호였다는 게 금방 드러난다. 과거 전두환 정권의 '정의사회 구현'이란 구호만큼이나 허망하기 짝이 없는 노릇이다. 아마도 민주화 이후 가장 불공정한 권력으로 기록될지도 모를 이 이명박 정권이 '공정'이란 말을 더 타락시켜놓기 전에 이를 바로잡기 위해서라도 필자의 작업은 서둘러져야 했다.

이 책은 공정성fairness이란 추상적 원리를 가지고 대한민국이 지향해야 할 국가모델로 구상한 '공정국가론'을 담고 있다. 이런 추상적 원리를 부여잡고 고민을 시작하게 된 까닭은 오늘날 한국 사회가 어디부터 손을 대야 할지 모를 정도로 심각한 위기에 빠졌다고 느꼈기 때문이다. 그런 위기감은 어쩌면 힘겨운 현재보다는 그 너머로 지향해야 할 미래 좌표가 보이지 않을 때 더 증폭되는 듯하다. 저 멀리서 아스라히 등댓불이라도 깜빡여주지 않는다면, 암흑의 바다에서 파도와의 악전고투를 무슨 힘으로 견뎌내며 앞으로 나아갈 것인가 말이다. 산에서 길을 잃었을 때는 정상에 올라가서 다시 내려다보라는 말이 있다. 그렇듯 오늘날 한국 사회가 진정 필요로 하는 것은 문제 해결에 필요한 몇 가지 방법이 아니라, 문제에 대한 근본적인 사고와 성찰이다. 바로 이런 생각으로 필자는 '공정성'이란 가치에 주목한 것이다.

그러나 근본적으로 사고한다고 해서 구체적인 실행 방법이 자동적으로 도출되는 것은 아니다. 대안이 아름답고 고결한 추상적 원리를 논의하는 수준에서 끝나지 않으려면, 다시 말해 구체적 실행 방안까지 갖춘 대안이 되려면 추상적 원리에서 중요한 원칙들이 나와야 하고, 그것으로 한 사회를 들여다보았을 때 그 사회의 복잡한 문제들이 일목요연하게 정리되어야 한다. 그래야 추상과 구체가 어우러진 명실상부한 대안이 만들어질 수 있다.

이런 문제의식을 바탕으로 공정국가 모델은 진보와 보수를 아우를 수 있는 새로운 인식 틀로서 '공정성'을 제시하고, 공정성 안에서 양쪽이 어떻게 통합되고 조화될 수 있는지를 보여주려고 했다. 좀더 구체적으로 말해서 이 책은 '평등한 출발과 반칙 없는 경쟁과정의 합'으로 정의되는 공정성을 보다 구체화하기 위한 3원칙, 즉 기회균등의 원칙, 자유경쟁의 원칙, 불로소득 환수의 원칙을 제시하고, 이 원칙으로 황폐해진 한국 사회를 들여다보며, 그것을 고칠 수 있는 구체적인 방안과 예상 효과도 검토했다.

이와 같은 공정국가의 특징 가운데 첫번째는, 국가-시장 관계를 새로운 방향에서 접근한다는 점이다. 지금까지 국가-시장 관계에 관한 논의는 국가가 시장을 '어느 정도' 대체(개입)하느냐를 중심으로 이루어졌다. '작은 정부/큰 정부' 논의가 바로 이것이다. 국가가 시장을 많이 대체(개입)하면 복지국가 혹은 사회국가로, 그렇지 않으면 자유방임 혹은 신자유주의국가로 규정해왔다. 그런데 공정국가는 국가가 시장을 얼마나 대체(개입)하느냐가 아니라 국가가 '어떤 원칙'을 가지고 시장의 '어떤 부분'에서 '어떤 역할'을 하느냐에 집중한다. 즉, 공정국가는 시장에서 국가역할의 크고 작음이라는 종래의 관점에서 탈피해 '역할의 내용'을 중요하게 생각한다.

공정국가가 가지는 두번째 특징은, 이 모델이 종합적이고 체계적이라는 점이다. 대안이 제대로 되려면 경제제도·사회제도·조세제도 이렇게 세 제도가 톱니바퀴처럼 맞물려야 한다. 풀어 말하면 빈부격차를 완화하고 좋은 일자리를 많이 만들어서 사회제도의 부담을 덜어주는 경제제도, 경제효율을 높이면서 사회제도의 재원을 마련해주는 조세제도, 사회를 보다 안정적으로 만들어서 역동적이고 효율적인 시장을 조성하는 데 기여하는 사회제도, 이렇게 세 제도가 상호 보완하고 지지하는 모델이라야 한다. 그런데 기존에 제시된 모델은 상호 보완적이라기보다는 서로 충돌하는 면이 많고, 종합적이기보다는 단편적이며, 체계적이기보다는 나열적이다. 공정국가는 바로 이런 한계들을 극복해보고자 노력했다.

세번째로, 공정국가 모델은 통일한국의 체제대안을 염두에 두고 어떻게 하면 북한이 빠른 경제재건과 튼실한 경제발전이라는 목표에 도달할 수 있는지에 관한 종합적인 방안도 포함하고 있다. 한마디로, 공정국가는 남한과 북한이 수렴할 수 있는 '합일점convergence point'이 될 수 있다는 것이다.

공정국가의 마지막 특징은 토지문제를 중요하게 취급했다는 점이다. 진보와 보수를 막론하고 기존의 대안모델은 토지문제를 중요하게 다루지 않았다. 대다수의 생활인들은 토지문제가 사회경제 문제의 핵심이라는 것을 몸으로 알고 있는데, 이상하게도 대안을 연구하는 학자 그룹에서는 이를 중요하게 다루지 않는다. 물론 완전히 무관심한 것은 아니다. 하지만 다루더라도 금융과 관련해서, 주택과 관련해서만 다루며, 근본적인 해법엔 접근하지 않고 있다. 그러나 공정국가 모델은 기존 대안모델들과는 달리 토지문제를 근본적으로 해결할 수 있는 철학과 방안도 담고 있다.

이러한 특징을 가진 공정국가 모델에 대해서 한국 사회 문제의 근본 원인이 '시장만능의 신자유주의'에 있다고 보는 그룹과, '자본과의 대결'에서 대안을 모색하는 그룹은 동의하지 못할 부분이 많을 것이다. 공정국가는, 시장은 '근본적으로' 불안정하고 착취를 수반할 수밖에 없다는 생각에 동의하지 않는다. 시장이 주기적인 혼란에 빠지고 대다수의 노동자들을 불안에 떨게 만드는 까닭은 잘못된 소유권 원리 위에서 시장이 운영되기 때문이다. 다시 말해 필자는, 한국 사회가 이렇게 피폐하게 된 까닭이 시장이 과잉 적용되거나 '자본의 공세' 때문이 아니라, 시장의 원리가 제대로 구현되지 않았기 때문이라고 본다. 국가가 올바른 소유권 원리 위에서 제대로 된 원칙을 가지고 시장을 운영하게 되면, 시장은 지금보다 훨씬 효율적이고 안정적일 수 있으며, 양질의 일자리 증가와 빈부격차 완화는 자연스럽게 뒤따라올 것이라고 생각한다.

이 책이 나오기까지 도움을 주신 분들이 많다. 먼저 '토지정의시민연대' 이태경 사무처장의 도움은 대단히 컸다. 이태경 처장은 공정국가 모델을 처음 구상할 때부터 필자와 함께 논의했고, 초고의 서툰 표현도 직접 고쳐주는 수고를 마다하지 않았다. 그런 면에서 보면 이 책은 사실 그와 같이 썼다고 해도 과언이 아니다.

또한 김윤상 교수님도 공정국가의 원리와 원칙을 세우는 데 큰 도움을 주셨다. 전강수 교수님 역시 이 책의 초기 구상단계에서 조언을 주셨다. '토지+자유 연구소'의 조성찬 박사, 기독시민단체인 '희년함께'의 강빛나래·김덕영·이선옥·조은영은 직접 오탈자를 잡아주고 귀중한 논평까지 해주었고, 정의홍은 이 책에 나오는 도해를 멋지게 그려주었다. 웨스트민스터신학대학원의 '정치경제학연구' 수강생들과 '한국정치론'을 들은 성균관대 학생들도 초고를 읽고 부족한 부분을 지적해주었다. 도서출판 개마고원 장의덕 사장님은 원고의 완성도를 높이기 위해 많은 애를 쓰셨다. 이 책이 그나마 초고보다 완성도가 높아진 바 있다면 그것은 장 사장님의 덕분이다. 마지막으로 필자가 이 길을 계속 갈 수 있도록 격려해주시는 부모님과 아내 조영님, 아들 재현, 딸 성현에게 사랑의 마음을 전하고 싶다.

이 책의 집필은 내실 있게 통일(북한) 관련 사역을 하고 있는 사단법인 '하나누리'의 재정적 도움으로 시작되었다. 통일한국의 체제대안은 북한에 지속적인 도움을 주는 것만큼 중요하다며 기다려주고 격려해주신 하나누리 대표 방인성 목사님에게 깊은 감사를 드린다.

헨리 조지 센터에서

남기업

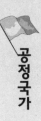

I

왜
이 책을
쓰는가?

1. 새로운 '국가모델'이 필요하다

한국 사회가 위기에 처한 징후가 역력하다. 대학을 졸업한 청년들이 일
자리가 없어 쩔쩔매고 있고, 더 이상 품을 희망조차 없는 가난한 사람들
의 수가 점점 늘어가고 있다. 교육을 통한 신분 상승의 길은 막힌 지 이
미 오래고, 겨우 집 한 칸 마련하는 데 인생의 노른자위 같은 시간을 다
보내야 하는 것이 오늘날 대한민국의 슬픈 현실이다. 제도교육은 초등
학교 때부터 옆 친구들을 밟아야 내가 살 수 있다는 '잔인한 생각'을 주
입하는 장치가 되어버렸고, 청소년 10명 가운데 2명 정도가 자살을 생
각해봤다는 세상이다. 지금 한국은 OECD 국가 중에서 자살률이 1위이
고 출산율은 꼴찌(2008년 1.19명)인 바로 그런 나라다. 이렇게 점점 더 위
기의 늪으로 깊숙이 빠져들고 있음에도, 두터운 안개에 휩싸여 늪을 헤

매고 있다는 사실조차 제대로 인식하지 못하고 있는지도 모른다.

　그렇다면 이와 같은 한국 사회에 절실히 필요한 것은 무엇일까? 필자는 이런 현실을 돌파해나갈 수 있는 길을 보여주는 미래 설계도로서의 '대안'이라고 생각한다. 문제의 본질을 볼 수 있게 해주고, 양식 있는 보통 사람들이 수긍할 수 있는 해법을 제공해주는 그런 대안 말이다. 하지만 대안이 국민 전체의 마음속을 파고들려면 두 가지를 피해야 한다. 하나는, 그저 구호에 그치는 것을 피해야 한다. "양질의 일자리를 많이 만들어야 한다." "빈부격차를 완화시켜야 한다." "양극화를 해소해야 한다." 등의 구호 그 자체로는 맞는 말이지만, 냉정히 말해서 이것은 대안이 아니다. 제대로 된 대안은 왜 양질의 일자리가 생기지 않는지, 빈부격차의 원인이 무엇인지에 대한 입체적인 진단이 있어야 한다. 그리고 그것을 바탕으로 한 구체적 방안이 제시되어야 한다. 또 하나는, 제시된 대안이 알듯 모를 듯한 추상적이고 이론적인 용어로 표현되는 것도 피해야 한다. 그래야 상식을 지닌 사람들이 보고 "바로 이거야! 이런 이유 때문에 우리 사회가 병들어가고 있었구나! 이 문제를 제거하면 좋은 일자리도 많이 생기고, 교육문제도 해결되고, 내 집 마련도 어렵지 않고, 사람들간에 연대감도 생길 수 있겠구나!" 하며 무릎을 칠 수 있는 것이고, 좌절의 늪에 빠져 있는 한국 사회에 새로운 희망을 불어넣을 수 있는 것이다.

　그러나 지금 우리 사회는 대안을 찾아야 한다는 당위는 넘쳐나지만, 누구나 적극 호응할 수 있는 구체적이고 체계적이면서도 실천 가능한 대안은 아직 등장하지 못하고 있다. 예컨대 김호기 교수는 『프레시안』에 쓴 기고문(2010년 2월 3일)에서, 이제 한국 정치는 "욕망의 정치에서 살림의 정치" 패러다임으로 전환해야 한다면서 "살림 연합의 관점에서 일자리·교육·주거·노후·건강의 5대 불안에 대한 주요 의제들을 새롭게 설정하고, 이 의제를 정책 대안들로 구체화하며, 이 대안으로 중산층·서민·노동자·농민에게 가깝게" 다가가야 한다고 주장한다. 하지만 정작 중요한 것, 즉 일자리·교육·주거·노후·건강의 문제를 해결할 수 있는 일관성 있는 정책 패키지는 제시하지 않고 있다. 많은 진보인사들이 민주주의가 정치적 영역에만 그칠 것이 아니라 사회경제적 영역까지 침투해 들어가야 한다고 주장하지만, 지금까지는 어찌해서 침투가 안 되었는지, 어떻게 침투할 것인지, 구체적인 전략이 무엇인지는 제시하지 못하고 있는 상황이다.

여기서 하나 분명히 하고 넘어가야 할 점은, 지금 우리에게 필요한 것은 한국 사회를 근본적으로 바꿀 수 있는 '국가모델'이라는 점이다. 지금 한국 사회는 어디를 둘러봐도 망가지지 않은 곳이 없다. 단순히 일자리를 늘리는 정책이나 양극화 해소 방안에 머무는 것이 아니라, 국가 전체가 지향하는 가치를 새롭게 정립하고 그 가치를 구현할 수 있는 구체적인 원칙과 실현 가능한 구체적인 전략이 필요한 시점이다. 다시 말해 지금이 새로운 가치를 토대로 한 국가의 '패러다임 전환기'라는 것이다.

그러나 이런 거창한 국가모델도 결국 최종적인 목표는 국민 전체의 생활상의 요구가 반영된 것이어야 한다는 점을 잊지 말아야 한다. 새로운 국가모델이 필요한 이유는 현재 한국 사회의 구체적 문제를 해결하기 위함이다. 그 모델이 아무리 단단하게 지어진 논리의 집이라 하더라도 대한민국 사회구성원들의 삶의 질을 향상시키고 안전하고 역동적인 사회를 만드는 데 도움이 되지 않는 것이라면 무의미할 뿐이다. 따라서 생각은 근본적이어야 하나, 해법은 구체적이고 실질적이어야 한다.

그러면 한국 사회구성원들이 바라는 구체적인 생활상의 요구가 무엇일까? 그들이 바라는 소박한 바람은 과연 무엇인가? 첫째는 반칙과 특권이 사라진 사회, 소속이나 출신이 아니라 개인의 노력과 업적이 소득과 지위를 결정짓는 사회일 것이다. 둘째는 인간의 존엄성을 잃지 않도록 사회적 약자들을 배려하는 사회일 것이다. 셋째는 몇 년 열심히 일하면 집을 장만할 수 있는 사회, 바꿔 말하면 땅과 집으로 돈 벌지 못하는 사회일 것이다. 넷째는 고등학교만 나와도 일자리를 얻을 수 있고, 실직했어도 직업교육을 통해 어렵지 않게 다시 직장을 구할 수 있는 사회일 것이다. 다섯째는 학벌주의가 사라져서 사교육 부담이 줄어드는 사회일 것이다. 여섯째는 저가·양질의 의료 혜택을 누릴 수 있는 사회일 것이다. 일곱째는 대기업이 중소기업을 착취하지 않는 시장일 것이다. 이 외에도 더 많은 것들이 있겠지만, 위에서 나열한 것들은 그야말로 '상식'에 속한다. 역지사지易地思之를 하는 사람이라면 당연히 동의할 만한 사항이다. 요컨대, 제대로 된 국가모델은 먼저 한국 사회가 어찌해서 위와 같은 상식에서 멀어졌는지를 설명해야 하고, 어떻게 이런 상식적인 사회로 갈 수 있는지에 대한 종합적인 이행 전략을 제시할 수 있어야 한다.

또한 우리의 대안 국가모델을 모색하는 데 있어서 염두에 두어야 할 사항이 있는데, 그것은 '북한'이다. 가능하다면 지금 찾는 대안이 북한도 지향할 수 있는 모델인 것이 최고라는 뜻이다. 물론 북한이 지향해야 할 모델이 무엇이어야 하는가의 문제는 일차적으로 북한 당국과 주민이 감당해야 할 과제임은 틀림없다. 하지만 그럼에도 남한이 해야 할 역할이 없다고는 할 수 없다. 남한도 앞으로 이뤄야 할 통일한국의 일원일 뿐만 아니라, 경제규모나 인구 면으로 보면 통일 과정에서 남한이 중요한 역할을 해야 하는 것은 부인할 수 없는 사실이기 때문이다. 아무 준비 없이 통일이 오면 통일은 극한 혼란 속으로 빠져들게 되고, 그렇게 되면 통일에 대한 회의감이 순식간에 확산되어 결국 통일은 재앙이 되어버릴 수 있다. 따라서 할 수만 있다면 제시되는 대안은 이제 선진국 문턱에서 머뭇거리는 한국에도 적용 가능하고, 경제재건과 경제발전을 시작해야 할 북한에도 적용할 수 있어야 한다. 남과 북이 동시에 지향해야 할 '합일점convergence point'이 될 수 있는 것이 최선의 대안이다.

　그리고 대안모델은 무엇보다도 기존의 진보와 보수의 관점을 뛰어넘어 양측을 하나로 통합할 수 있는 것이어야 한다. 진보에 대한 정의를 기존 사회가 문제 있음을 지적하면서 변화의 필요성을 주장하는 것이라고 한다면 상당수의 한국 사회구성원들이 진보일 것이다. 그러나 '양식 있는 보수' '합리적 보수'도 정도의 차이는 있지만 대한민국이 바뀌어야 한다고 생각한다. 이대로는 안 된다고 생각한다. 보수는 자신들의 가치가 개인의 자유를 신장시키고 도덕적 해이를 방지할 수 있는 동시에, 더 많은 양질의 일자리를 만들어내고 더 역동적인 사회를 조성할 수 있다고 보기 때문이다. 한마디로 한국의 보수는 한국 사회를 개선하는 데 자신들이 선호하는 가치가 중요한 역할을 할 수 있다고 보는 것이다. 이렇듯 제대로 된 보수는 윤리적이며, 동시에 건강한 대한민국을 지향한다.

　이처럼 진보와 보수 둘 다 대한민국이 변화해야 한다는 데는 동의하지만, 오늘날 양측 간의 대립과 갈등은 좀처럼 수그러들지 않고 오히려 더 격화되는 느낌이다. 물론 진보와 보수 간에 대화가 없는 것은 아니다. 하지만 대화의 내용을 들여다보면 부지런히 대화하고 타협해야 한다와 같은 원론적 수준에서 벗어나지 못하고 있는 게 사실이다. 이러한 양측의 대립과 갈등 이면에는 '식민지→해방→산업화→민주화'라는 숨가쁜 과정을 거쳐오면서 해결되지 않은 역사 문제도 있겠지만, 필자가 보기에는 기본 시각이 다르다는 데에도 중요한 까닭이 있다. 한국 사회를 바꿔야 한다는 '대의'에는 인식을 같이하지만, 추구하는 가치가 다르기 때문에 구체적인 방법으로 가면 충돌할 수밖에 없는 것이다.

흔히 오늘날 진보와 보수는 성장/분배, 감세/증세, 복지 축소/복지 확대, 작은 정부/큰 정부, 자본(기업)/노동을 기준으로 나누는 것을 볼 수 있다. 전자를 옹호하면 보수이고, 후자를 강조하면 진보라고 불린다. 물론 보수가 중시하는 성장과 진보가 우선하는 분배가 같이 갈 수 있다는 주장도 있다. 즉, 통합될 수 있는 지점이 있다는 것이다. 그러나 대부분의 쟁점 영역에서 보수와 진보는 서로 대립한다. 예를 들어 많은 사람들이 임기 5년 동안 100조 원 정도의 감세를 추진하는 이명박 정부를 보고 '보수정부'라고 부르고, 조세부담률을 재임기간 동안 2.9% 올린 참여정부를 가리켜 '진보정부'라고 부른다. 이 사안에서 사실상 둘 사이에는 만날 수 있는 지점이 없다. 보수는 오늘날의 일자리 부족 문제를 정규직 노동의 탐욕에서 찾고, 진보는 자본(기업)의 착취에서 찾는다. 대화의 여지가 별로 없다. 그리고 복지를 축소해야 한다는 측과 확대를 부르짖는 측이 만난다면 생산적인 대화가 오갈 수 있을까? 정부의 규모가 커야 한다는 진보와 작은 정부일수록 좋다는 보수가 만난다면 어떻게 될까? '절충'은 가능해도 '통합'은 기대하기 어렵다.

하지만 분명한 것은 현재 한국 사회가 진보측의 시각과 보수측의 시각 모두를 필요로 하고 있다는 점이다. 뒤에서 구체적으로 다루겠지만, 지금 한국 사회는 더 걷어야 할 세금이 있고 덜 걷어야 할 세금이 있다. 복지를 축소해야 할 부분도 있고 강화해야 할 부분도 있다. 정부의 관리·감독을 확대·강화해야 할 부분이 있고 축소·약화시켜야 할 부분이 있다. 노동 쪽에도 문제가 있고 기업 쪽에도 문제가 있다. 기존의 진보가 추구하는 분배·형평성·안정성·연대도 중요하지만, 보수가 지향하는 성장·효율성·역동성·경쟁 등도 매우 중요한 가치다.

그렇다면 어떻게 해야 할까? 이런 대립은 어쩔 수 없으니 결국 하나를 '선택'해야 한다고 할까? 필자는 선택이 아니라 '통합'해야 한다고 본다. 그러나 통합은 양 진영의 담론을 뛰어넘어 이 둘을 동시에 아우를 수 있는 새로운 가치가 있을 때 비로소 가능하다. 새로운 가치에서 나온 '새로운 인식 틀'이 통합의 모태인 것이다. 기존의 진보/보수라는 인식 틀로는 성장/분배, 감세/증세, 복지 축소/복지 확대, 작은 정부/큰 정부, 기업/노동 가운데 한쪽의 가치와 정책을 선택할 수밖에 없고, 그렇게 되면 필연적으로 다른 쪽의 가치와 정책은 홀대될 수밖에 없다. 따라서 새로운 대안모델은 '새로운 인식 틀'로 기존의 진보와 보수를 바라보고 두 가치를 새로운 차원에서 통합하여 그것을 바탕으로 새로운 국가의 역할을 모색하는 것이어야 한다.

이런 점들을 고려한다면 새로운 모델은 진보와 보수를 떠나서 상식 있는 사람이라면 누구나 동의할 수 있는 가치에서 출발하는 것이 좋다. 그러나 그런 가치가 추상적 논의에서 그친다면, 그것도 곤란하다. 원래 가치라는 것 자체가 추상 수준이 높을 수밖에 없지만, 가능하다면 그것이 손에 잡힐 수 있는 구체적 수준까지 내려올 수 있는 것이어야 한다. 구체화되지 않은 추상적 용어를 나열하거나 반복하면 "좋은 얘기지. 근데 그래서 어쩌자는 거냐?"라는 말이 나온다. 모든 것을 설명한 것 같지만, 실상은 아무것도 말하지 않은 것과 같을 수 있다. "왜 교통사고가 발생했느냐"는 질문에 "인간이 죄인이기 때문이지!"라고 답하는 격일 수 있다. 따라서 새로운 가치는 구체적 수준까지 내려올 수 있는 추상적 원리여야 한다.

그래서 이 책이 주목하는 가치는 바로 '공정성fairness'이다. 공정성은 농업사회든 산업사회든 어느 사회에나 적용시킬 수 있는 중요한 가치다. '공정한 사회' '공정한 시장'을 만들어야 한다는 데 진보와 보수가 따로 있을 수 없다. 필자가 생각하는 '공정성'의 의미는 출발이 '지속적'으로 평등하고 경쟁과정에 반칙이 없는 것이다. 그리고 이러한 가치를 구현하는 국가를 일컬어 '공정국가fair state'라고 명명하고자 한다. 다시 말해서 공정국가는 국가의 모든 영역에서 '페어플레이'가 가능하도록 만드는 국가모델이다.

이에 대해서 "'페어'하기만 하면 모든 문제가 해결될 수 있겠느냐?" "한국 사회가 당면한 문제가 얼마나 복잡다단한데, 그런 '단순한 원리' 가지고 되겠느냐?" "너무 순진하고 안이한 발상이다!"고 고개를 저을 수도 있다. 조금만 둘러보아도 한국 사회가 처한 상황이 정말 만만치 않으니, 이해가 가는 우려다. 하지만, 필자는 우리가 찾는 '파랑새'는 가까이에 있다고 생각한다. 이미 상식 있는 사람들 마음속에 들어 있는데 발견되지 않았을 뿐이다. 진정한 대안은 굉장히 고상하고 학자들만 알아들을 수 있는 고담준론高談峻論이 아니고, 어찌 보면 너무나 평범해서 발견을 못한다고까지 할 수 있을 것이다.(다음의 '2. 지금까지의 대안 모색, 어디까지 왔나?'는 기존 국가모델들의 평가에 관심 없는 독자들은 건너뛰고 읽어도 무방하다.)

2. 그간의 대안 모색, 어디까지 왔나?

위기의식이 팽배하고 대안 모색이 시급하다 보니 지금 한국 사회 각계

각층에서 다양한 대안 국가모델들이 모색·제시되고 있다. 그중에서 보수와 진보, 좌左와 우右에서 제시된 대안들을 열거해보면 다음과 같다. 보수 쪽에서는 공동체자유주의communitarian liberalism국가, 진보 쪽에서는 사회투자국가, 신진보주의국가, 복지국가, 사회국가 등이 그것이다.

검토 내지는 평가를 하려면 기준이 필요하다. 필자가 내세우는 첫번째 기준은 모두가 동의할 수 있는 원칙에서 출발하느냐다. 그래야 기존의 진보/보수라는 관점을 넘어 새로운 국가모델에 더 가까이 다가갈 수 있기 때문이다. 다시 말하지만 우리가 찾는 모델은 기존의 진보적인 모델도 아니고 보수적인 모델도 아니다. 둘 다를 하나로 통합하고 아우를 수 있는 모델이다.

두번째 기준은 우리 사회의 구체적인 현실에 천착하는가다. 앞서 말했듯이 우리에게 가장 필요한 대안은 어렵고 현란한 용어로 지어진 논리의 집이 아니라 우리가 당면한 구체적 문제들을 해결할 수 있는 것이다. 이 부분에서 필자는 기존 논의와 다르게 두 가지를 주목하려고 한다. 하나는 '한국 사회의 특수성'이다. 전세계가 시장경제를 운영하고 있지만, 다양한 모습을 보이는 것은 각 국가가 발전한 방법과 경로가 상이하기 때문이다. 한국의 경제발전은 국가 주도였고, 재벌 중심이었다. 물론 민주화 이후에 대내외적인 조건 변화로 국가 주도성은 후퇴했지만, 재벌의 영향력은 그대로 남아 있고, 오히려 국가의 힘이 퇴각한 그 자리를 재벌이 차지했다는 게 정확한 진단일 것이다. 또한 국가가 강압적인 방식으로 발전을 추동했기 때문에 사회 곳곳에 반칙이 구조화되어 있다. 교육·문화·종교 어느 영역이든 승자가 독식하는 반칙이 일반화되었고, 오히려 현재는 이런 반칙들이 세련된 이론으로 합리화된 느낌마저 든다. 그리고 합리적 네트워크가 아니라 학연·지연·혈연으로 이루어진 '연고주의적 네트워크'도 그대로 남아 있다. 따라서 대안모델은 이와 같은 한국 사회의 특수성을 포착할 수 있어야 한다.

또 하나는 각 대안이 토지문제를 중요하게 취급하는지를 평가하려 한다. 토지는 농경사회에서나 중요했다고 생각하는 사람이 많지만, 조금만 검토해보면 그렇지 않다는 것을 알게 된다. 집을 사는 데 엄청난 대출을 받아서 내수가 위축되는 문제 이외에도, 엄청난 토지 불로소득이 일부 토지소유자에게 집중되어서 생긴 빈부격차 문제, 도로와 같은 기반시설을 설치하기 어려운 문제, 높은 땅값으로 창업하기 어려운 문제, 그래서 일자리가 생기지 않는 문제, 재개발·재건축 과정에서 빚어지는 재산권자와 세입자 간의 갈등 문제, 고위공직자의 부정부패 문제, 막대한 정부재정을 토건사업에 낭비하는 문제, 적대적 노사관계 문제, 부동산 거품 붕괴가 초래하는 금융시스템 마비 문제 등등을 살펴보면 우리 사회가 안고 있는 문제의 상당한 원인이 토지에 있다는 것을 알게 된다. 이것은 '자본의 문제'가 아니라 '토지의 문제'다. 그러므로 토지문제를 근본적으로 검토하지 않는 것은 우리 사회의 현실적 고통에 천착하지 않는다는 것을 뜻한다. 따라서 대안 검토에서는 각 대안이 토지문제가 초래한 수많은 문제들과 씨름하고 있는지, 더 나아가서 토지문제의 진정한 해결책에 얼마나 접근하는지를 평가할 것이다.

세번째 기준은 제시된 대안이 종합적이고 체계적이며 상호 보완적인가 하는 것이다. 어느 한 부분에서 완결성이 있다 하더라도 그 부분을 전체 속에다 놓고 나면 다른 부분과 충돌할 수 있다. 제시된 대안이 종합적이고 각 부문별 방안들 사이에 모순이 없고 상호 보완적이려면 세워놓은 원칙들이 상호 보완관계에 있어야 하고, 어느 한 부분의 개혁 방안이 다른 영역의 문제 해결에 긍정적으로 작동해야 한다. 한 국가의 중요한 영역을 셋으로 구분해본다면, 경제제도-사회제도-조세제도라고 할 수 있는데 제대로 된 대안이 되려면 세 제도가 정합적, 즉 톱니바퀴가 맞물리듯 돌아가야 한다. 경제에 부담을 덜어줄 뿐 아니라 오히려 경제를 활성화시키는 조세제도, 보다 많은 사람들에게 기회를 제공해서 사회제도의 필요성을 줄여주는 경제제도, 연대의 정신이 꽃필 수 있는 사회를 만들 뿐만 아니라 역동적 시장 조성에 기여하는 사회제도. 따라서 필자는 이런 측면에서 각 대안의 상호 보완성을 따져볼 것이다.

　마지막 기준은 북한까지 염두에 둔 모델인가다. 제시된 대안이 과연 북한에 적용해도 괜찮은가, 적용한다면 북한의 경재재건이 순탄하고 경제발전의 내용이 튼실할 수 있겠는가 하는 질문을 던질 것이다.

1) 공동체자유주의국가

공동체자유주의는 박세일 교수가 창안한 대안이다. 이 모델은 2000년대 들어 산발적으로 등장하다가 2006년에 출간한 책 『대한민국 선진화 전략』에서 비로소 체계적으로 소개되었다. 그 책에서 박세일은 이제 대한민국은 '선진화'를 지향해야 하며, 그것의 이념을 '공동체자유주의'라고 명명했다. 당시 이 책이 출간되었을 때 한국 사회에서 보수라 일컬어지는 많은 세력들은 크게 환호했다고 하는데, 그 이유는 한국의 보수가 김대중·노무현으로 이어지는 진보에 정권을 내준 이후 이렇다 할 종합적인 대안을 내놓지 못했기 때문일 것이다. 실제로 독재를 통한 경제발전의 성공을 이론화시킨 '발전국가developmental state' 이후에 한국 사회의 보수는 제대로 된 대안을 제시한 일이 없었다. 1987년 민주화 이후 '작은 정부-큰 시장', 세계화, 자유민주주의 등을 외쳤지만, 이를 종합화해서 하나의 체계적인 대안으로 내놓지는 못했다. 이런 대한민국 보수에게 '공동체자유주의'는 오랜 가뭄 끝의 단비였음이 틀림없을 것이다.

그렇다면 공동체자유주의란 무엇을 말하는가? 박세일은 이 이념을 "자유와 개인을 기본가치로 하고 평등과 공동체를 보완가치로"(2008, 16쪽) 하는 대안이라고 설명한다. 그는 공동체자유주의를, 극단적 공리주의에 입각한 개인주의로 요약되는 구舊우파, 그리고 집단주의적 혹은 정부만능주의에 빠진 구舊좌파와 구분되는 동시에, 양자를 극복하는 담론이라고 주장하고, 그런 의미에서 이것을 '신보수주의 이론'이라고 부를 수 있다고 했다(2008, 221쪽).

이런 문제의식을 기반으로 공동체자유주의의 구체적인 방향은 첫째, 경제적 측면에서의 자유가 '경쟁적 자유'여야 한다는 것, 즉 시장질서를 자유와 공정과 투명한 경쟁질서로 만들어야 한다는 것, 둘째, 21세기형 산업정책인 미래전략 분야를 추진해야 한다는 것, 셋째, 시장경쟁이 불가능한 부분에 대해서는 시장원리를 적용시키지 말아야 한다는 것이다(박세일, 2008, 272쪽). 같은 선상에서 한나라당 의원 나성린(2008, 315쪽)은 대폭적인 감세가 공동체자유주의의 경제정책의 방향이어야 한다고 주장한다. 그는 분배우선주의 정책이 대한민국의 잠재성장률을 떨어뜨린다는 점을 지적한다. 그런 정책은 세부담을 높여서 기업의 투자의욕을 저해하고 한 사회가 부를 창출하려는 경제의지인 근로의욕·저축의욕·연구개발의욕을 위축시킨다는 것이다. 그렇기 때문에 성장지향적인 정책, 즉 대폭적인 감세를 추진해서 성장률을 끌어올리고 그것의 결과가 사회 구석구석 흘러들어가도록 제도를 디자인해야 한다는 것이다. 여기에 더하여 중앙대 교수 김승욱(2008)은 한국의 강성 노조가 이익집단화되었기 때문에, 공동체자유주의에 입각한 건강한 노사문화가 필요하다고 주장한다.

이런 내용을 골자로 하고 있는 공동체자유주의의 긍정적인 면을 살펴보자. 먼저 개인의 자유를 기본가치로 하면서 공동체성을 가미한다는 공동체자유주의가 지향하는 가치는 크게 문제가 없어 보이고, 그 자체로 많은 사람들의 공감을 얻을 수 있다고 본다. 또한 시장경제에서 중요한 개인의 자유를 강조하는 동시에 그 자유가 극단적으로 흐르지 않도록 공동체성을 강조한 것은 그야말로 '창조적 결합'이라고 할 만하다. 그리고 경쟁이 불가능한 부분에는 정부가 개입해야 한다는 생각도 충분히 일리가 있다. 하지만 필자가 보기에 이 대안을 평가해줄 만한 부분은 여기까지다.

먼저 이 대안이 한국 사회를 어떻게 평가하는지부터 검토해보자. 사실 모든 대안을 들여다보면 주장하는 이념 자체가 이상한 경우는 거의 없다. "자유와 개인을 기본가치로 하고 평등과 공동체를 보완가치"로 하자는 것 자체가 무슨 문제가 되겠는가. 따라서 대안모델이 내세우는 가치가 적실성이 있는지는 그 가치를 가지고 얼마나 정교하게 한국 사회의 과거와 현재를 평가하고, 그것을 바탕으로 대안을 제시하느냐에서 드러난다고 할 수 있다. 예컨대 공동체자유주의를 주장하려면 왜 한국 사회의 공동체성이 추락하고, 개인의 경제적 자유가 침해되는지를 치밀하게 분석한 이후에 한국 사회의 개혁 방안을 제시하는 것이 마땅하다. 하지만 한국 사회에 대한 공동체자유주의의 성찰은 냉정하게 말해서 '인상비평' 수준이다. 자신이 내세우는 가치를 정교화해서 그것을 잣대로 한국 사회를 평가하지 않고 있는데, 필자는 바로 이것이 두루뭉술한 대안이 나온 까닭이라고 본다.

먼저 이 대안이 가진 과거에 대한 편향적 시각을 지적해야겠다. 박세일은 구舊우파의 문제를 극단적 공리주의에 입각한 개인주의라고 했다. 구우파라면 과거에 대해 과過보다 공功을 옹호하는 세력일 텐데, 과거가 정말 극단적 공리주의에 입각한 개인주의였는가? 이 인식은 과거 박정희식 개발모델을 합리화하는 발전국가의 폐단이 아직도 많이 남아 있다고 보는 필자의 관점과 너무나 동떨어져 있어서 좀더 따져볼 필요가 있다.

한국에서 발전국가의 별칭이 '개발독재'라고 불릴 정도로 개인의 정치적 자유는 물론이거니와 경제적 자유도 '발전'이라는 미명하에 엄청나게 침해당했다. 시장에서 재벌의 반칙은 당연시 되었고, 부동산 투기는 만연하여 집 없는 많은 서민들이 그로 인해 엄청난 고통을 겪었으며, 그런 반칙들이 곪아터져 결국 외환위기도 겪게 되었다. 하지만 외환위기 이후에도 발전국가 세력, 자칭 산업화 세력은 작은 정부론, 자유시장경제론을 퍼트리며 자신들의 기득권을 지키려고 했던 것이 지난 10년의 역사다. 이런 과정을 단지 "극단적 공리주의에 입각한 개인주의"였다고 평가한다면 너무나 밋밋하지 않은가. 모든 것을 말한 것 같지만 사실 아무것도 말하지 않은 것이나 마찬가지다. 공동체자유주의가 이름에 걸맞은 분석과 대안을 내놓으려면 재벌문제, 부동산 투기, 구조화된 반칙 등이 자신들이 말한 자유주의와 얼마나 거리가 먼지를, 그리고 그것이 얼마나 공동체성을 해쳐왔는지를 보여주었어야 했다. 그런데 이 대안은 이 문제에 대해 그럴싸한 용어만 나열했지 체계적인 분석과 그것을 바탕으로 한 방안은 내놓지 못하고 있다.

또한 부동산 문제, 일자리 문제가 어떻게 해결될 수 있는지에 대한 대안도 보이지 않는다. 제대로 된 대안이라면 자신의 시각에서 우리 사회 구성원들을 가장 괴롭히는 이 문제들이 어떻게 해결될 수 있는지를 수

미일관된 논리로 보여주어야 하는데, 아무리 책을 읽어보아도 그것이 제대로 해결될 것 같다는 생각이 들지 않는다. 정책적 차원에서 들여다봐도 공동체자유주의는 너무나 문제가 많다. 경쟁적 시장을 만들어야 한다고 해놓고, 그리고 성장잠재력이 떨어져서 걱정된다고 해놓고, 엄청난 토지 불로소득에 대해서는 아무런 말도 하지 않는다. 토지투기로 인한 엄청난 고지가高地價가 신규 기업들의 시장 진입을 어렵게 하고 있다는 현실은 안 보이는 걸까? 토지 불로소득이 극소수에게 편중되고 토지 없는 대부분의 국민들은 망연자실하고 있는데 성장잠재력이 높아질 수 있을까? 많은 사람들이 은행에 저금하는 것보다 담보대출이라도 받아서 부동산 사놓고 기다리는 게 훨씬 편하다는 데에 학습되어 있다는 사실을 정말 모르는 걸까? 나성린은 분배우선주의 정책이 근로의욕·저축의욕·연구개발의욕을 떨어뜨린다고 했는데, 토지 불로소득이 근로의욕 및 연구개발의욕 저하에 미치는 영향에 대해서는 왜 일언반구도 하지 않는 것일까?

그리고 이 모델은 경제제도·조세제도·사회제도 간의 상호 보완성도 없어 보인다. 재벌문제 해결 없는, 토지문제 해결 없는 자유로운 경제는 불가능하다. 그렇게 해서는 양질의 일자리가 만들어질 수 없고, 도리어 양극화만 점점 심화될 뿐이다. 이렇게 되면 실업자들과 저소득층을 지원할 사회제도에 과부하가 걸리게 되는데, 이 모델은 사회제도에 재원으로 쓰이는 세금도 감면해야 한다고 주장하고 있다.

필자의 생각으론 공동체자유주의의 지향점은 '기존 질서 옹호'로 보인다. 지금의 재벌시스템은 그냥 놔둬야 하고, 토지 불로소득은 될 수 있으면 조금만 환수해야 하며, 그나마 저소득층에게 약간 배분되었던 것을 분배우선주의라고 몰아붙이면서 화끈한 감세를 통한 성장을 부르짖고, 강성 노조가 이익집단이라고 몰아세우는 데서 그런 모습을 읽을 수 있다. 강성 노조가 문제라면 재벌은 아무런 문제가 없는 것일까? 이런 것은 진정한 의미에서 자유주의가 아니라 호랑이의 자유만 인정하는 '정글주의'라고 해야 할 것이다. 도대체 불로소득을 환수하는 데 미온적이면서 '공동체'자유주의가 가능이나 한 걸까? 그런 가운데서 기업의 혁신적 투자가 확산되고, 21세기형 미래발전전략이 추진될 수 있을까?

또한 이 모델을 북한에 적용한다는 것은 위험하다고 할 수 있다. 공동체자유주의의 주장으로 보면 분명 이 모델은 북한에 토지사유제를 적용하려고 할 것으로 보이는데, 그렇게 되면 한국에 불어닥쳤던 토지투기가 북한에서도 기승을 부릴 것이 분명하다. 경제개발 초기부터 토지투기가 기승을 부리는 북한을 생각하면 암울한 생각부터 든다.

2) 사회투자국가

사회투자국가는 20세기 말 영국의 저명한 사회학자 앤서니 기든스가 주창한 것으로, 우리 사회에서는 '제3의 길the third way'로 더 잘 알려져 있다. 여기에는 제2차세계대전 이후의 복지국가를 '제1의 길'로, 1980년대 이후 대처의 신자유주의를 '제2의 길'로 본다는 의미가 내포되어 있다. 이 모델은 과거 제1의 길인 복지국가가 집산주의적인 측면이 강하고 평등주의에 입각한 정책을 추진한 결과 인플레이션과 실업의 동시적 발생이라는 문제를 낳았고, 제2의 길인 대처의 신자유주의도 실업문제를 해결하지 못했을 뿐만 아니라 오히려 빈부격차를 심화시켰다는 문제의식에서 출발하고 있다.

사회투자국가가 복지국가인 구좌파의 모델을 극복하려는 이유 중의 하나는 시장 상황이 달라졌다는 점이다. 구좌파가 집권한 시대에는 대량생산체제 아래서 종신고용과 복지의 결합이 가능했다. 고등학교를 졸업한 사람이 평범한 기술을 가지고 직장에 들어가면 고용이 종신토록 유지될 수 있었고 은퇴하면 노후 연금으로 생활이 가능했었다. 설령 실업자가 되어도 실업급여를 받고 의료나 교육의 혜택을 무상으로 받을 수 있었다. 그러나 복지국가 전성기와 20세기 말은 처한 상황이 매우 다르다는 것이다. 오늘날의 시장 상황은 상품과 기술의 변화 주기가 매우 빠르고 소품종 대량생산이 아니라 다품종 소량생산을 요구한다. 또 대규모 공장에서 단순한 작업은 기계가 대신하고, 노동자들에게는 많은 지식과 숙련을 요구하는 시대로 바뀌었다는 것이다. 이로써 한 직장에 평생 고용된다는 것은 거의 불가능해졌고, 생애에 최소 3번 이상 직장을 옮겨 다닐 수밖에 없게 되었는데, 이런 상황에서 국가는 '고용 가능성'을 높이기 위한 직업 재교육에 집중적으로 투자해야 한다고 보는 것이다(임채원, 2007).

또한 사회투자국가를 주창하는 이들은 과거 구좌파의 복지가 '결과의 평등'에 초점을 둔 소비적 복지였기 때문에 도덕적 해이가 나타나고 노동자의 근로의지가 사그라드는 치명적인 단점을 안고 있다고 본다. 이런 실패를 반복하지 않기 위해서는 '고용을 유도하는 정책'에 초점을 둔 생산적 복지를 추진해야 하고, 그렇게 했을 때 형평과 효율이 결합할 수 있다고 주장한다. 한마디로 말해서 사회투자국가의 주된 생각은 소극적·소비적 사회제도가 아니라 적극적·투자적 의미의 사회제도를 운영하는 데 중점을 두겠다는 것이다.

한국에서 사회투자국가론이 주목을 받는 이유는 노동이 원하는 고용기회와 기업이 원하는 성장 둘 다를 만족시킬 수 있을 것처럼 보이기 때문이다. 사회투자를 통하여 고용의 가능성과 기회를 높이면 생산성이 높아지고, 결과적으로 경제도 활성화되며 분배구조도 나아진다는, 즉 고용-성장-분배 간의 선순환을 꾀한다는 것이다. 또한 이 전략은 시혜적 차원의 소극적 복지가 아니라, 고용을 염두에 둔 적극적 복지이기 때문에 과거 복지국가의 골칫거리인 도덕적 해이를 방지할 수 있고, 지속적 성장이 가능하기 때문에 재정의 지속 가능성financial sustainability을 확보할 수 있는 장점도 있다. 그리고 노동자의 고용 가능성을 높이는 역할을 국가가 감당하기 때문에, 대기업에 비해 생산성과 기술력에서 한계는 있지만 비용 때문에 자체 기술교육이 어려운 중소기업에게는 크게 도움을 줄 수 있다. 그러나 이 대안은 다음과 같은 한계가 있다.

첫째는 사회투자국가론을 새로운 대안 내지는 모델이라고 부를 수 있을 것인지에 대한 의문이다. 적어도 '국가'라는 용어를 쓰려면 조세체계, 경제운영체계, 사회(복지)체계가 전반적으로 다뤄져야 하는데, 이 담론에는 조세체계에 관한 내용이 거의 없고, 경제운영 자체에 대한 내용도 부실하며, 오로지 경제를 활성화시킬 수 있을 것이라고 판단한 사회정책에 집중되어 있다. 이것은 아마도 과거 복지국가가 보인 사회정책의 비효율성을 극복하는 데 집중했기 때문일 것이다. 이런 이유로 필자는 이 대안을 종합적이고 입체적인 대안이라기보다는 조진한(2007)과 김영순(2007)이 말하듯 '사회투자전략'이라고 하는 것이 적합하다고 생각하고, 이 전략은 다른 대안에서 충분히 흡수될 가치가 있다고 본다.

둘째는 한국적 상황에서의 '작동 가능성' 문제다. 현재 한국 사회의 실업문제가 단지 노동의 고용 가능성을 높인다고 해결될 수 있을까? 국가담론이든 투자전략이든 간에, 사회투자국가가 제시하는 방안이 전체 고용량의 50%가 넘는 비정규직 문제, 과당경쟁에 시달리고 있는 500만 명 이상의 영세자영업자 문제, 400만 명 이상의 사실상 실업자 문제 등을 해결하는 데 큰 도움을 줄 수 있을까? 물론 노동의 기술수준을 높이면 산업경쟁력은 전반적으로 올라갈 것이다. 하지만 현재 한국이 처한 어려움은 괜찮은 일자리가 늘고 있는데 그것을 감당할 능력 있는 인재가 부족해서 생기는 것이 아니라, 괜찮은 일자리 자체가 줄어드는 데서 오는 것이다. 다시 말해서 아무리 고용 가능성을 높여도 그 노동이 종사할 괜찮은 일자리가 절대적으로 부족한 것이 문제의 본질이다. 그런데 사회투자국가는 이런 현실을 간과한다. 노동의 공급 측면에 대한 분석과 대책만 있을 뿐, 노동의 수요 측면, 즉 기업의 투자 측면, 한국의 노동시장 특성에 대한 분석과 대책이 부족하다. 달리 표현하면 국가 주도의 경제성장 패턴이 낳은 반칙과 특권이 온존하고 있는 특수한 현실을 간과한다는 것이다. 요컨대, 이 모델은 복지국가와 신자유주의를 순차적으로 경험한 영국에는 적합할지 몰라도, 발전국가가 남겨놓은 구조화된 반칙과 신자유주의가 이종교배된 한국적 상황에는 적실성이 크게 떨어지는 것으로 보인다.

셋째는 현재 한국 사회가 직면한 최대 문제가 무엇보다 부동산 문제인데, 사회투자국가론은 이 문제를 집중적으로 다루지 않는다는 점이다. 물론 한국 사회의 건설투자 비중이 지나치게 높으니까 그것을 사회투자로 전환해야 한다는 것, 건설업과 관련 있는 정부의 경제개발비 지출이 주요 선진국에 비해 2배 이상 높다는 것(임채원, 2007, 70~91쪽)을 언급하지만, 부동산 문제, 정확히 말해서 토지문제가 경제 전체에, 그리고 사회 전체에 어떤 폐단을 낳는지는 다루지 않고 있다. 이를 다른 말로 하면 대한민국을 사회투자국가론의 방향으로 개혁한다고 해도 부동산 거품이 생기지 않고, 주거 문제가 상당히 해결되며, 부동산 투기로 몰렸던 자금이 생산적인 곳으로 흘러갈 것이라는 기대를 하기 어렵다는 것이다.

한국 사회구성원들이 바라는 것은 간명하다. 무엇보다도 괜찮은 일자리가 많아지고, 교육문제가 해소되고, 부동산 문제를 해결하는 것이다. 그런데 사회투자국가론이 이 문제에 제대로 된 해답을 줄 수 있을지 회의적이다. 그리고 사회투자국가가 가진 '대안의 협소함' 때문에 이 대안을 북한 전체에 적용하기는 어려울 것 같다. 물론 사회투자국가가 제시한 생산적 복지는 다른 대안에 얼마든지 흡수될 수 있는 좋은 정책들인 것만은 분명하다.

3) 신진보주의국가

신진보주의는 과거의 진보주의가 민주화에 기여했지만 지나치게 집단주의적 성향을 보인 반면 성장에는 무기력했다는 자성으로부터 출발한다. 앞에 '신新'이라는 접두어를 붙인 것은 그런 이유 때문으로 보인다. 한편 신진보주의 안에는 과거의 성장-고용-분배 간 선순환 구조가 해체되었다는 문제의식이 있다. 과거와 같이 성장을 하면 일자리가 많아지고 그것이 분배 개선에 도움이 되는 성장 공유shared growth 모델이 더 이상 통하지 않게 되어 성장과 분배 고리가 단절되고 생산-고용-교육-복지 간의 연계성이 약화되었다는 것이다. 신진보주의 그룹은 이것의 원인으로 생산의 글로벌화와 글로벌 대기업과 중소기업 간의 양극화 심화현상을 들고 있다. 이 때문에 성장의 분배효과trickle-down effects가 사라졌다는 것이다.

이런 현실 인식을 바탕으로 신진보주의는 상호 보완적인 개방·혁신·연대라는 3대 가치를 제시한다. 연대는 성장의 과실을 나누는 것이라고 할 수 있는데, 그것은 지속적 혁신이 전제되어야 한다. 하지만 혁신이 지나치게 강조되면 연대의 정신이 후퇴한다는 난점도 있다. 이런 이유로 신진보주의는 개방이라는 가치를 추가하여 연대와 혁신을 결합시키려 하고 있다. 여기서 말하는 개방이라는 가치는 단순히 외국과의 교역을 늘린다는 차원만 있는 것이 아니라 국내 재벌 및 대기업과 중소기업의 수직적 관계가 수평적 관계로 전환되는 것도 포함하는데, 이렇게 되었을 때 혁신도 강화될 뿐만 아니라 연대의 정신도 어느 정도 살릴 수 있다는 것이다. 이런 면에서 보면 개방과 혁신은 경제정책에 해당하고, 연대는 사회정책에 해당한다고 할 수 있다.

한편 신진보주의는 뒤에서 다룰 복지국가와 달리 시장의 가치를 적극 수용한다. "신자유주의에 반대하는 것이 한국에서 시장의 제도와 기능을 확장하고 시장의 효율성을 높이기 위한 개혁이 불필요하다는 것을 의미한다면 이에 동의할 수 없다"(전병유·안병진·이남주, 2007, 13쪽)는 것이다. 이것은 '신자유주의 반대'를 전매특허로 내세웠던 진보의 큰 변화이다. 이런 관점에서 신진보주의는 대외전략, 남북통합, 산업·기업·금융, 사회정책, 지역발전 등 거의 모든 범위를 아우르는 입체적인 대안을 제시하고 있다. 이와 같은 신진보주의의 장점을 살펴보면 다음과 같다.

첫째는 제시된 가치가 상호 보완적이며 정합적이라는 점이다. 복지국가처럼 '존엄·연대·정의'라는 보기 좋고 듣기 좋은 가치를 골라서 내건 것이 아니라 제시된 가치가 시대적 상황에 부합하고, 하나의 가치가 커버하지 못하는 한계를 다른 가치들이 보완하는 구조로 되어 있다. 이런 점에서 신진보주의 모델은 다른 모델보다 우위에 있다고 할 수 있다.

둘째는 대기업-중소기업의 수평적 네트워크를 경제정책의 중요한 방향으로 제시하고 있다는 점이다. 한국의 산업구조와 고용구조의 병폐를 자세히 들여다보면 신자유주의 때문에 그런 것이 아니라, 재벌 및 대기업의 반칙과 특권이 중요한 원인이라는 것을 발견하게 된다. 다시 말해 정상적인 시장원리가 작동하지 않는 것이 중요한 까닭인데, 신진보주의 담론은 이런 구체적 현실을 간과하지 않았다. 한국 사회의 특수성을 어느 정도 포착하고 그것을 해결하기 위한 대안을 내놓기 위해서 노력했다는 것이다.

하지만, 이 대안에는 몇 가지 치명적인 한계도 있다. 그 첫번째는 토지문제를 거의 언급하지 않는다는 점이다. 대한민국의 주택문제뿐만 아니라 대기업 독점문제, 일자리 문제, 부정부패 문제를 하나하나 파고 들어가면 어김없이 토지문제와 만나게 되는데, 신진보주의 모델은 그것을 다루지 않는다. 조금만 자세히 들여다보면 대기업-중소기업 관계 문제보다 토지문제가 심각한 문제인데도 말이다. 특히 신진보주의가 한국에서 시장의 제도와 기능을 확장하고 시장의 효율을 높이기 위한 개혁을 중요하게 다룬다는 걸 고려하면 이는 더 이해하기 어렵다. 왜냐하면 토지문제, 정확히 말하면 토지투기가 시장을 교란시키고 금융기관에 있는 돈을 비효율적으로 배분하게 만드는 주된 요인이라는 것은 이미 잘 알려진 사실이기 때문이다. 그리고 바로 이 점이 신진보주의 모델을 북한에 적용하기 어려운 이유다.

두번째는 대기업 정규직이 다수인 조직노동의 반칙을 지적하지 않는다는 점이다. 다시 말해, '개방'이라는 가치를 기업에는 적용하고 노동에는 적용하지 않았다. 필자가 보기에는 신진보주의가 말하는 수평적 네트워크는 기업에만 필요한 것이 아니라 대기업 노동과 중소기업 노동,

정규직 노동과 비정규직 노동 간에도 필요하다. 복지국가를 평가할 때도 언급하겠지만 대기업 정규직 노동의 높은 처우 수준과 비정규직의 형편없이 낮은 수준 및 중소기업의 낮은 생산성은 무관한 것이 아니라 인과적 측면이 강하다. 대기업 정규직의 높은 처우 수준은 기업의 고용의지를 위축시키고, 기업으로 하여금 비정규직을 선호하게 만들며, 우월적 지위를 이용하여 중소기업에게 납품단가를 인하하도록 강제하여 결국 기업과 노동 전체를 포함한 시장생태계를 병들게 한다. 그런데 신진보주의의 인식은 여기까지 나아가지 않고 있다. 즉, 신진보주의는 한국 사회의 기업이 가진 특수성에는 주목했지만 노동이 가진 구조적 문제와 그것이 기업에게 어떤 영향을 주는지는 간과한 듯하다.

세번째는 연대의 정신을 되살리고 혁신과 개방을 매개할 조세정책을 거의 제시하지 않고 있다는 점이다. 이런 점에서 보면 신진보주의는 종합적 모델이라고 하기 어렵다. 조세정책은 단순한 재정 확보 수단을 넘어 경제 활성화, 즉 신진보주의가 주창하는 '혁신'과 '개방'에도 영향을 주고, 사회정책의 재원을 제공해주는 역할을 하는데, 아쉽게도 신진보주의에는 이런 연결고리에 대한 고민이 보이지 않는다. 제대로 된 대안은 핵심가치에서 출발할 뿐만 아니라 그 가치를 통해서 현실을 평가하고, 그것과 함께 드러난 문제를 해결할 수 있는 경제제도·사회제도·조세제도 각각을 제시하고 각 제도간의 상호 보완성과 정합성을 유지해야 한다.

4) 복지국가

복지국가 모델의 등장은 이른바 '진보정권 10년(1998~2007년)'의 반성에서 출발한다. 이 모델의 주창자들은, 한국 사회를 개혁해보겠다는 야

심 찬 비전을 품은 진보정권이 개혁에 성공하지 못한 데는 반대세력의 집요한 방해도 있었겠지만 제대로 된 청사진 없이 출발했기 때문이라는 인식을 공유하고 있는 듯하다. 그리고 여기에 일부는 사회주의를 지향하다가 현실사회주의 붕괴 이후에 자본주의 내에서 그래도 지향해야 할 모델은 복지국가가 아니냐는 '사상적 전향'을 한 부류도 있어 보인다.

복지국가 주창자들은 서구가 걸어왔던 자본주의 발전의 경로를 우리도 따라가야 한다는 생각을 기본적으로 하고 있는 것 같다. 서구의 자유방임주의국가가 한계에 다다르자 인간의 얼굴을 한 복지국가로 이행했듯이 우리도 그런 길을 가야 하고, 결국 갈 수밖에 없다는 낙관론을 펴고 있는 셈이다. 그렇다고 해서 이 모델의 주창자들이 20세기 중후반에 전성기를 구가했던 케인스주의적 복지국가로 돌아가자는 것은 아니다. 케인스주의적 복지국가가 추구했던 '보편적 복지'의 기조는 그대로 유지하되, 결과의 평등에 대한 집착이 초래한 경직성을 탈피해서 역동적인 경제를 만드는 것이 이 모델의 주된 생각이다. 이런 뜻에서 이 모델은 최근에 '역동적'이라는 형용사를 덧붙여 '역동적 복지국가'란 이름으로 진보개혁 진영의 대안모델로 각광을 받고 있다.

이러한 배경을 갖고 있는 복지국가의 강점은 지향하는 모델이 실재한다는 것이다. 어디로 가자는 거냐고 질문하는 사람들에게 "덴마크, 스웨덴, 핀란드 등을 봐라. 우리가 지향하는 모델은 바로 그런 나라들이다"라고 하면 된다. 이 나라들이 국민들의 삶의 질과 경제성장면에서 영미형 국가보다 훨씬 나은 모습들을 보여주고 있기 때문에 설득력도 있다.

또한 복지국가 모델은 지향하는 가치와 그 가치를 구현하기 위한 구체적인 방향까지 제시하는 수미일관된 논리도 돋보인다. 이 모델은 "존엄·연대·정의의 3대 가치와 보편적 복지·적극적 복지·공정한 경제·혁신적 경제라는 4대 영역(기둥)으로 구성된다."(이상이, 2010, 56쪽) 이를 실현하기 위해 고율의 누진세를 적용하고, 여기에서 거둬들인 세금으로 보편적·능동적 복지체계를 마련하고, 공정하고 투명한 경제와 혁신적 경제를 만들기 위한 경제정책을 실시하는 것을 골간으로 하고 있다. 이렇듯 이 모델은 다른 모델과 달리 조세제도·사회제도·경제제도 모두를 제시하고 있다. 이 모델의 주창자들도 자신들의 주장이 조세정책까지 구비되어 있는 종합적인 대안이라는 점을 강조한다(정승일, 2007).

이와 같은 복지국가 모델을 평가해보자. 첫번째로 지적해야 할 것은 복지국가가 지향하는 가치인 존엄·연대·정의가 어떻게 상호 보완적으로 작동하고 있는지가 선명하게 드러나지 않는다는 점이다. 예컨대, 앞에서 다룬 신진보주의국가가 제시하는 개방·혁신·연대라는 가치는 상호 보완적이고 정합적인데, 복지국가는 그냥 복지국가에서 필요한 가치를 골라서 내건 느낌이 강하다. 대안의 완성도가 높으려면 제시한 정책들뿐만 아니라 가치들 안에서도 상호 보완성과 정합성을 가져야 한다.

두번째로는, 복지국가 모델이 한국의 구체적인 현실을 직시하는 데 한계를 보인다는 점이다. 먼저 이 모델은 한국의 엄청난 복지수요를 간과했다(김대호, 2009, 225~240쪽). 복지국가 주창자들은 조세저항을 돌파하고 보편적·능동적 복지체계를 도입하려면 먼저 국민들에게 복지가 어떤 건지 맛을 보여줘야 한다고 보고, 적자재정을 감수하면서까지 재정확대 정책을 추진할 필요가 있다고 주장한다. 그렇게 해야 할 필요가 있는 것인지는 둘째치고 우선 그것을 감당할 수 있는지부터 따져보자.

통계청이 발표한 '2010년 8월 고용동향'에 따르면, 공식 실업자는 83만1000명이고 실업률은 거의 완전고용 상태라 할 수 있는 3.3%다. 하지만 사실상 실업자라고 할 수 있는 18시간미만 취업자 109만8000명, 비경제활동인구 중 "쉬었다"고 응답한 자 147만1000명과 취업준비생 62만6000명, 구직 단념자 22만3000명을 고려하면 실제 실업자는 424만4000명이나 된다. 여기에다 영세자영업자 500만 명 중에 온 가족이 다 달라붙어 뼈 빠지게 일해도 월임대료 주고나면 별로 남는 것이 없는 사람들 중 상당수도 잠재적 실업자다. 그리고 비정규직 850만 명 중에 정규직에 차별받고 사용자의 눈치 보면서 고생하는 사람들의 상당수도 마찬가지다. 이런 점들을 고려하여 잠재적 복지수요자들을 어림잡아 계산해보면 최소 1000만 명은 족히 넘어설 것이다. 이들에게 월 100만 원씩만 실업급여를 지급해도 1년에 120조 원의 예산이 필요한데, 과연 그것을 감당할 수 있을까? 그런데 더 큰 문제는 복지국가 주창자들이 주장하듯 이렇게 많은 사람들이 복지의 혜택을 보면 복지의 중요성을 깨닫고 열심히 일해서 세금을 내려고 할지 확신이 서지 않는다는 점이다. 그리고 한국 사회의 구조적 병폐를 제거하지 않는 한 이들이 일할 양질의 일자리도 생기지 않는다는 점을 생각하면 상황은 더 암담해진다. 오히려 실업수당을 눈먼 돈으로 여기고 온갖 편법을 동원해 실업수당을 더 많이 타내려고 하는 사람들이 더 많을 것 같다는 생각이 드는 것이 필자만일까? 이렇듯 복지국가 모델은 복지의 효과를 지나치게 강조한 나머지 한국 사회의 구체적 현실을 간과한 것으로 보인다.

세번째로는, 한국의 양극화된 기업 현실은 잘 지적했지만 양극화된 고용상황은 심층적으로 다루지 못했다는 점이다. 이 모델의 주창자들은 기업 양극화와 고용 양극화의 원인이 대기업에게 있다고 보는 듯하다. 다시 말해서 대기업이 중소기업을 착취하기 때문에 중소기업의 임금 지불능력이 떨어지고, '대기업 노동자들의 임금 대비 중소기업 노동자들의 임금 비율'이 계속 하락하고 있다는 것이다. 그리고 대기업이든 중소기업이든 기업 자체가 노동자들을 쥐어짜기 때문에 비정규직이 양산되고 정규직과 비정규직의 임금격차가 벌어진다고 생각하는 듯하다.

그러나 기업 양극화와 고용 양극화가 이렇게 심화된 까닭에는 대기업 정규직 노동자들의 조직이기주의가 있다는 점도 지적하지 않으면 안 된다. 이런 경향은 GDP 대비 연간급여의 변화를 미국·일본과 비교한 데서도 드러난다. 2000년 이후 일본은 500인 이상 대기업의 임금이 1인당 GDP의 1.5배를 계속 유지하고 있고 미국은 500인 이상 대기업의 연간급여가 1인당 GDP의 1배를 유지하고 있는 데 비해 정규직이 몰려 있는 한국 대기업의 임금 수준은 2000년 이후 계속 높아져서 2007년에는 무려 1인당 GDP의 2.23배, 즉 연간급여가 4000만 원이 훨씬 넘는 수준이 되었다. 그리고 미국·일본과 달리 한국은 '대기업 노동자 임금 대비 중소기업의 임금 비율'과 '정규직 임금 대비 비정규직 임금 비율'도 계속 하락하는 것을 볼 수 있다. 대한민국 대기업 정규직의 임금이 경제수준에 비해서 미국과 일본보다도 높고 중소기업 노동자들과 비정규직과의 격차도 계속 벌어지고 있는 것이다.

그런데 문제는 이런 정규직의 특권이 중소기업과 중소기업 노동자, 그리고 비정규직에게 전가된다는 데 있다. 대기업과 중소기업의 생산성 격차와 그에 따른 임금 지불능력 격차는 어느 정도 존재할 수밖에 없지만, 그 격차가 계속 벌어지는 이유 중 하나는 바로 대기업이 정규직의 처우개선 요구를 수용하는 데 따른 부담을 중소기업의 납품단가 인하를 통해서 보충하거나, 임금이 낮은 비정규직을 고용하는 것으로 대체하려 하기 때문이다. 다시 말해 고용 양극화 문제의 상당한 원인이 정규직 노동의 조직이기주의에도 있는데, 복지국가는 이 점을 간과한다. 그리고 한국 사회의 정규직 임금책정 기준도 숙련도나 생산성보다 근속연수가 주된 고려사항이기 때문에 근속연수가 오래되면 될수록 생산성과 임금의 괴리가 커지게 되는 불합리함이 발생할 수밖에 없게 되고, 이런 경우에 대기업은 비정규직과 중소기업을 쥐어짜는 것으로 대응하며, 이로 인해서 대기업과 중소기업 노동자의 임금격차는 더욱 벌어지는 것이다. 요컨대, 기업 양극화와 고용 양극화 문제 둘 다를 풀기 위해서는 기업과 노동의 '게임의 룰'을 동시에 바꿔야 하는데, 복지국가 모델은 노동 자체의 문제를 소홀히 다룬다. 이것은 아마도 복지국가에 이데올로기적 경향이 남아 있기 때문으로 보인다.

네번째, 복지국가 모델은 제도간에 상호 보완성이 떨어지는데, 이는 특히 조세제도에서 두드러지게 나타난다. 조세제도(정책)는 재원 마련이라는 목적도 달성해야 하지만 기왕이면 경제의 효율을 해치지 않고, 더 나아가서 경제를 더 효율적으로 만드는, 다른 말로 하면 복지의 필요를 줄이는 방향에서 고민되어야 한다. 그런데 아쉽게도 복지국가 모델에는 이런 인식이 부족해 보인다. 현존하는 복지국가인 북유럽 국가들과 비교해서 조세구조가 이러하니 우리도 그리로 가야 한다는 것이 기본적인 생각인 것 같다. 이런 원인은 필자가 보기엔 공동체자유주의와 마찬가지로 이 대안도 토지의 중요성을 간과한 데서 비롯된 것으로 보인다. 공평의 원칙, 경제성의 원칙, 세무행정상의 원칙이라는 좋은 세금의 3원칙에 비춰보면 가장 좋은 세금은 토지 불로소득을 환수하는 토지보유세라는 것이 금방 드러나고, 그렇다면 증세의 우선적 대상은 토지여야 하는데, 아쉽게도 복지국가에는 이런 인식이 없다. 토지에 증세를 하게 되면 토지 때문에 발생하는 많은 비효율과 빈부격차는 해소된다. 그리고 생산에 부과하던 다른 세금도 감면할 수 있는 여유가 생긴다. 요컨대 토지에 대한 증세와 다른 부분에 대한 감세가 결합하면 경제를 더 활성화시키면서 빈부격차를 완화시키기 때문에 복지정책에 대한 부담을 훨씬 덜 수 있게 되는데, 복지국가 모델에는 이런 상호 보완성이 결여되어 있다.

마지막으로, 복지국가 모델을 북한에 적용하기는 상당히 어려워 보인다. 주창자들의 생각처럼 이 모델은 자유방임주의를 거친 국가에는 적용할 수 있어도 이제 발전을 시작해야 하는 북한에 적용하는 데는 상당한 한계가 있다.

5) 사회국가

사회국가는 한국 사회의 좌파 정당인 진보신당과 민주노동당이 지향하는 것으로, 현실사회주의 붕괴 후 한국의 좌파 그룹에서 오랜 고민 끝에 내놓은 모델이다. 이 모델이 나오기 전까지 좌파 그룹은 산발적으로 자본주의 시장경제를 비판하고 부분적 대처방안을 제시했지만, 종합적 국가모델을 제시하는 데까지 나아가지 못했었다. 이런 측면에서 보면 사회국가 모델 정립은 한국 사회 좌파의 상당한 발전이라고 할 수 있다. 비록 이 모델이 생산수단을 국유화하고 시장을 '계획'으로 대체해야 한다는 주장은 하지 않지만, 내용을 들여다보면 사유재산과 시장에 상당한 반감을 가지고 있다는 것을 알 수 있다. 한국 사회문제 대부분이 '시장과 자본의 원리'가 관철된 데서 기인했다는 것이 사회국가의 기본적인 시각이다. 따라서 국가는 시장을 위한 '시장'국가여서는 안 되고, 자본을 위한 '자본'국가가 되어서도 안 되며, 사회 혹은 공동체를 위한 국가여야 한다는 것이다(진보정치연구소, 2007).

이와 같은 사회국가가 내거는 핵심 가치는 '공공성'이다. 여기서 공공성은 시장의 영역, 즉 수요와 공급이 작동하는 영역을 축소할 수 있는 가치로서, '탈시장화' '탈이윤화'의 다른 이름이다. 주지하다시피 시장은 개인의 형편을 고려하지 않는다. 어떤 상품의 가격이 1만 원이면 그 상품을 원하는 사람은 모두 1만 원을 지불해야 한다. 주머니 사정이 안 좋은 사람에게 5000원만 내라고 하지 않는다. 다시 말해 시장은 개인의 주머니 사정을 전혀 고려하지 않는다는 것이다. 이런 이유로 사회국가는 모든 영역에서 시장원리를 배제할 수는 없지만, 적어도 일자리·주거·교육·의료 등에서는 공공성의 원리를 적용시켜야 한다고 본다. 일자리를 만드는 데 공공이 개입해서 열악한 사람들도 일할 수 있도록 해야 하고, 개인의 경제적 사정에 관계없이 주택을 제공해야 하며, 부모님의 교육수준·재산상황과 관계없이 교육의 기회를 제공해야 하고, 개인의 주머니 사정과 관계없이 아플 때는 신속하게 치료를 받아야 한다고 보는 것이다. 이에 대한 사회국가의 전략은 먼저 일자리의 공공성을 확보하기 위해 노동이 자본의 소유에 제한을 가하고 경영에 직접 참여해야 하며, 지금의 재벌체제는 해체되어야 한다고 본다. 또한 주거의 공공성 실현을 위해 소유 제한과 불로소득 환수를 적용하고, 교육과 의료의 공공성을 위해 무상교육·무상의료를 실시해야 한다고 본다. 사회국가는 이를 실현하기 위해 '연대'와 '참여'라는 가치가 무엇보다도 중요하다고 강조한다.

이런 사회국가 모델에서 긍정적으로 평가해줄 만한 대목은 '연대'와 '참여'라는 가치에서 공공성의 원리를 끄집어내고 이를 실현할 방안을 제시했다는 점이다. 한마디로 추상과 구체가 결합했다는 것이다. 하지만 필자가 보기에 이 모델은 장점보다 단점이 훨씬 많다.

첫째는, 시장에 대한 '과잉 불신'과 공공에 대한 '과잉 신뢰'다. 한국의 사회경제적 문제는 흔히 말하듯 자본의 논리, 즉 시장논리가 과잉 적용되어서 생기는 것이라기보다는 '제대로 된 시장의 원리'가 작동하지 않는 데 원인이 크다. 대기업과 중소기업 간에, 정규직과 비정규직 간에 점점 벌어지는 격차 등은 시장이 과잉으로 적용되었기 때문이라기보다는 대기업과 대기업 정규직이라는 '특권에서 비롯된 반칙'에 기인한다. 자유시장경제 이론을 집대성했다고 알려진 애덤 스미스도 한국의 이런 모습을 보면 한국은 시장원리가 제대로 작동하고 있지 않다고 할 것이다. 엄청난 토지 불로소득이 발생해서 대부분의 사람들이 주택문제에 시달리는 것은 시장이 과잉 적용되어서가 아니라 불로소득을 환수하지 않아서 생기는 문제다. 하지만 사회국가는 이런 문제들을 '시장' 혹은 '자본'이 만들어낸 것이라고 본다.

시장에는 '나쁜 시장'이 있고 '좋은 시장'이 있다. 반칙과 특권이 난무하는 시장은 나쁜 시장이고, 토지 불로소득이 일부 토지과다소유자의 주머니로 흘러들어가는 시장도 나쁜 시장이다. 따라서 관건은 시장 곳곳에 웅크리고 있는 반칙을 찾아 제거하고 토지 불로소득을 환수해서 노동자는 열심히 일하고 기업가는 혁신적 투자를 할 수 있는 여건을 만드는 것인데, 사회국가에서는 시장에 대한 근본적 불신이 있기 때문에 이런 생각을 하기 어려워 보인다.

필자가 보기에 이런 태도는 마르크스주의의 영향 때문으로 보인다. 마르크스에 따르면, 시장이 축적에는 성공적이지만 노동자에 대한 착취를 수반할 수밖에 없기 때문에 정의의 원리상 시장은 언젠가 청산되어야 할, 아니 청산될 수밖에 없는 자원배분 메커니즘이다. 이런 관념이 머릿속에 있는 한 시장에 대한 불신과 공공성에 대한 과잉 신뢰는 사라지기 어렵다.

둘째는, 사회국가가 제시하는 방향대로 경제를 운용하면 시장이 과연 정상적으로 작동될까 하는 회의가 든다는 것이다. 앞서 말한 대로 일자리·주택·교육·의료 시장에서 시장의 원리를 배제하고 공공성의 원리를 적용하면 과연 기업가들은 과거보다 더 많은 투자를 하려고 할까? 일자리를 나누기 위해서 자본의 소유를 제한하고 노동이 경영에 참여하면 기업이 제대로 운영될 수 있을까? 부동산 문제를 소유제한으로 풀려고 하면 시장이 정상적으로 작동할까? 소유제한이라고 하는 것이 과연 가능이나 한 걸까? 스웨덴처럼 부유세를 징수하면 부작용은 없을까? 노력소득과 불로소득을 가리지 않고 가파른 누진세를 적용하면 경제 활력이 떨어지는 문제가 생기는데 이런 난제에 대해서 복지를 통해 내수를 확대하면 문제가 해결된다는 말은 왠지 궁색해 보인다. 관점과 입장의 차이에 따라서 다르게 대답할 수 있으나 필자는 회의적으로 본다.

필자가 보기에는 사회국가가 말한 대로 공공성을 강화하면 시장경제의 핵심이라고 할 수 있는 '기업가 정신'이 고양되기보다는 위축되기 쉽다. 노동자를 멋대로 해고하는 것을 막기 위해서 노동자들이 소유와 경영에 참여하게 되면 당장에 해고는 막을 수 있을지 몰라도 기업 자체의 경쟁력은 떨어질 가능성이 높다. 과거에 비해 기업이 노동자를 해고하려는 경향을 부쩍 보이는 것은 자본이 본래 악惡해서, 시장이 근본적으로 자본의 편이라서 그런 것이 아니라 시장 상황이 변한 탓도 크다. 문제는 해고당한 사람들을 고용할 수 있는 일자리가 없다는 것인데, 이것의 원인을 파고 들어가면 결국 대기업 및 대기업 정규직 노동의 반칙과도 만나게 되고, 좀더 크게 보면 사회정책의 부재, 그리고 왜곡된 조세제도와 마주하게 된다. 또한 사회국가가 제시한 소유제한을 실시해도 부동산을 통해서 돈을 벌 수 있는 구조가 지속되는 한 문제는 해결될 수 없고, 잉여자금이 자동적으로 산업자본으로 흘러가지 않을 것이다.

가령 소유제한의 한 방법으로 1가구 1주택을 법제화하면 어떤 일이 일어날까? 시장 참가자들은 보다 넓은 1주택, 보다 값비싼 1주택을 소유하는 것으로 대응할 것이다. 다시 말해서 1주택이지만 주택 투기와 과소비는 없어지지 않는다는 것이다. 이걸 다시 막으려면 가구당 면적 제한을 할 수밖에 없고, 또 1인 가구와 5인 가구를 같이 취급할 수 없으니까 가구의 구성에 따라 면적을 달리할 수밖에 없게 된다. 그런데 주택은 그렇다 치고, 토지소유는 또 어떻게 할 것인가? 이것도 소유의 한도를 정할 것인가? 정한다면 그 기준을 무엇으로 할 것인가? 소유제한이 화끈한 것 같지만 소유가 궁극적으로 노리는 불로소득이 생기는 한 문제를 근본적으로 해결하기란 어렵다. 시장 참가자들은 은행에 돈을 예치하는 것과 부동산을 사놓고 기다리는 것의 수익률을 비교하는데, 이를 단지 소유제한으로 막을 수 있겠는가.

셋째는, 사회국가 역시 토지문제에 대한 인식이 부족하다는 점이다. 토지투기가 금융기관 부실 및 자금의 비효율적 배분을 초래할 뿐만 아니라, 빈부격차의 주된 원인이라는 것을 철저하게 인식하지 못하고 있는 듯하다. 이는 아마도 토지와 자본을 구분하지 않고 토지의 독자성을 인정하지 않는 데서 비롯된 것으로 보인다.

넷째는, 사회국가는 상호 보완적인 모델이라고 하기 어려운 면이 있다는 것이다. 제대로 된 모델이 되려면 경제정책을 통해서 일자리가 많이 생겨나고, 사회정책을 통해서 고용 가능성을 높일 뿐 아니라 안정성을 확보해야 하며, 이 모든 것을 감안해서 경제정책과 사회정책 둘 다를 지원하는 조세정책이 마련해야 하는데, 이런 면에서 보면 사회국가는 상호 보완적으로 설계된 대안이라고 보긴 어렵다. 사회국가가 제안한 대로 경제정책이나 조세정책을 추진하면 일자리가 더 많이 생기기보다 그나마 있던 일자리도 줄어들 것으로 예상되는데, 그렇게 되면 사회정책의 부담이 늘어나게 되고, 이것은 다시 더 많은 세금을 필요로 하는 악순환에 빠질 가능성이 높아 보인다.

요컨대, 사회국가의 전매특허인 '공공성 강화'로는 실업문제, 주택문제, 교육문제, 의료문제를 해결하기 어려워 보인다. 필자가 보기에 사회국가의 가장 본질적인 문제는 시장 자체에 대한 근본적 불신이다. '신자유주의 반대' '공공성 강화' '민영화 반대' '탈상품화' '탈이윤화'라는 용어에서 이런 경향이 확연히 드러난다. 시장보다 계획, 혹은 공공성을 선호하는 것은 기본적으로 '선택의 문제'라고 할 수 있겠으나, 적어도 필자에게 공공성 강화가 한국 사회가 가진 수많은 모순들을 해결할 것이라는 믿음이 생기지 않는다. 그리고 바로 이런 이유 때문에 사회국가는 건강한 시장을 만들어 경제를 일으켜야 하는 북한에도 어울리는 모델이라 하기 어렵다.

6) 기존 대안모델에 대한 종합적인 평가

지금까지 제시한 기존 대안들에 대한 평가를 종합해보면 다음과 같다.

첫째, 보수는 '지금의' 시장 질서를 승인하는 경향이 강하고, 진보개혁 내지 좌파는 정도의 차이는 있지만 시장 자체를 불신하는 경향이 있다.

둘째, 토지에 대해서는 보수와 진보를 막론하고 거의 제대로 다루지 않는다. 한국 사회에서 토지문제가 사회경제적 문제의 핵심임에도 대안을 연구하는 학자 그룹에서는 그것이 제대로 다루어지지 않는다. 그러나 토지문제는 집값 폭등을 불러와 노동자의 주거비를 높여 내수를 위축시킬 뿐만 아니라, 토지를 별로 가지고 있지 않거나 임대해서 쓰는 기업들도 괴롭히며, 노동과 기업의 협상 공간을 축소시키고, 막대한 국가 재정을 토건사업에 쏟아붓도록 하며, 고위 공직자의 부정부패에도 중요한 원인이 된다. 사실이 이러함에도 앞의 대안들은 이를 중요하게 다루지 않는다.

셋째, 한국 경제와 사회가 처한 구체적 현실에 대한 인식이 부족해 보인다. 보수는 지금의 문제를 지나친 공리주의에 입각한 개인주의 때문이라고 하지만, 진짜 원인은 '개인주의의 과잉'이 아니라 제대로 된 개인주의, 즉 자유주의가 적용되지 않았기 때문이다. 예컨대 공동체자유주의가 정말 '자유주의'에 충실하려면, 다른 사람의 자유를 심각하게 제한하는 토지투기가 자유주의에 부합할까라고 물어야 하는데, 그런 질문은 하지 않는다는 것이다. 진보 진영도 각 주장에 따라 편차가 있긴 하지만, 오늘날 한국이 처한 구체적 현실을 직시하는 데는 한계를 보인다. 물론 신진보주의와 복지국가는 대기업과 중소기업의 착취관계에 주목하기는 하지만, 노동 내부의 문제를 다루는 데까지 나아가진 못한다.

그런데 문제는 이런 인식의 한계가 시장 자체를 불신하는 것으로 이어진다는 데 있다. 본래 시장은 비정규직 문제, 재벌 문제, 일자리 문제, 토지투기 문제 등을 발생시킬 수밖에 없다고 보는 것인데, 이렇게 되면 시장을 신뢰하는 보수와 대화할 수가 없다. 한편에서는 시장 자체가 문제라고 하고, 한편에서는 시장을 지키자고 하면 대화가 되겠는가? 필자가 보기에는 시장을 통해서도 얼마든지 좋은 일자리를 만들고, 기업가 정신을 고양시키며, 토지투기를 차단할 수 있다. 그리고 그렇게 해야 진보와 보수 간에 생산적인 대화가 가능하고 접점도 찾을 수 있다고 본다.

넷째, 중심 가치를 통해서 원리와 원칙을 끄집어내고 그것을 통해서 한국의 사회경제적 현실을 분석하고, 대안을 제시하는 수미일관된 모델이 눈에 띄지 않는다. 복지국가, 사회국가, 신진보주의국가 등은 나름 중심 가치를 내걸지만, 그 가치가 왜 우리 사회에 핵심적인지를 충분히 설득해내지 못한다. 그 가치가 왜 필요한지는 그 가치를 통해서 우리 사회를 분석했을 때 알 수 있다. 다시 말해 그 가치를 통해서 한국 사회를 바라보면 한국 사회의 구체적인 문제가 포착되어야 그 가치의 필요성이 비로소 인정받을 수 있다. 그러나 제시된 대안들의 핵심 가치는 그렇다고 하기 어렵다. 그중에 신진보주의는 개방·혁신·연대라는 가치를 제시했지만, 그 가치를 통해서 한국의 사회경제적 현실의 문제점을 진단하는 데까지 나아가지는 않고 있다.

다섯째, 대안 자체가 온전한 의미에서 입체적이고 종합적이지 못하다. 제대로 된 대안은 경제제도와 사회제도, 그리고 경제를 활성화하고 복지의 재원을 마련할 수 있는 조세제도, 이 세 가지가 서로를 지지해주는 구조라야 한다. 경제제도를 통해서는 빈부격차를 완화해가면서 일자리가 많이 생겨나게 하고, 조세제도를 통해서는 경제효율을 높이면서 사회제도의 재원을 마련해주어야 하며, 사회제도를 통해서는 보다 역동적이면서 안정적인 시장을 만드는 데 도움을 주는 구조여야 한다. 그런데 정도의 차이는 있지만 기존에 제시된 대안들이 그렇다고 하기 어렵다. 사회투자국가는 경제에 도움이 되는 사회정책에 치중되었고, 신진보주의는 사회정책과 경제정책의 상호 보완성은 강한데 조세정책이 부족하며, 복지국가는 조세정책을 사회정책의 재원으로만 인식한 측면이 강하고, 사회국가는 세 정책 모두를 말하나 상호 보완적이라고 말하긴 어렵다. 그리고 공동체자유주의는 지금의 현실을 유지하려는 측면이 강하다. 재벌문제도 그냥 놔두고, 토지 불로소득은 조금만 환수하자고 하면서, 정규직 노동에 대해서만 강한 비판을 가하고 있다.

여섯째, 모두 다 북한과의 체제통합을 전제로 한 국가모델로 삼기에는 부족하다. 공동체자유주의를 북한에 적용할 수 있을까? 공동체자유주의를 북한에 적용하면 토지투기가 기승을 부릴 것이다. 그렇다고 사회투자국가, 복지국가, 신진보주의국가, 사회국가를 북한에 적용해도 괜찮을까? 이 모델들은 오늘날의 한국처럼 경제발전에 어느 정도 성공한 경우에는 적용할 수 있을지 몰라도 폐허가 된 북한을 재건하는 데 유용하진 않은 것 같다. 앞에서 이야기했듯이, 우리가 찾고 있는 최선의 대안은 선진국에 진입하려는 한국뿐만 아니라 경제를 재건하고 경제발전을 시작해야 하는 북한에도 적용이 가능해야 하며, 두 체제가 지향할 수 있는 합일점이어야 한다. 이런 면에서 위 모델들은 통일한국의 국가모델로는 부적합해 보인다.

일곱째, 진보 혹은 좌파 그룹에서는 '자본'이란 용어를 불명확하게 사용하는 경향이 있다는 점이다. 보통 자본이라고 하면 노동에 의해 생산된 생산물 중에서 소비되지 않고 다시 생산에 투입되는 생산요소를 말한다. 우리가 알고 있듯이 생산성을 높이기 위한 선반, 컴퓨터 등이 바로 자본이다. 그런데 진보 쪽에서는 이것 외에도 자본이라는 생산요소를 제공하는 자, 경제권력, 그리고 경영진 혹은 부패기업, 심지어 토지까지도 자본의 범주에 넣어서 쓰는 경우가 허다하다. 이를테면 '자본=생산요소+생산요소 소유자+경제권력+경영진+부패기업+토지'로 보는 것이다. 그러나 이는 잘못된 구분일 뿐 아니라, 이런 용어 정의는 자본 자체를 불신하도록 만들기가 너무 쉽다. 부패한 기업과 경제권력 문제는 투명성과 책임성의 원리를 적용해서 해결할 수 있다. 토지문제 해결은 불로소득을 환수하면 된다. 그런데 자본을 위와 같이 정의하면 경제에서 나타나는 모든 문제의 원인을 '자본', 혹은 '자본의 횡포' 혹은 '시장 자체'로 돌리기 쉽다. 가장 왼쪽의 대안인 사회국가론에서 많이 발견되는 '자본과의 대결'이라는 용어는 바로 이런 데서 연유했다고 본다.

이렇듯 한국 사회를 가만히 들여다보면 토지에도 문제가 있고, 기업 자체에도 문제가 있고, 노동 자체에도 문제가 있고, 금융에도 문제가 있는데 이 문제들은 인과관계를 명확하게 구분하는 게 불가능할 정도로 서로 얽힌 채 영향을 주고받는다. 다시 말해서 기존의 진보와 보수 각각이 중시하는 영역에도 문제가 있기는 마찬가지란 말이다. 이런 것을 고려하면 대안은 종합적이고 체계적이어야 하지만, 그보다 더 중요한 것은 각 영역의 대안들이 동일한 원리에서 출발해야 한다는 점이다. 그래야 각 영역의 처방들간에 충돌이 없고, 어느 한 영역의 처방이 다른 영역의 문제 해결에 도움을 줄 수 있다. 그리고 그렇게 해야 기존의 진보와 보수의 대립과 갈등을 화해와 통합으로 만들 수 있으며, 더 나아가서 새로운 국가의 역할을 모색할 수 있다. 따라서 이 책은 다음과 같이 접근하려고 한다.

① 진보건 보수이건, 좌파건 우파건 모두가 동의할 수 있는 원리에서 출발하고, 그 원리에서 상호 보완적이며 정합적인 원칙을 도출하려고 한다. ② 그 원칙으로 한국의 사회경제적 현실을 진단한다. ③ 진단을 토대로 종합적이고 체계적인 대안을 제시한다. ④ 북한까지 아우르려고 한다. 이를 위해서 이 책은 다양한 분야의 학문 성과를 융합할 것이다. 원리와 원칙을 추출할 때는 사회철학의 성과를, 국가-시장 관계에 있어서는 정치학의 성과를, 시장 분석에서는 경제학의 성과를, 기업 행태에 대해서는 경영학의 성과를 흡수하고 융합할 것이다.

자, 그러면 공정국가가 제공하는 새로운 안경, 한국 사회의 핵심문제를 간파해낼 수 있는 새로운 관점을 하나하나 검토해보도록 하자.

II
공정국가의
철학과
원칙 세우기

1. 새로운 '국가-시장' 관계를 모색해야 한다

한 나라의 경제가 어떤 내용으로 전개되고 성장하느냐 퇴보하느냐는
우리가 '국가-시장' 관계라고 부르는 것, 즉 국가가 시장에서 어떤 철학
과 원칙을 가지고 무슨 역할을 하느냐에 달려 있다. '국가의 역할'이 시
장 참여자들의 생각과 행위에 크게 영향을 미치기 때문이다. 예를 들어
노동자들이 더 열심히 일하느냐, 기업가들이 과감하고 혁신적인 투자
를 하느냐, 금융기관의 자금들이 생산적인 곳으로 흘러가느냐, 더 나아
가서 사회구성원들이 안정감을 가지고 각자의 영역에서 최선을 다할 수
있느냐는 결국 게임의 룰을 정하고 그것을 집행하는 '국가의 역할'에 의
해 좌우되는 것이다.

많은 사람들이 시장이 국가와 관계없이 존재하는 것으로 생각하지

만, 시장은 국가의 도움 없이는 한순간도 서 있을 수 없다. 린드블롬(Lindblom, 2009, 56쪽)이 말했듯이 "시장체제를 춤이라고 하면 국가는 춤판과 음악을 제공"하는 역할을 하는데, 여기서 춤판과 음악은 제도를 말한다. 이 두 가지가 없으면 춤을 출 수 없듯이 '국가의 역할' 없이는 시장은 작동할 수 없다. 지구상의 거의 모든 국가들이 시장이라는 자원배분 메커니즘을 받아들이지만, 그 모습이 똑같지 않은 것은 바로 이 때문이다. 국가마다 마련한 춤판과 음악이, 다시 말해 제도의 내용이 다른 것이다.

약간의 차이가 존재하지만 그동안 국가-시장 관계에는 큰 흐름이 있어왔는데, 이를 시대순으로 열거해보면 16~18세기의 중상주의국가, 19~20세기 초의 자유방임주의국가, 1930~1980년대의 복지국가, 1980년대 이후의 신자유주의국가 등으로 나눌 수 있다. 한편 한국을 비롯한 동아시아 국가들은 1960년대 이후로 시장에 대한 국가의 압도적인 우위를 바탕으로 한 발전국가developmental state의 모습을 보여왔다. 각 모델들은 등장한 배경이 있고 나름대로 성과를 보이기도 했지만, 한계가 노정되자 퇴장하고 다른 모델에게 바통을 넘겨주었다.

중상주의국가는 부국강병을 목적으로 수출 지원과 수입 억제, 중요 사업의 인허가, 금리 및 중요 상품의 가격 통제, 노동자들의 이동 통제 등을 활용하여 강력하게 경제를 규제했다. 이런 중상주의국가의 정책은 정부의 비호를 받는 대상공인들에게는 유리했으나 그렇지 못한 중소상공인들에게는 몹시 불리했다. 그리하여 중소상공인들은 정부의 경제규제를 철폐하여 누구나 자유롭게 사업을 할 수 있는 국가, 즉 자유방임주의국가를 선호하게 되었는데 바로 이런 모델을 주장한 학자가 애덤 스미스다.

하지만 자유방임주의국가는 독점과 빈부격차, 주기적인 불황, 대량실업을 초래하게 되었는데, 이런 이유로 이 모델은 케인스주의적 복지국가에 그 자리를 내주게 되었다. 그러나 복지국가 역시 제2차세계대전 이후 전성기를 구가하다가 1970년대 경기침체(실업)와 인플레이션이 동시에 나타나는 스태그플레이션이 발생하자 신자유주의국가에게 그 자리를 내주게 되었다. 그리하여 1980년대 이후부터 지금까지는 신자유주의국가가 대세가 되었다.

그러나 이 모델의 아성牙城이라고 할 수 있는 미국과 영국이 금융위기로 휘청거리고 그 여파가 전세계를 공포로 몰아넣게 되자, 신자유주의국가에 대한 지지는 급격히 퇴조했다. 지금 전세계 국가들은 다시 복지국가로 돌아갈 것인지, 아니면 새로운 국가-시장 관계 모델을 모색할 것인지, 다시 말해 새로운 '국가의 역할'을 찾을 것인지 기로에 서 있는 형국이다.

현재 한국은 감세와 규제완화, 노동의 유연화를 핵심으로 하는 신자유주의국가의 모습과 과거 발전국가가 남겨놓은 유산遺産인 독점과 특권, 부패와 정경유착이 결합된 상황이라고 할 수 있다(이정우, 2007). 즉, '정글 같은 신자유주의'와 '부패한 발전국가'라는 전혀 다른 흐름이 이종교배된 형태가 오늘날의 한국인 것이다. 보호받지 못하는 비정규직 노동자, 영세 자영업자와 중소기업인들, 부실한 사회적 안전망에서는 신자유주의국가의 모습이 드러나고, 반칙과 특권을 일삼는 재벌기업과 공기업·대기업의 정규직 노동자들에서는 발전국가의 구태가 드러난다. 뒤에서 자세히 설명하겠지만, 바로 이러한 원인 때문에 한국 사회가 점점 활력을 잃어가고 있고, 이것이 바로 한국 사회가 가진 독특성이라고 할 수 있다. 이렇듯 새로운 국가의 역할 모색은 단지 학문적 과제가 아니라

'현실적 과제'다.

그러면 한국은 어느 모델로 가야 할까? 앞서 검토했듯이 지금 한국의 많은 개혁진보 그룹의 학자들은 복지국가를 대안으로 제시하고 있고, 구체적으로 스웨덴·덴마크·네덜란드 등을 우리가 따라가야 할 모델로 지목하고 있지만(고세훈, 2007; 정승일, 2007; 복지국가SOCIETY정책위원회, 2007; 이상이 편, 2010), 과연 이 모델이 우리에게 적합한지에 대해서는 선뜻 동의하기 어려운 면이 있다. 이 모델이 신자유주의국가보다 안정적이며 성공적인 발전을 이루었다는 주장이 있고, 그것이 일편 사실이기도 하다. 하지만 고율의 세금과 보편적 복지가 초래하는 비효율성은 여전히 문제로 남아 있다. 그리고 이 모델은 현재 한국이 처한 특수한 문제, 즉 발전국가가 남겨놓은 특권과 부패구조를 포착해내고 그 문제를 해결하는 데도 분명한 한계가 있다. 한국의 자본을 구성하는 대기업과 중소기업, 노동을 구성하는 대기업 정규직과 비정규직은 전혀 동질적이지 않다. 대기업과 대기업의 정규직 노동은 따뜻한 울타리 안에 있다면, 중소기업과 비정규직 노동은 삭풍이 부는 울타리 밖에 있는데, 이 둘의 이해관계는 상충한다. 이런 상황에서 복지를 전면적으로 확대하는 것이 과연 옳은 방향일까? 동의하기 어렵다.

따라서 필자는 새로운 국가모델이 갖추어야 할 조건으로 두 가지를 제시한다. 하나는 한국의 특수한 문제, 즉 발전국가가 도처에 남겨놓은 반칙과 특권을 정확하게 포착해서 해체하는 방안을 제시할 수 있어야 한다는 것. 또 하나는 복지국가의 단점인 비효율과 신자유주의국가의 문제로 지적되어온 빈부격차 심화, 주기적 불황, 실업 등도 해결할 수 있어야 한다는 것. 말하자면 한국 사회의 발전과정에서 배태된 특수한 문제들과 서구 모델이 가진 일반적인 문제들이 동시에 극복 가능한 것이라야 한다는 것이다.

이런 문제의식 아래 이 책은 새로운 국가모델로 '공정국가fair state'를 제시한다. 거칠게 요약하자면 자유방임주의국가는 국가가 단지 토지·노동·자본에 대한 사유재산권을 보호하고 치안을 유지하는 모델로, 복지국가는 자유방임주의가 옹호하는 재산권에 일정 정도 제한을 가하면서 보편적 복지를 지향하는 국가로, 신자유주의국가는 자유방임주의가 말하는 사유재산권을 옹호하면서 기업을 세금과 노조로부터, 정부를 복지의 굴레로부터 자유롭게 하려는 국가라고 정의한다면, 공정국가는 국가가 사회경제적 영역에서 공정성을 추구하는 모델이라고 할 수 있다. 다시 말해서 공정국가는 이름 자체가 의미하듯이 '공정한 국가'를 추구하는 모델이다.

이처럼 명칭 자체에서 공정국가는 기존의 모델과 구분되는 특징이 있다. 예컨대, 중상주의국가는 소상공업보단 대상공업, 내수보다는 무역 등을 더 중시한다. 또한 신자유주의국가는 노동보다는 기업에 우호적이다. 그리고 복지국가와 사회국가는 노동에 상당히 우호적이다. 물론 각 모델이 다소 편향적인 지향을 보이는 데는 다 나름대로 까닭이 있다. 그렇게 했을 때 국가가 부강하게 되고 사회구성원들이 안정된 생활을 유지할 수 있다고 보는 것이다. 그러나 공정국가는 특정한 어떤 계급이나 계층을 편들지 않는다. 노동시장이든 기업시장이든 토지시장이든 간에 공정성이 유지되는 것이 모델의 목표이고, 그렇게 했을 때 사회 전체가 효율적이고 공평하게 운영된다고 본다. 요컨대 공정국가는 서로 대립되는 양측의 통합을 지향하는 모델이라는 것을 감지할 수 있다.

한편 공정국가는 국가-시장 관계를 새로운 방향에서 접근한다. 지금까지 사회과학계에서 이 부분에 대한 논의는 국가가 시장을 '어느 정도'

대체(개입)하느냐를 중심으로 이루어졌다. 작은 정부/큰 정부 논의가 바로 이것이다. 국가가 시장을 많이 대체하면 복지국가 혹은 사회국가로, 그렇지 않으면 자유방임국가 혹은 신자유주의국가로 규정해왔다. 복지국가나 사회국가가 시장에 대한 국가의 대체를 강화하려는 이유는 시장에 대한 불신 때문이고, 불신의 정도에서 사회국가가 복지국가보다 심하기 때문에 대체의 정도가 더 강한 것이다. 자유방임이나 신자유주의가 국가의 시장 대체의 정도가 낮은 이유는 시장을 그만큼 신뢰하기 때문이다. 요컨대, 국가-시장 관계라고 하는 것은, 즉 시장에 대한 국가의 역할이라고 하는 것은 국가가 시장을 얼마나 신뢰하느냐에 있다고 할 수 있다.

그런데 공정국가는 국가가 시장을 얼마나 대체하느냐가 아니라 국가가 '어떤 원칙'을 가지고 시장의 '어떤 부분'에서 '어떤 역할'을 하느냐를 중시한다. 공정국가는 시장에서 국가 역할의 크고 작음이라는 종래의 관점에서 탈피해서 '역할의 내용'을 중요하게 생각한다는 것이다. 국가의 역할에 관한 관점을 이렇게 바꾸게 되면, 새로운 국가모델이 가장 우선적으로 고민해야 할 것은 국가의 역할에 대한 당위를 제공하는 '철학'임을 깨닫게 된다. 국가가 '왜' 그런 역할을 해야 하는지에 대한 이유가 분명하고 설득력이 있어야 한다는 것이다. 그런데 기존의 대안들은 그 철학을 제시하지 않았거나 제시했더라도 애매모호했다. 예를 들어 신자유주의국가는 왜 토지·노동·자본에 사적 재산권을 절대적으로 보장해야 하는지를 제시하지 않는다. 복지국가나 사회국가도 마찬가지로 국가 역할의 당위성 부분에서 설득력이 약하다.

공정국가의 철학적 원리는 '공정성'이다. 공정성을 통하여 국가 역할의 원리를 도출하고 그 원리로부터 구체적인 원칙과 방안이 나오는데,

그 방안은 다시 공정성 구현을 목표로 하고 있다. 공정국가는 철학, 원칙, 구체적인 방안이 '이음새 없이 위로부터 아래까지 통째로 짠 옷'이라 할 수 있다.

그렇다면 이제 공정국가의 철학적 토대를 제공하는 '공정성'이 과연 무엇인지부터 정의해보자.

2. 공정국가의 철학적 기초와 잠재력

1) '공정성'이란 무엇인가?

한번 생각해보자. 참가 자격이 일부에게만 주어지는 육상 경기, 참가하더라도 대다수의 선수들은 고무신을 신고 달리는데 소수의 선수들은 값비싼 스포츠화를 신고 달리는 경기, 경기 중에 한 선수가 다른 선수의 발을 걸어도 심판이 눈감아주는 경기, 이런 경기에 참가하는 선수들은 물론이고 그것을 바라보는 관중들은 짜증을 내거나 분노한다. 왜 그럴까? 그것은 한마디로 '페어fair'하지 않기 때문이다. 특권을 가진 일부의 사람들을 제외하곤 대다수의 사람들은 페어플레이, 공정한 게임을 원한다. 여기서 말하는 '공정한 게임'이란 참가의 기회가 모두에게 열려 있고 참가자가 같은 조건에서 출발하며, 경기 중에 반칙한 사람에겐 거기에 걸맞은 벌을 주는 게임을 말한다. 이런 게임에 참가하는 플레이어는 자신의 역량을 마음껏 발휘하고, 관중들은 이를 보며 즐거워하게 된다.

그런데 공정하다는 뜻이 위와 같다는 사실을 이해하는 데 무슨 대단한 지식이 필요한 게 아니다. 공정성에 대한 관념은 지위고하, 남녀노소를 막론하고 거의 모든 사람들 마음속에 자리하고 있다. 우리는 이것을 아래 고등학생의 글에서도 확인할 수 있다.

들길의 풀들도 햇빛과 물만 있어주면 잘 자랍니다. 햇빛과 물은 평등합니다. 사람이 인위적으로 건들지 않는 한 똑같은 햇빛을 비춰주고 똑같은 물을 들풀들한테 줍니다. 교육의 혜택도 그래야 된다고 판단합니다. (…) 예전에는 "개천에서 용 난다"는 말이 참 좋은 의미로 쓰였는데 요즘은 감히 꿈도 꾸기 힘든 일이라고 어른들이 말씀하시는 것을 들었습니다. 마라톤을 하는데 출발부터 몇 킬로미터씩 앞서 가는 것은 규칙 위반입니다. 사회 정의에 위배됩니다.(『한겨레』, 「대통령님, 사교육 좀 없애주세요」, 2009.12.27)

위 글에서 글쓴이는 마라톤 경기에 출전하는 선수는 '같은 선상, 같은 조건'하에서 출발해야 한다고 말하고 있다. 이렇듯 누구나 동의할 수 있는 원리·원칙은 배워서 터득한 것이라기보다, 어찌 보면 인간 본성에 내재한 것이라고 해야 할 것이다.

그렇다면 공정성을 어떻게 정의해볼 수 있을까. 필자는 '평등한 출발+반칙 없는 경쟁과정'이라고 정의하고자 한다. 그리고 그 반대의 상태인 불평등한 출발, 즉 남들보다 특별한 조건하에서 출발하는 특권을 누리는 것이나 경쟁과정에서 다른 사람에게 해를 가하는 것을 가리켜 '불공정성'이라고 정의한다.

한편 공정성에 관한 이와 같은 정의는 학계의 오랜 논제이자 현실적 고민인 '자유와 평등의 새로운 결합'을 시도하는 것이기도 하다. 약간의 이견이 존재하지만, 대체적으로 자유와 평등은 조화되기 어렵다는 게

학계의 중론이다. 자유를 중히 여기면 불평등이 심화되고 평등에 집중하면 자유가 위축된다는 것이다. 물론 두 가치를 조화시키려는 시도가 없는 것은 아니지만 그 결과가 그리 만족스럽지는 못하다. 그렇기 때문에 대부분의 사상이나 현실 체제에서는 하나의 가치를 선택·옹호하고, 그럴 수밖에 없다는 것을 논리적으로 설득하려 한다.

대표적인 경우가 개인의 자유에 우선순위를 둔 존 로크John Locke와 로버트 노직Robert Nozick류의 자유지상주의자들libertarians인데, 이들은 아마도 공정성의 위와 같은 정의에 대해 동의하지 않을 것이다. 경쟁 과정에 반칙이 없는 것만 공정성에 포함되어야 한다고 주장할 것이다. 내 몸과 나에게 주어진 모든 조건과 환경이 나의 것이기 때문에 경쟁과 정에서 다른 사람에게 해만 끼치지 않는다면 공정한 것으로 봐야 한다는 것이다. 앞의 육상경기를 예로 들자면 같은 출발선에 서 있는 선수가 운동화를 신든 고무신을 신든, 라면만 먹고 연습을 했든 충분한 영양섭 취를 하면서 연습을 했든 그것은 문제가 되지 않는다. 경쟁할 때 반칙만 안 하면 된다는 것이다. 달리 표현하면, 어떤 사람의 열악한 출발 상황이 양호한 출발 조건을 갖춘 사람의 가해가 빚어낸 결과가 아니라면 상관 없다는 것이다.

노직은 여기서 더 나가서 평등한 출발을 공정성에 포함시키면 필연적으로 타인의 피해를 수반할 수밖에 없다고 주장할 것이다(Nozick, 1997, 349쪽). 출발을 평등하게 하려면 비용이 들게 마련인데, 결과적으로 그 비용은 경쟁에서 보다 나은 결과를 차지한 자가 더 많이 부담할 수밖에 없기 때문에 개인의 자유는 필연적으로 침해된다는 것이다. 그리고 주로 그런 비용은 세금의 형식으로 부과될 텐데, 세금을 부과하는 것 자체가 경쟁을 방해하는 요소가 된다는 것이다. 이렇듯 출발을 평등하게 하려는 것과 경쟁과정에 반칙을 제거하려는 것은 양립하기 어렵기 때문에, 결국 '반칙 없는 경쟁과정' 하나를 선택할 수밖에 없다는 것이다.

그러나 진보와 보수를 떠나서 경쟁이 진짜로 공정하려면 평등한 출발이란 요소는 반드시 필요하다. 출발 조건은 매우 불평등한데, 경쟁과정에 반칙이 없다고 해서 게임 결과에 모든 사람이 승복할 수 있을까? 우리는 경쟁에 참가하는 모든 사람이 같은 선상에 섰다고 생각하지만, 시장 참여자들의 상태를 찬찬히 뜯어보면 그렇다고 하기 어렵다. 이는 참여자들의 능력이 천차만별이기 때문인데, 가령 200m 달리기 경주에 비유해보자면 능력이 우등한 사람은 100m 앞에서 출발하는 것이고, 열등한 사람은 100m 뒤에서 출발하는 것과 마찬가지다. 이런 상태로 진행되는 경기에서 반칙이 없다고 해도 결과가 바뀔 확률은 극히 낮다.

필자가 반칙 없는 경쟁과정만을 공정성에 포함시키는 데 반대하는 까닭은 위와 같은 출발 조건의 차이가 각 개인의 노력이나 선택과 무관하다는 점에 있다. 천재 음악가 아마데우스 모차르트 같은 사람들을 제외하고 인간의 타고난 재능은 대동소이大同小異하다. 이 재능이 어떤 환경과 여건 속에서 계발되느냐에 따라서 어떤 사람은 상당한 능력을 갖추게 되는 반면, 어떤 사람은 심지어 타고난 재능마저 사장死藏되기까지 한다. 이런 환경과 여건은 출생과 관련이 깊은데, 출생은 도덕적으로 '임의적'이다. 다시 말해서 내가 선택한 것이 아니다. 선택의 결과라면 스스로 책임져야 하겠지만, 내가 재벌 가문에서 태어날지 아니면 비정규직의 자식으로 태어날지 선택하지 않았다. 실상이 이러한데 경쟁의 결과를 모두 개인 탓으로 돌리고 경쟁과정에만 반칙이 없다고 해서 공정하다고 할 수 있을까? 이런 게임의 결과를 패자들이 받아들일 수 있을까? 결과에 승복하지 않는 것을 패자의 시기심 때문이라고만 할 수 있을까?

실제로 우리는 불우한 환경에서 태어났다는 이유 때문에 자신이 가진 재능을 펼칠 수 없는 사람들을 주위에서 흔하게 본다. 물론 그런 악조건에서도 이를 악물고 노력해서 성공한 사람들도 있지만, 그런 사람은 소수이고 대다수의 사람들은 그렇지 못한 게 현실이다. 그런 사람들은 신세를 한탄한다. 부모 잘못 만나서 내가 이 모양 이 꼴이라고 생각하고, 심지어는 태어난 것을 원망하기까지 한다. 실상이 이러한데 공정성에서 평등한 출발이라는 요소를 빼버리려는 보수주의자들의 생각이 설득력이 있을까?

그리고 경쟁 결과가 다음 경쟁에 거의 영향을 주지 않는 스포츠와는 달리, 시장과 사회에서의 경쟁은 오늘의 결과가 내일의 출발 조건에 영향을 주고 그것이 누적되면 경쟁 결과가 고착화될 수 있다는 특성을 감안하면, 국가는 경쟁과정은 말할 것도 없고 출발 조건을 비슷하게 하기 위해서 최선을 다해야 한다. 그리고 국가는 경쟁에서 불의의 사고를 당한 사람이나 패한 사람들도 재기할 수 있도록 적극적인 역할을 감당해야 한다.

'평등한 출발'과 '반칙 없는 경쟁과정'은 공정성의 양대 기둥이다. 따라서 이 기둥 중에 하나만 빠져도 공정성은 무너질 수밖에 없다고 보아야 한다. 공정성의 관점에서 보면 동일선상의 출발을 의미하는 '평등'과 반칙 없는 경쟁과정을 뜻하는 '자유'가 만나는 것은 선택사항이 아닌 것이다. 물론 가장 좋은 방법은 평등한 출발을 지속적으로 담보하기 위한 국가의 역할이 우등한 환경에 있는 사람의 자유를 해치지 않는 것이고, 그렇게 했을 때 비로소 공정성이 자유와 평등을 새롭게 조화시켰다고 할 수 있을 것이다.

2) 공정성의 잠재력

물리력을 배타적으로 독점한 국가가 국민 전체의 삶과 행복을 보장하기 위해서 추구해야 하는 가치 중 대표적인 것에는 무엇이 있을까? 대다수의 사람은 공정성보다는 효율성, 형평성, 연대성solidarity, 역동성, 안정성 등을 떠올릴 것이다. 흔히 효율성과 역동성은 보수 쪽에서, 연대성과 안정성과 형평성은 진보 쪽에서 선호하는 가치인데, 재미있는 것은 각 진영이 자신들이 중시하는 가치들을 먼저 구현하면 나머지 가치들은 자연스럽게 뒤따라올 것이라고 주장한다는 점이다. 예컨대 보수는 개인의 자유에 토대를 둔 효율성을 우선해야 일자리도 생겨나고 사회가 역동적이고 안정적일 수 있다고 하는 반면, 진보는 형평성과 연대성을 우선해야 사회가 보다 효율적이 될 수 있다고 주장한다. 그런데 공정국가는 국가가 공정성을 우선하면 효율성·형평성·역동성·안정성·연대성은 그 결과로 주어지고, 이 모든 가치들이 조화될 수 있다고 주장한다. 한마디로 공정성은 '이념 통합의 가치'라는 것이다.

이렇게 말하면 한참 '오버'한다고 할지 모르겠다. 진보와 보수 각자가 중시하는 가치를 우선하면 나머지가 따라온다고 하지만, 대부분의 사람들은 앞에서 언급한 가치들이 상충한다고 보기 때문이다. 안정성을 추구하면 역동성이 떨어지고, 효율성을 추구하면 형평성과 연대성이 훼손된다는 것은 당연한 것 같은데, 어떻게 공정하기만 하면 상충되는 가치들이 자연스럽게 조화될 수 있겠냐는 것이다. 공정성은 단지 추구해야 할 여러 가치 중 하나가 아니겠냐는 것이다.

그러면 먼저 공정성이 안정성과 역동성 둘 다를 어떻게 만족시키고 조화시키는지 살펴보자. 만약 경쟁과정에서 반칙을 눈감아주면 어떤 일이 일어날까? 그뿐만 아니라, 같은 출발선상에 섰다 하더라도 어떤 참가자는 최첨단 장비를 갖췄는데 어떤 참가자는 변변한 장비 하나 없다면 그것은 또 어떨까? 참가자의 불만은 커질 수밖에 없고, 그 불만은 결과의 불신으로 이어질 것이다. 또한 참여해봤자 결과가 뻔하기 때문에 참여자의 수도 줄어들 것이다. 그리고 반칙에 피해를 본 사람들, 불평등한 출발에 불만을 품은 사람들이 조직적으로 경쟁 자체를 보이콧할 수도 있다. 그런데 경쟁이 공정하면 이런 문제가 없어진다. 평등한 출발은 경쟁에 더 많은 사람들을 참여하도록 유도한다. 거기에다 경쟁과정에도 반칙이 없으면 결과가 불평등해도 받아들이게 되고, 결과적으로 사회는 안정된다. 요컨대 안정성은 공정성의 결과로 주어진다.

한편 공정성은 시장과 사회를 다이내믹하게 만든다. 일반적으로 "공정하다"라고 하면 정적static인 느낌, 즉 사회구성원들이 천천히 움직이는 이미지가 떠오른다. 그러나 사실은 정반대다. 반칙 없는 경쟁이 승자와 패자 모두를 노력하게 만들기 때문이다. 한 번 이겼다고 해서 그 승리를 계속 보장해주는 것은 공정하다고 할 수 없다. 공정한 게임은 패자에게 다시 기회를 주어야 하고 승자에게는 재신임을 물어야 하는데, 이렇게 되면 승자는 자만할 수 없게 되고 패자도 다시 기회가 주어지기 때문에 낙담하지 않고 재기를 노리게 된다. 이것은 육상경기에서 한 번 승리했다고 '영원한 승자'가 될 수 없는 것과 비슷하다. 경기는 계속 치러지고, 출전 기회는 다시 생긴다. 이렇게 계속된 출전 기회는 실패의 두려움을 감소시켜 리스크가 큰 경쟁에도 과감하게 도전할 수 있도록 해준다. 예를 들어서 높이뛰기 선수가 안심하고 높이 뛰는 데만 집중할 수 있는 것은 푹신한 매트리스가 바닥에 깔려 있기 때문이다. 만약 매트리스가 없으면 선수들은 가로대를 옆으로 넘지 못하고 앞으로 넘을 것이고, 이렇게 되면 높은 기록은 나올 수 없다. 이처럼 넘어져도 다시 경기에 참가할 수 있도록 기회가 주어진다면 참가자들은 자기의 있는 역량을 최대로 쏟아부을 것이고 그 과정에서 역동성은 자연스럽게 활성화되듯이, 국가가 재기할 수 있는 여건을 만들어주면 시장은 당연히 역동적이면서 안정적이게 된다. 요컨대 공정성은 안정성과 역동성을 연결시키고 조화시켜준다.

다음으로, 공정성이 효율성과 형평성 혹은 연대성을 어떻게 만족시키고 조화시키는지 살펴보자. 경쟁과정에 반칙이 없다고 하더라도 출발이 불평등하면 상당수의 사람들은 경쟁에 참여하지 못하거나 하지 않지만, 출발이 평등하면 훨씬 많은 사람들이 경쟁에 참여하여 자신이 가진 재능과 열정을 마음껏 발산한다. 시장을 예로 들어보면 본래 반칙이 없는 시장에서는 보다 노력한 사람, 다른 사람의 필요를 보다 잘 충족시켜주는 사람일수록 더 많은 소득을 얻게 된다. 다시 말해서 노력소득의 확실한 보장은 주어진 자원을 가장 효율적으로 사용하도록 유도한다는 것이다. 인간은 최소의 노력으로 최대의 효과를 보려는 존재다. 따라서 노력의 결과를 제도적으로 보장해주면, 효과를 극대화시킬 수 있는 방법으로 자신의 자원을 투입한다. 이런 사회에서 효율성은 자연스럽게 높아진다.

그뿐 아니라 공정성은 형평성도 높여준다. 출발을 평등하게 하려면 출신이나 환경이 초래한 불평등은 가능한 한 해소시켜줘야 한다. 이를테면 돈 없는 가정에서 태어난 사람은 교육을 받기도 어렵고 아플 때 치료를 받지도 못하는데, 이런 생래적 불평등은 결국 평등한 출발을 불가능하게 한다. 그러나 교육과 의료에서 발생하는 불평등을 해소시켜주고, 불평등한 출발의 진원지인 불로소득의 사유화를 차단하면 형평성은 크게 제고될 것이다. 이렇게 하면 결과가 불평등해도 그 정도는 크게 완화된 형태로 나타날 것이고, 구성원들도 그 불평등이 합리적이기 때문에 받아들이게 된다. 이런 사회에서 구성원들간에 연대의식, 즉 '아! 함께 살아가는구나!' 하는 연대감은 자연스럽게 형성된다.

이상에서 본 바와 같이, 공정성은 상충하는 가치들을 양립 내지는 조화시켜준다. 흥미로운 것은 중요한 가치들이 공정성의 결과로 나타난다는 것이다. 여기서 우리는 그 반대의 상황을 생각해볼 수 있다. 만약 공정성이 결여된 상태에서 효율성을 추구하면 어떻게 될까? 그렇게 하면 형평성과 연대성이라는 가치는 훼손될 것이다. 그리고 공정하지 못한 상태에서 안정성을 최고의 가치로 추구하면 어떻게 될까? 역동성이 떨어지는 사회가 될 것이다. 요컨대, 공정성은 진보와 보수가 원하는 가치를 조화시키고 통합하는 가치라고 할 수 있다.

한편 공정성이 가진 잠재력이 이와 같다면 이것은 공정성이 앞서 말한 자유와 평등을 새롭게 조화시킨 개념이라고 할 수 있을 것이다. 사실 비판적으로 평가한 여러 대안들—공동체자유주의국가론, 사회투자국가론, 신진보주의국가론, 복지국가론, 사회국가론—이 명시적으로 밝히지는 않았지만, 추상 수준을 높여서 보면 서로 갈등관계에 있다고 알려진 자유와 평등을 양립하려는 시도라고도 할 수 있다. 그러나 그것이 다양한 문제와 한계를 내포하고 있었다는 것은 결국 그 모델들이 이 과제를 만족스럽게 수행하지 못하고 있다는 뜻이다. 그에 비해서 공정국가의 핵심 개념인 공정성은 자유와 평등을 새롭게 조화시킨다. 공정성 안에서 자유의 확대는 평등 훼손을 수반하지 않을 뿐 아니라 오히려 평등을 추구할수록 개인의 자유가 더 신장된다. 이렇게 보면 공정국가 모델은 사상사적으로 인류가 풀려고 하는 과제에 한 발짝 더 접근한 모델이라고 할 수 있다.

3. 공정국가가 제시하는 3원칙

공정성을 위와 같이 정의했지만, 아직도 추상적이라는 느낌이 강할 것
이다. 출발을 평등하게 하고 경쟁과정에 반칙이 없는 게 공정하다는 건
이해하겠는데, 아직 손에 탁 잡히지는 않는 느낌일 것이다. 따라서 공정
성의 원리가 실제적인 대안이 되려면 그 원리를 구현할 수 있는 구체적
인 원칙이 필요하고, 그 원칙은 국가가 시장과 사회 각 부면에서 어떤 역
할을 해야 하는지까지 보여주는 것이어야 한다.

　그러면 위와 같은 공정성, 즉 '평등한 출발'과 '반칙 없는 경쟁과정'을
한 국가 내에서 구현하는 것을 목표로 하는 공정국가의 구체적인 원칙
은 무엇일까? 필자는 핵심원칙 두 가지와 거기에서 도출되는 파생원칙
하나를 제시하려고 한다. 두 개의 핵심원칙 중 하나는 평등한 출발을 지
속적으로 구현한다는 의미의 '기회균등의 원칙'이고, 또다른 핵심 원칙
은 반칙 없는 경쟁과정이라는 의미의 '자유경쟁의 원칙'이다. 여기서 이
두 개의 핵심 원칙에서 파생되는 원칙은 '불로소득 환수의 원칙'이다. 모
든 사람이 출발을 평등하게 하려면, 또한 다른 사람의 자유를 해치지 않
는 경쟁을 하려면 불로소득은 차단되어야 한다. 불로소득은 본질적으
로 타인의 소득을 가로챈 것이므로 반칙 중의 반칙이다. 또한 불로소득
을 누리는 사람은 그렇지 못한 사람보다 먼저, 앞서서 출발할 수 있으므
로 평등한 출발을 불가능하게 만든다. 요컨대, 공정국가의 3원칙은 두
개의 핵심원칙인 기회균등의 원칙과 자유경쟁의 원칙, 그리고 그것의 파

공정국가의 3원칙

〈핵심원칙〉
제1원칙 : 기회균등의 원칙   제2원칙 : 자유경쟁의 원칙

〈파생원칙〉
제3원칙 : 불로소득 환수의 원칙

생원칙인 불로소득 환수의 원칙이고, 시장과 사회에서 이 3가지 원칙을 구현하는 국가를 공정국가라고 부르는 것이다.

그런데 이를 자세히 살펴보면 이 원칙들은 한 국가가 마땅히 갖춰야 할 제도의 원칙이기도 하다. 기회균등의 원칙은 사회제도의 원칙에, 자유경쟁의 원칙은 경제제도의 원칙에 속하고, 불로소득 환수의 원칙은 조세제도의 원칙으로 삼기에 손색이 없다. 이에 대해 어떤 이는 조세제도가 경제제도의 하위 범주에 속하는데 어떻게 경제제도와 대등하게 다루느냐고 고개를 갸우뚱할 수가 있다. 세금을 다루는 재정학은 경제학 안에 포함되어 있다는 것이다. 그럼에도 필자가 조세제도를 따로 떼어낸 까닭은 세금은 그냥 거두면 되는 것이 아니라, 세금 징수 대상과 방법이 경제 전체에 엄청난 영향을 미치기 때문이다. 다시 말해서 세금 징수 대상과 방법에 따라 경제효율과 사회통합이 좌우될 수 있다는 것이다. 그런데 조세제도를 경제제도 안에다 놓고 분석하면 세금이 경제와 사회 전체에 어떤 영향을 미치는지가 눈에 잘 띄지 않는다. 이런 이유로 필자는 조세제도를 따로 떼어내서 중요한 제도 중 하나로 다룰 생각이다. 요약하면 공정국가의 사회제도는 사회구성원 전체에게 기회를 골고루 제공하는 차원에서, 경제제도는 자유로운 경쟁이 가능한 방향에서, 조세제도는 불로소득을 환수하는 방향에서 제도를 설계해야 한다.

이 3원칙의 목표는 '공정성 구현'이다. 기회가 고르게 보장되어야, 다른 사람의 자유를 해치지 않는 경쟁이어야, 불로소득이 없어야 공정할 수 있고, 그래야 신뢰가 주도하는 사회가 될 수 있다. 그러면 각 원칙들을 보다 깊이 차례로 검토해보자.

1) 기회균등의 원칙 – 사회제도

공정국가의 제1원칙은 기회균등의 원칙이다. 이 원칙은 사회의 모든 구성원들이 비슷한 출발선에 설 수 있도록 국가가 적극적 역할을 감당해야 한다는 것을 뜻한다. 앞에서 말했듯이 모든 사람이 노동시장이든 상품시장이든 기업시장이든 시장이라는 동일한 출발선에 섰다고 생각하지만, 사실 자세히 살펴보면 어떤 사람은 고성능 장비를 갖추고 서 있는 반면 어떤 사람은 전혀 준비 없이 서 있기도 하다. 이런 경쟁을 공정하다고 할 수 없다. 따라서 평등한 출발을 담보하기 위한 국가의 적극적 역할은 반드시 필요하다.

시장 참여자들은 저마다 상이한 능력을 지닌 채 시장에 등장한다. 그러면 그런 능력의 차이와 다름은 어디에서 기인한 것일까? 개인의 순수한 노력에서도 기인하지만 상당한 부분은 사회적 우연성과 자연적 우연성에 기인한다. 여기서 우연성이라 함은 자기의 선택에 의한 것이 아님을 말한다. 내가 서울에서 태어나고 싶어서 태어난 것이 아니다. 내가 회사 사장의 아들로 태어날지 노동자의 아들로 태어날지를 선택하지 않았다. 그리고 성품이 훌륭하고 머리가 좋은 부모를 만난 것도, 아니면 책임감이 떨어지고 공부와 거리가 먼 부모를 만난 것도 내가 선택한 것이 아니다. 그런데 현재 한국 사회는 이런 우연적 요소들이 개인의 삶의 상당부분을 결정하고 있다. 따라서 제대로 된 나라라면 당연히 이를 완화시킬 수 있는 방안을 마련해서 실시해야 한다.

그런데 여기서 한 가지 염두에 두어야 할 것은 사회적 우연성과 자연적 우연성을 완전히 제거할 수는 없다는 점이다. 이것은 인간 행복의 진원지라고 할 수 있는 가족과 관련되어 있기 때문이다. 어느 가족에서 태어나느냐가 결국 그 사람의 능력에 크게 영향을 미치는데, 그 요인이 우연적이라고 해서 제거하려 한다면 가족의 자율성은 크게 침해받게 된다. 똑같은 환경에서 양육되어야 한다고 해서 고대의 도시국가 스파르타처럼 어린이들을 집단적으로 교육시키는 것은 할 수도 없고, 해서도 안 되는 일이다. 따라서 국가는 어떤 사람도 사회적 우연성과 자연적 우연성이 만들어낸 열악한 조건에서 출발하지 않도록 제도적으로 뒷받침하는 데 그 역할을 한정해야 할 것이다.

그러면 우등한 조건을 가진 사람보다는 열등한 조건에서 출발하는 사람들을 위해서 국가는 어떤 역할을 해야 할까? 필자가 생각하는 현실적인 대안은 이들에게 교육과 의료의 기회, 직장을 다시 얻을 기회를 충분하고도 고르게 제공해주는 것이다. 그리고 신체적·정신적 장애를 갖고 태어난 사람들에겐 인간의 존엄성을 잃지 않고도 살아갈 수 있도록 배려해주는 것이다. 타고난 재능이 출중해도 교육의 기회가 주어지지 않으면 그 재능은 능력으로 전화되지 못할 뿐 아니라, 심지어 파괴되기까지 한다. 이런 사람이 경쟁에 참여하면 열이면 열이 모두 패자가 될 수밖에 없다. 이런 요인의 영향을 최소화하기 위해서 국가는 교육의 기회를 전국민에게 보장해주어야 한다. 돈이 없어서 자신의 타고난 재능을 현실적 능력으로 바꿀 수 있는 기회가 박탈당해서는 안 된다는 것이다. 또한 유아질병, 기형아 발생, 그리고 불의의 사고를 당했을 때 제대로 치료를 받지 못하는 것도 열악한 출발 조건의 원인이 되는데, 국가는 이런 요인들을 최소화시키기 위해서 저가低價·양질良質의 의료서비스를 제공해야 한다. 또한 아예 경쟁에 참여할 수 없는 사람들은 그 원인이 자신에게 있지 않으므로 사람답게 살 수 있도록 적극적으로 배려해야 한다. 그리고 기회균등의 원칙은 시장의 패자들이 다시 시작할 수 있는 것까지 염두에 두어야 한다. 시장이라는 것은 경쟁의 연속이기 때문에 한번 경쟁에 패했다고 해서 다시 일어설 수 있는 기회를 주지 않는 것은 공정하다고 할 수 없다. 따라서 국가는 패자, 예를 들어 실업자에게 재기의 기회를 주기 위해 충분한 실업급여를 지급하여 최소한의 인간적 품위를 지킬 수 있도록 해주고 그것과 아울러 직업재교육의 기회를 제공하며 일자리를 알선하는 역할까지 감당해야 한다.

여기까지는 동의하지 않을 사람은 없을 것이다. 문제는 그다음인데, 그것은 교육과 의료의 기회, 지속적인 직업교육과 사회적 안전망 구축에 들어가는 재원을 어디에서 조달할 것인가다. 바로 이 지점이 공정성을 경쟁과정에만 국한시키려고 하는 노직과, 과정과 출발 모두에 적용하려 했던 존 롤즈John Rawls가 충돌했던 부분이다. 노직이 평등한 출발에 회의적인 까닭은 그렇게 하려면 재원이 필요한데, 그 재원은 결국 유능한 사람의 소득에서 충당할 수밖에 없다고 보았기 때문이다. 유리한 위치에서 출발하는 사람이 열악한 위치에서 출발하는 사람들을 위한 재원을 '자발적으로' 내놓는다면 아무 문제가 없지만, 그것을 제도화하게 되면 필연적으로 우등한 사람의 자유가 침해된다고 본 것이다. 이것은 개인의 자유를 최고의 가치로 보는 노직에게 있어서 절대 양보할 수 없는 지점이다.

물론 이런 주장에 대해 다음과 같은 반론이 가능하다. 앞에서 말한

'유능한 사람'의 '유능'이 과연 어디서 왔느냐는 것이다. 그것은 그의 순수한 노력의 결과가 아니라 유전적 요인이나 환경적 요인에서 기인한 것이므로 상대적으로 열악한 위치에 있는 사람이 그것을 공유하는 것도 정당한 것이라고 보는 관점이다. 롤즈가 이런 생각을 철학적으로 대변하고 있고, 아마 많은 사람들이 심정적으로 여기에 동의할 것이다. 그러나 이런 주장에는 앞서 말한 '유능'이 개인의 노력과 무관한 유전적 요인이나 환경적 요인에서 얼마만큼 영향을 받았는지 확인할 수 없다는 반론도 가능하고, 그런 우연적 요소를 향유하는 것이 다른 사람에게 손해를 끼친다고 볼 수도 없기 때문에, 그 우연적 요소가 모두 '내 것'이라는 주장도 틀리다고 하기 어렵다는 난점이 있다. 엄밀히 말해서 양측 주장의 충돌은 증명이 불가능한 전제premise의 다름에서 기인한 것이다. 사실상 "내가 가진 모든 것은 다 내 것"이라는 주장과 "아니다, 너의 순수한 노력의 결과가 아니니 네 것이 아니라, 공적 자산common asset이다"라는 주장 간에는 타협점이 있을 수 없다.

그러면 출발을 평등하게 하는 데 들어가는 돈, 즉 기회균등을 위한 재원을 어디서 마련할까? 공정국가가 제시하는 최선의 방안은 제3원칙에서 다룰 불로소득으로 충당하는 것이다. 불로소득은 개인의 노력과 무관한 것이므로 유능한 사람의 자유를 침해하지 않는다.(노직의 소유권 논리를 통해서 토지 불로소득을 환수해야 한다는 결론을 보인 연구를 보려면 남기업, 2007을 참조.) 따라서 보수는 당연히 지지할 것이다. 그리고 불로소득을 가지고 자연적 우연성이나 사회적 우연성을 낮추는 데 사용하기 때문에 기회균등을 강하게 옹호하는 진보도 찬성할 것이다. 요컨대 불로소득을 통해서 기회균등을 실현하게 되면 유능한 사람의 자유를 침해하지 않으면서 기회균등의 가능성을 유의미한 수준으로 끌어올릴 수 있게 된다.

2) 자유경쟁의 원칙 - 경제제도

제2원칙은 자유경쟁의 원칙인데, 여기서 '자유'란 어떤 사람으로부터의 부당한 간섭이나 폭력으로부터의 해방이라는 의미의 '~으로부터의 자유liberty from ~', 즉 '소극적 자유negative liberty'를 뜻한다. 따라서 '자유경쟁'은 타인에게 해를 끼치지 않는 경쟁을 의미한다. 여기서 말하는 자유의 중핵은 당연히 '소유의 자유'다. 소유의 3요소는 이용, 수익, 처분이다. 자기 자신의 소유물을 이용할 자유, 이윤을 향유할 자유, 처분할 자유를 말하는 것인데, 이것은 타자의 소유를 침해하지 않는 한, 그리고 마약과 같이 사회에 유해하지 않는 한 충분히 보장되어야 한다. 그리고 국가는 이러한 자유가 보장되는 '경쟁'이 가능할 수 있도록 적극적인 역할을 감당해야 한다.

위와 같은 자유경쟁은 다음과 같은 조건하에서 가능하다.

첫째는 타인에게 피해를 수반할 수밖에 없는 '독점'의 제거다. 독점은 사회 전체가 아니라 한 회사를 살찌우는 경향이 있기 때문에 모든 기업은 경쟁을 기피하고 독점을 추구하는 경향이 있다. 가령 어떤 사업 영역에 다른 회사는 못 들어오게 하고 한 회사만 사업을 한다면 그 회사가 돈 버는 것은 시간문제다. 그러나 이 회사가 번 소득의 상당부분은 소비자들의 손해를 수반한다. 일반적으로 독점이 없다면 많은 신규 사업가들이 자신의 아이디어를 생산할 수 있는 자유를 얻게 되고, 이를 통해서 많은 사람들이 일을 할 수 있게 되며, 결과적으로 소비자들은 더 값싸고 질 좋은 상품과 서비스를 누리게 된다. 그런데 독점이 생기게 되면 이런 것이 불가능해지고, 독점력을 행사하는 경제주체만 이익을 보게 되는 것이다. 요컨대 독점에 의한 소득은 '불로소득'이다. 일반적으로 생산물 시장과 생산요소 시장이 완전경쟁 시장에 가까울수록 요소가격은 각 생산요소가 생산에 기여하는 정도를 정확하게 반영하는데, 여기서 기여의 정도를 정확하게 반영한다는 의미는 불로소득이 끼어들 여지가 없다는 뜻이다. 다시 말하면 참여자의 수가 너무 많아서 개개의 시장 참여자가 시장 전체에 영향을 줄 수 없고, 시장의 진입장벽과 퇴출장벽이 낮아서 시장 참여가 자유로우며, 상품정보와 시장지식이 누구에게나 공개되어 있는 시장에서는 생산요소의 생산기여 정도가 정확하게 파악되어 불로소득이 끼어들 자리가 없다. 또한 그 반대의 상태, 즉 참여자의 수를 인위적으로 제한하거나, 시장 진입과 퇴출의 장벽이 높아서 아무나 참여하기 어렵거나, 상품정보와 시장지식이 공개되어 있지 않는 독점적 시장에서 형성되는 생산요소 가격에는 불로소득이 반영될 가능성이 많다는 것이다.

그렇다면 모든 독점은 제거되어야 하나? 필자는 그렇다고 생각하지 않는다. 품질과 기술에 의한 독점은 인정되고 권장되어야 한다고 본다. 이런 독점은 소비자들을 만족시키고 기업에게 돈을 벌게 해주는 그야말로 윈-윈win-win 게임이다. 반면에 '힘에 의한 독점', 예를 들어 권력을 이용해 시장 참여자의 수를 제한하는 방식의 독점은 그 기업에겐 이익일 수 있어도 소비자들에게는 손해가 된다. '자유경쟁의 원리'에서 문제삼는 것은 바로 이런 독점이다. 한마디로 힘에 의한 독점은 반칙이고, 이 반칙이 특권화되면 신뢰는 사라지고 갈등과 반목이 커질 수밖에 없다.

한편 독점이 잘못되었다 하더라도 완전경쟁 시장은 달성하기 불가능한 하나의 목표라는 것도 염두에 둘 필요가 있다. 가장 큰 이유 중

하나가 많이 생산할수록 생산단위당 평균생산비가 감소하는 '규모의 경제economy of scale'라는 현상 때문이다. 특히 이런 경향은 자동차제조업이나 통신업과 같이 시설비의 비중이 높은 업종에서 두드러지지만, 정도의 차이만 있을 뿐이지 거의 모든 업종에서 나타난다. 비누와 연필을 만드는 제조업에서 시작해서 금융업·유통업 등의 서비스업, 광업, 농업, 수산업 등에까지 규모의 경제가 작동한다.(여기서 한 가지 첨언할 것은, 규모의 경제와 한국의 재벌체제와는 전혀 관계가 없다는 점이다. 규모의 경제는 산업이나 업종에서 흔히 발견되는 대기업·중소기업의 차원에서 발생하는 것을 뜻한다. 따라서 규모의 경제로 재벌체제를 옹호하는 것은 잘못된 논리이다.) 규모의 경제가 초래하는 문제는 대기업일수록 상품의 평균단가를 싸게 해서 중소기업을 퇴출시켜 시장을 독과점화하고, 이를 통하여 대기업들이 공급을 조절하고 가격을 인위적으로 올려 불로소득을 취한다는 데 있다. 따라서 국가는 '규모의 경제'가 초래하는 독과점 현상을 방지하기 위한 관리·감독을 강화해야 한다.

자유경쟁이 가능하기 위한 둘째 조건은, 대기업과 중소기업과의 관계에서 반칙이 작동하지 않는 것이다. 시장에서는 자금력이나 관계망에서 중소기업보다 대기업의 힘이 월등하다. 따라서 '우월적 지위'라는 특권을 가지고 있는 대기업이 중소기업의 부품단가를 부당하게 인하하거나 사업 기회를 가로채는 일 등은 자유로운 경쟁을 해치는 일이므로 국가가 나서서 엄격하게 감독해야 한다. 대기업의 사업의 자유가 중소기업의 피해를 수반할 수밖에 없는 경쟁은 자유로운 경쟁이 아니다.

한 가지 분명한 사실은 제3원칙에서 다룰 불로소득 환수의 원칙에 근거해 토지 불로소득을 환수하면 자유경쟁의 가능성이 훨씬 높아진다는 점이다. 자유로운 시장이 되려면 기업의 진입과 퇴출이 쉬워야 하는

데, 그것은 진입장벽의 높고 낮음에 달려 있다. 그런데 토지 불로소득이 만연된 시장에서는 경쟁력이 없음에도 막대한 토지 불로소득을 얻을 수 있는 기업은 시장에서 퇴출되지 않는 반면, 기술력과 경쟁력이 있는 신규 기업은 고高지가와 금융기관의 토지담보대출이라는 관행 때문에 시장에 진입하기 어렵다. 한마디로 말해서 토지 불로소득을 노리는 토지독점이 독점시장의 원인이라는 것인데, 이에 대해서 영국의 수상 처칠은 다음과 같은 의미 있는 말을 한 바 있다.

토지독점이 존재하는 모든 독점 가운데 유일한 독점이 아니라는 것은 사실이다. 그러나 토지독점은 단연코 가장 거대한 독점이며, 영원한 독점이다. 토지독점은 다른 모든 독점의 어머니이다.(Harrison, 2009, i)

그런데 토지 불로소득이 환수되면 고지가·담보대출이라는 진입장벽이 사라지기 때문에 진입과 퇴출이 훨씬 수월하게 된다. 요컨대 제3원칙의 적용은 제2원칙의 실현 가능성을 높여준다.

한편 시장은 본질적으로 불안정하고 착취를 수반할 수밖에 없다는 시각을 가진 좌파는 자유경쟁의 원칙을 과소평가할 수 있는데, 이런 생각의 바탕에는 시장에 대한 근본적 불신이 자리하고 있다. 그런데 토지와 관련해서 시장의 움직임을 관찰해보면 시장의 불안정과 착취 현상의 상당한 원인은 토지 불로소득의 사유화에서 기인함을 알 수 있다 (Harrison, 2009, 3장; 남기업, 2007, 136~160쪽; 김윤상, 2009). 자세한 내용은 후술하겠지만 토지 불로소득을 사유화한다는 것은 다른 사람의 자유를 침해하는 것과 같은 뜻이다. 한마디로 반칙이므로 자유경쟁의 원리에 어긋난다. 또한 대기업이 중소기업을 착취하는 현상과 정규직과 비정규직의 불합리한 격차를 보고 시장을 불신할 수도 있는데, 이것 역시도 타인의 자유를 침해하는 것이기 때문에 자유경쟁의 원칙에 어긋난다. 자유경쟁의 원칙은 국가에게 이것을 바로잡으라고 명령한다. 따라서 시장에 자유경쟁의 원칙을 구현하면 오늘날 시장에서 나타나는 불안정성과 착취 현상은 상당부분 시정될 것이다. 요컨대 시장 자체가 본래 불안정하고 빈부격차를 벌려놓으며 주기적으로 문제를 일으키는 것이 아니라, 시장이 잘못된 소유권 원리와 결합되고 곳곳에 특권으로 인한 반칙이 있기 때문이다. 불로소득이 환수되는 시장, 힘에 의한 독점이 차단되는 시장, 우월적 지위를 누리는 특권이 제거된 시장, 패자에게 다시 기회를 주고 사회적 안전망이 갖춰진 가운데 작동하는 시장은 개인과 사회 전체에게 유익을 준다. 결국 시장이 주기적으로 문제를 일으키고, 수많은 사람들을 고통 속에 빠뜨리는 이유는 국가가 제대로 된 역할을 하지 못하기 때문이다. 시장이 어떤 모습을 보이느냐는 '국가의 역할'에 달려 있는 것이다.

이렇게 설명했는데도 불구하고 '경쟁'이란 용어가 마음에 걸릴 수 있다. 왜냐하면 한국 사회에서 '경쟁'하면 '적자생존' '약육강식' 혹은 '승자독식'이라는 용어가 연이어 떠오르기 때문이다. 힘 센 동물은 어슬렁거리고 약한 동물은 슬슬 피해 다니는 '정글'이 떠오른다. 그러나 '자유경쟁'에서 말하는 경쟁은 다른 사람에게 피해를 주는 경쟁이 아니고, 한 사람이 싹쓸이하고 나머지에게는 국물도 없는 경쟁도 아니며, 승자에게 영원한 승리를 보장하지도 않는다. '자유경쟁'에서의 경쟁은 반칙을 용납하지 않는다. '자유경쟁'에서 경쟁은 수많은 시장 참여자들에게 노력한 만큼 상을 준다. 이것은 아이스크림 시장에서 한 회사만 돈 벌지 않는 것과 같다. 아이스크림 시장에는 수많은 회사가 참여하여 돈을 번다.

물론 제품의 질에 따라 더 많이 버는 회사가 있을 수 있지만, 한 회사가 싹쓸이하는 것은 아니다. 그러므로 '자유경쟁'에서 경쟁은 한정된 자원을 효율적으로 배분시키고 사회 모든 구성원이 열심히 노력하게 만드는 촉진제라고 할 수 있다.

3) 불로소득 환수의 원칙 – 조세제도

공정국가에서 국가가 해야 할 마지막 역할은 불로소득을 환수하는 것인데, 뒤집어 표현하면 '노력소득 보장'이라 할 수 있다. 모두가 동의하듯이 국가는 불로소득은 환수하고 노력소득은 보장해주는 데 역점을 둬야 한다. 그래야 사회구성원들이 더 노력하게 되고, 개인의 노력이 사회 전체의 발전으로 이어지게 된다.

공정성과 불로소득은 결단코 양립할 수 없다. 불로소득은 불공정성 그 자체다. 먼저 불로소득은 경쟁과정에서 가장 큰 반칙행위임을 인식할 필요가 있다. 불로소득은 본질상 다른 사람의 이익을 가로챈 것이라는 점 말이다. 어떤 사람이 아무런 일도 하지 않고, 즉 상품이나 서비스를 만드는 데 전혀 기여하지 않았는데 소득이 생겼다면 그것은 노력한 사람의 것이 그에게 옮겨진 것으로, 다른 사람의 자유가 그만큼 침해받은 것을 뜻한다. 그리고 불로소득을 통해서 많은 부를 축적한 사람은 다른 사람보다 더 유리한 조건에서 출발할 수 있는 반면, 불로소득의 피해자들은 열악한 조건에서 출발한다. 요컨대, 불로소득은 평등한 출발을 방해하고 자유로운 경쟁에 상당한 제약을 가한다.

그런데 사실 따지고 보면 시장 자체는 불로소득과 거리가 멀다. 시장을 한마디로 정의하면 '가격을 매개로 한 상품과 서비스의 자유로운 교환'이라고 할 수 있는데, 여기에 불로소득이 끼어들 자리는 없다. 이를 좀더 자세히 따져보자.

한 사회가 만든 상품과 서비스가 한 바구니에 담겨져 있다고 생각해보자. 시장의 규칙은, 이 바구니에서 상품과 서비스를 꺼내가고 싶은 사람은 반드시 그 가치에 상응하는 다른 상품과 서비스를 집어넣어야 한다는 것이다. 물론 이 과정을 원활하게 해주는 매개체는 화폐다. 만일 농부가 바구니에 들어 있는 TV를 꺼내가고 싶다면, TV의 가치와 동일한 감자나 오이, 쌀과 같은 농산물을 집어넣어야 한다. 핸드폰이 필요한 학생은 아르바이트라는 서비스를 집어넣어야 그 상품을 꺼낼 자격이 주어진다. 그렇다면 불로소득을 누리는 자는 여기서 어떻게 한다는 것일까? 그는 아무것도 집어넣지 않고 당연하다는 듯이 바구니에서 상품과 서비스를 꺼낸다. 볼펜도 빼가고, 자동차도 빼가고, 비행기를 타기도 하는 것인데, 바로 이런 이유로 인해서 불로소득이 한 사회에 만연하게 되면 근로의욕은 사그라지고 시장이 활력을 잃게 되는 것이다. 일을 안 해도 상품과 서비스를 빼갈 수 있는데 누가 열심히 노력하고 싶겠는가. 이렇게 되면 사회구성원 전체가 불로소득을 얻을 수 있는 비생산적 활동에 몰두할 가능성이 높아진다. 그러므로 국가는 불로소득을 근본적으로 차단해야 한다.

한편 이와 같은 불로소득 환수의 원칙은 사실 국가의 '재산권 보호 원칙'을 밝힌 것이나 마찬가지다. 예나 지금이나 국가의 중요한 역할 중 하나는 국민들의 생명과 재산을 보호해주는 일이다. 그런데 불로소득의 사유화를 인정해주면 결과적으로 열심히 노력한 사람이 손해를 보게 된다. 앞의 예에서 보는 것처럼 불로소득 소유자가 상품과 서비스를 꺼내가는 만큼 다른 사람들은 손해를 보게 된다. 어떤 이는 바구니에

100을 집어넣었는데 정작 자신은 80밖에 못 꺼내오고, 20은 불로소득 향유자가 가져가기 때문이다. 따라서 온전한 노력소득은 불로소득과 동거할 수 없다. 제대로 된 국가라면 노력소득을 보장하고 불로소득을 환수해야 할 것이다.

그러나 문제는 시장에서 불로소득이 다양하게 발생한다는 점이다. 예를 들어 상품의 수요가 갑자기 증가해서 생기는 상품 불로소득, 주식의 근본 가치와 무관하게 시장 상황의 변화로 생기는 주식 불로소득, 토지 불로소득, 독점을 통한 불로소득, 골동품이나 미술품에서 발생하는 불로소득 등 불로소득의 종류는 수도 없이 많다. 시장에서 발생하는 불로소득이 이렇게나 많은데, 불로소득은 본질적으로 다른 사람의 재산을 가로채는 것이므로 다 환수해야 할까?

우리는 여기서 원칙을 적용하는 데 있어서 유연해져야 할 필요가 있다. 필자는 모든 불로소득을 환수하는 것은 지나치다고 본다. 또한 모든 불로소득을 환수한다는 것은 실현 불가능한 일인지도 모른다. 그리고 자세히 들여다보면 불로소득 중에는 사회경제적 폐단만 초래하는 악성惡性 불로소득도 있지만, 긍정적인 역할을 하는 양성良性 불로소득도 있다. 따라서 가장 악성인 불로소득을 우선적으로 환수하고, 악성과 양성이 혼재된 것, 그다음 양성이 악성보다 훨씬 큰 것, 이런 순서로 불로소득 환수 순위를 정하는 것이 가장 좋은 방법이라 생각된다(김윤상, 2006, 112~115쪽에서 이런 관점으로 토지 불로소득과 기타 불로소득을 비교하고 있다). 왜 그렇게 해야 하는지를 좀더 자세히 검토해보자.

우선 양성이 훨씬 많은 상품 불로소득부터 살펴보자. 어떤 상품의 근본 가치에 전혀 변동이 없는데, 갑작스러운 수요 급증이 생겼다고 가정해보자. 예를 들어 포도주 한 병이 원래 1만 원이었는데, 포도주가 건강에 좋다는 소문이 돌자 포도주 수요가 급증해서 1만5000원이 되었다고 한다면 본래 가격을 넘어서는 부분, 즉 5000원은 상품생산자의 노력과 무관한 것이기 때문에 불로소득이라고 할 수 있다. 말하자면 시장가격을 초과하는 값을 지불한 사람의 노력소득 일부가 상품 공급자에게로 이전된 것이다. 만약 이것이 불공정하다는 이유로 그 차액을 환수한다면 어떤 일이 일어날까? 시장이 제대로 작동하지 않을 것이다. 국가가 포도주 생산자에게 독점권을 주지 않았다면 가격이 상승할 경우 포도주 공급이 자연스럽게 증가해 불로소득이 사라질 뿐 아니라, 이런 종류의 불로소득은 자원의 효율적 배분에도 기여한다. 가격이 올랐다는 것은 그 부분의 공급이 부족하니 그쪽으로 자원을 보내라는 신호이다. 그런데 불로소득이 생겼다고 해서 환수하면 결국 수요와 공급의 힘의 결과로 나타나는 가격 메커니즘은 제대로 작동하기 어렵다. 대개의 경우 상품 불로소득 발생은 '일시적'이다. 그리고 상품이 필수품이 아니면 피해의 정도는 적을 수밖에 없다. 따라서 상품 불로소득은 환수하지 않고 시장의 자율적 기능에 맡기는 것이 더 낫다고 본다.

다음으로, 악성과 양성이 동시에 존재하는 주식 불로소득을 살펴보자. 주식 가격은 일반적으로 기업의 기술력이나 미래 전망과 연동되어 움직이는데, 많은 경우에는 이와 상관없이 주식시장의 수요와 공급에 따라서 움직인다. 이런 과정에서 돈을 버는 사람이 생기고 잃는 사람이 생기는데, 이는 잃는 사람의 소득이 버는 사람에게로 이전된 것이나 다름없다. 예를 들어서 갑이 1만 원에 샀던 주식을 을에게 2만 원에 팔았는데, 그 주식이 다시 1만 원으로 떨어졌다면 을의 노력소득 1만 원이 갑에게 이전된 것이라 할 수 있다. 또한 주식 불로소득이 만연하면 이를 노린 단기적이고 투기적인 거래가 고용을 불안하게 만들고, 기업의 장기적 투자를 위축시키는 역기능도 있다. 리스크가 있는 과감한 투자를 하게 되면 주가가 떨어질 가능성이 크고, 그렇게 되면 경영자의 경영권 유지가 어렵게 되기 때문이다.

그러나 주식 불로소득을 완전히 환수하는 것은 적절치 못한 방법이다. 본질적으로 주식에서 불로소득이 발생할 수밖에 없지만 주식 자체가 가지는 순기능이 있기 때문이다. 주식은 자금이 필요한 기업에게 돈을 융통해주는 역할을 한다. 기업 입장에서 보면 은행에서 돈을 빌려다 쓰고 원금과 이자를 갚는 것보다 주식을 발행해서 자금을 조달하고 정기적으로 전체 수익에서 배당금을 주는 것이 훨씬 유리하기 때문이다. 그리고 주식이 필수재가 아니기 때문에 주식 불로소득의 피해는 주식시장에 참여한 사람들에게만 영향을 미친다. 이처럼 순기능도 있고, 책임 없는 사람들에게 피해를 입히는 정도도 낮기 때문에 주식시장의 순기능을 살리고 역기능을 완화할 수 있는 방향에서 불로소득의 '일정 정도만' 환수하는 것이 올바른 방향이라 하겠다.

마지막으로, 토지 불로소득을 검토해보자. 토지 불로소득의 사유화는 가장 대표적인 반칙이다. 토지는 인간이 만들지 않았고, 모든 사람이 똑같이 필요로 하는 필수재이며, 필요하다고 외국에서 사올 수도 없다. 자본이 없으면 불편하지만 토지가 없으면 생존이 불가능하다. 따라서 토지에 대한 권한은 모든 사람에게 평등하다고 하는 것이 옳고, 사회적 필요에 따라서 토지를 배타적으로 사용할 경우에는 사용에서 나오는 특별이익, 즉 불로소득인 지대는 사회가 환수해야 한다.

토지에서 발생하는 이익이 불로소득이라는 것은 땅값이 올라가는 이치를 생각해보면 쉽게 이해할 수 있다. 땅값은 인구이동이나 경제발전 등과 같은 사회경제적 변화로 인해 정부가 도로·학교·경찰서·공원 등과 같은 공공시설을 설치하게 되면서, 그리고 환경가치의 상승으로 인해서 발생하고 상승한다. 다시 말해서 토지 소유자가 노력해서 가치가 발생하고 상승한 것이 아니다. 이런 이치를 생각해보면 토지 불로소득은 환수하는 게 당연하다. 아래는 이와 같은 주장에 동의하는 학자들이 한 발언이다(이정전 외, 2005, 96~97쪽에서 재인용).

지대rent는 많은 경우 그 소유자가 관심이나 주의를 전혀 기울이지 않고도 향유할 수 있는 수입[불로소득: 인용자]이다.(애덤 스미스, 1723~1790년)

지주들은 일하지 않고도, 위험을 감수하지 않고도, 혹은 절약하지 않고도 잠자는 가운데서도 더 부유해진다. 전 사회의 노력으로부터 발생하는 토지가치의 증가분은 사회에 귀속되어야 하며 소유권을 갖고 있는 개인에게 귀속되어서는 안 된다.(존 스튜어트 밀, 1806~1873년)

토지 사용자가 단 한 번 값을 치르고 무한정한 기간의 권리를 획득하도록 허용해서는 안 된다. 효율성을 위해, 적절한 세입을 위해, 그리고 정의를 위해, 모든 토지 사용자는 다른 사람들이 그 땅을 사용하지 못하도록 혼자 점유한 토지의 현행 임대가치만큼의 값을 지역 정부에 매년 납부하도록 해야 한다.(로버트 솔로, 1924~)

토지에서 발생하는 이익이 불로소득이라는 점은 경제학의 아버지 애덤 스미스, 자유주의자 밀, 노벨 경제학상을 수상한 로버트 솔로 같은 '시장'을 옹호하는 학자들도 동의하는 바다. 따라서 시장을 중시하는 보수주의자라면 토지 불로소득을 환수하는 데 반대할 수 없다.

또한 어떤 재화는 불로소득을 인정해주면 공급이 늘어나는 순기능이 있지만, 토지의 경우는 불로소득을 인정했다고 해서 그 양이 늘어나지 않는다. 그리고 무엇보다 토지 불로소득의 사유화가 나쁜 것은 토지 불로소득을 노리는 토지투기가 투기에 참여하지 않는 자들에게 엄청난 피해를 준다는 데 있다. 주식 불로소득을 노리다가 재산을 잃은 사람은 자살해도, 주식시장에 참여하지 않은 사람은 자살하지 않는다. 그러나 토지투기 때문에 자살하는 사람은 투기에 참여하지도 않은 사람, 아니 참여할 수 없는 사람들이다.

실제로 지난 1980년대 말에 전국적으로 일어난 토지투기 광풍이 집값과 전·월세값 폭등으로 이어져, 1990년 4월 폭등한 전·월세값을 감당할 수 없던 세입자 17명이 그 귀중한 생명을 끊는 일이 발생했다. 이들은 투기에 가담한 사람이 아니라, 투기에 참여하고 싶어도 할 수가 없는 사람들이었다. 그중에는 다음과 같은 유서를 쓰고 일가족이 자살한 사건도 있었다.

아버지 때부터 시작되어 오고 있는 가난이 나에게 물려졌고 기적이 없는 한 자식들에게도 물려지게 될 것이다. 빈익빈, 부익부의 악순환이 끝날 조짐은 없다. 폭등하는 부동산 가격에 내 집 마련의 꿈은 고사하고 매년 오르는 집세도 충당할 수 없는 서민의 비애를 자식들에게는 느끼게 하고 싶지 않다. (…) 집을 비워달라는 얘기를 들은 후부터 하루도 마음 편할 날이 없었다. (…) 하나님 아버지! 이 죄 많은 인간 처자식을 동반하여 생을 끝맺으려 합니다. 제 부모님을 불쌍히 여겨 주시옵소서. 정치하는 자들, 특히 경제 담당자들이 탁상공론으로 실시하는 정책에 가

난한 사람들의 목이 더 이상 조이지 않게 하소서.(『경향신문』, 1990.4.11)

일가족이 자살한 이유는 토지의 특성상 투기가 발생했을 때 토지가 없는 사람들이 손해를 피할 방법이 없기 때문이다. 쉽게 말해서 1년 전에는 평균 주택가격이 2억 원이었는데, 어느 날 갑자기 투기가 일어나서 4억 원으로 뛰면 집 없는 사람의 마음은 어떨까? 속이 타들어갈 것이다. 그러나 분명한 것은 무주택자는 아무 잘못도 안 했다는 사실이다.

어디 그뿐인가? 토지투기는 경제위기를 초래하기까지 한다. 지금까지 여러 번 발생한 한국의 경제위기 경험을 검토해보면 위기 직전에는 토지투기가 기승을 부렸다는 것을 발견하게 된다. 2008년 미국발 금융위기도 서브프라임 모기지론 사태에서 출발했는데 이 사태의 배후에 바로 토지 불로소득을 노린 투기가 있었다. 토지 불로소득을 노린 투기가 전 세계를 불황의 늪으로 빠뜨린 것이다(이정전, 2009). 요약하면 토지 불로소득의 사유화는 그 자체가 불공정할 뿐만 아니라, 엄청난 비효율을 초래한다. 이것을 보면 토지 불로소득을 환수하기 위한 국가의 역할은 재론할 필요가 없다.

그러나 이런 생각에 강력한 반론이 존재한다. 어떤 이는 "토지를 매입하고 파는 과정에서 얼마나 많은 노력을 했는데 불로소득이라고 하느냐, 노력소득이다!"라고 핏대를 올릴 수 있다. 언뜻 생각해보면 맞는 말도 같다. 그러나 여기서 말하는 노력소득은, 다시 말해 진정한 의미의 사유재산이라고 할 수 있는 것은 상품과 서비스를 만들어내는 데 기여하고 노력한 부분에 국한된다. 만약 토지 불로소득을 노리는 토지투기라는 행위도 '노력'이라고 한다면 도둑질은 어떤가? 도둑질도 엄청난 노력이다. 통행량이 얼마나 되는지 현장조사를 해야 한다. 위험요인이 없는지도 살펴야 한다. 신중에 신중을 기해서 거사날도 잡아야 한다. 그러나 우리는 도둑질해서 번 돈을 노력소득이라고 하지 않는다. 다만, 우리가 토지 불로소득을 당연시 여기는 까닭은 현행 제도에서 그것을 합법적이라고 인정해주기 때문이다.

토지를 통해서 돈을 벌었다는 것은 생산에 기여했다는 것이 아니라, 다시 말해 GDP를 증가시켰다는 것이 아니라 생산된 GDP에서 그만큼을 가져가고 가져간 만큼 손해 보는 사람이 생겼다는 것을 뜻한다. 한 번 생각해보라. 토지투기가 일어나서 땅값이 올라가면 국가 GDP가 올라간 것인가? 아니다. 그것은 토지를 가진 사람이 국민 전체가 생산한 GDP에서 더 많이 가져갈 수 있고, 토지를 가지고 있지 않은 사람은 손해를 봤다는 것일 뿐이다.

여기서 다룬 불로소득 이외에도 시장에서 발생하는 불로소득의 종류는 대단히 많다. 하지만 모든 불로소득을 환수하는 것은 바람직하지도 않고 가능하지도 않다. 악성만 있는 불로소득은 환수하고, 악성과 양성이 공존하는 불로소득은 악성을 억제하고 양성을 강화하는 방법을 찾아야 하고, 양성이 훨씬 큰 불로소득은 가급적 손을 대지 말아야 한다.

그러면 불로소득을 어떻게 환수할까? 필자는 세금을 통해서 환수하는 것이 가장 좋은 방법이라고 생각한다. 세금이라는 것은 국가재정을 모으기 위한 것이기도 하지만 재산권을 보장하는 방법이기도 하기 때문이다. 그러나 우리가 세금으로 불로소득을 환수한다고 한다면 하나 더 따져봐야 할 것이 있다. 불로소득 환수의 원칙이 바람직한 조세원칙에 부합하는지를 검토해보는 일이다. 먼저 우리는 세금이 대체적으로 반反시장적이란 것을 이해할 필요가 있다. 시장의 효율은 생산에 기여한 사람에게 그 결과를 인정하고 자발적인 교환을 보장할 때 극대화된다. 이런 점에서 보면 생산의 일부를 환수하는 세금은 생산을 자극하기보다는 위축시킨다. 생산에 세금을 부과하면 생산이 줄어들고, 유통에 세금을 부과하면 시장의 생명인 교환이 줄어든다. 한편 세금은 대가성이 없기 때문에 시장원리와 어울리지 않는다는 점도 이해할 필요가 있다. '화폐를 매개로 한 상품과 서비스의 교환'으로 정의되는 시장은 철저하게 대가성을 원칙으로 한다. 그러나 세금은 납세자가 납부액에 상응하는 상품과 서비스를 국가로부터 제공받는지 확인할 방법이 사실상 없기 때문에, 거의 모든 사람이 납세를 피하고 싶어한다. 따지고 보면 지하경제가 생기는 원인도 바로 여기에 있다.

그렇지만 국가를 운영하기 위해서는 반드시 재정이 필요하고 그렇기 때문에 세금은 징수되어야만 하는데, 징수할 경우에도 다음과 같은 3가지 원칙에 부합토록 하는 것이 가장 이상적이다. 그것은 ① 공평의 원칙이고, ② 경제성의 원칙이며, ③ 세무행정상의 원칙이다. 공평의 원칙에는 정부나 사회로부터 받은 서비스에 비례해서 세금을 납부해야 한다는 편익원칙benefit principle과 납세자가 가진 경제적 능력에 따라 부담을 지우는 능력원칙ability-to-pay principle이 있다. 경제성의 원칙이란 세금을 부과할 때 경제에 부담을 주지 않는 방향에서 징수해야 한다는 걸 말하고, 세무행정상의 원칙이란 세제가 납세자들이 쉽게 이해하고 징수도 편리하며 부정부패의 개연성도 적어야 한다는 것을 뜻한다. 이런 원칙에 불로소득 환수의 원칙이 얼마나 부합하는지를 검토해보자.

불로소득 환수는 세무행정상의 원칙을 충족시킨다. 토지나 주식의 가격이 공시되어 있기 때문에, 특히 토지는 어디에 숨길 수도 없기 때문에 징수하는 인력만 있으면 되고 세무 당국의 횡포와 부패, 납세자의 탈세와 사기의 가능성이 거의 없다. 또한 경제성의 원칙도 충족시킨다. 토지세는 다른 세금과 달리 경제에 전혀 영향을 주지 않는다. 왜냐하면 토지의 공급이 고정되어 있기 때문이다. 공급이 탄력적인 상품에 세금을 부과하면 공급이 줄지만, 즉 그 상품의 생산활동이 위축되지만, 공급이 완전 비탄력적인 토지는 세금이 부과되어도 공급이 줄지 않는다. 그런 이유로 토지세는 중립적neutral이라고 하는 것이다. 그뿐 아니라 토지세는 토지투기를 잠재우고 토지를 보다 효율적으로 사용하도록 유도하기 때문에 경제 전체를 보다 활성화시키는 '좋은 세금'이다. 이런 내용은 아래 학자들의 언급에서도 잘 나타난다.

이 조세는 생산물의 양을 감소시키는 경향이 없기 때문에 가격을 인상시키지 못한다. 이 조세는 국민들의 근면을 해치지 않으며, 납세하는 불편 이외에는 지주에게 일체 불편을 끼치지 않는다.(애덤 스미스, 1723~1790년)

지대에 대한 조세는 지대에만 영향을 미칠 것이다. 그것은 전적으로 지주들이 부담할 것이며, 또 어떤 부류의 소비자들에게도 전가될 수 없을 것이다.(데이비드 리카도, 1772~1823년)

어느 것이 가장 덜 나쁜 세금일까? 내 생각에, 가장 덜 나쁜 조세는 미개량 토지가치에 부과하는 재산세이다. 그것은 오래전에 헨리 조지가 주장했던 것이다.(밀턴 프리드먼, 1912~2006년)

하지만 장기 보유를 유도하는 주식에 대한 자본이득세는 효과의 측면에서는 토지만 못하다는 것을 지적할 필요가 있다. 왜냐하면 주식은 사람이 만든 것이므로 예상되는 이익이 얼마냐에 따라서 공급이 조절될 수 있기 때문이다. 예를 들어 단타 매매를 통해서 얻은 불로소득의 일정 정도를 환수하겠다고 하면 주식에 대한 수요는 줄어들 것이고, 거기에 따라서 공급, 즉 주식발행도 줄어들 것인데, 이는 기업의 원활한 자본조달을 저해하는 측면이 있다. 그러나 잘만 설계하면 역기능은 줄이고 기업의 투자와 고용을 촉진하는 순기능은 극대화할 수 있다.

마지막으로, 불로소득 환수의 원칙은 공평의 원칙에도 잘 부합한다. 토지든 주식이든 자신의 노력이 아닌 사회경제적 변화에 의해서 가치가 증가한 것은 결국 사회로부터 혜택을 입었다는 의미이기 때문에 그에 상응하는 만큼 지불하는 것은 공평하다고 할 수 있다. 물론 공평의 원칙 중에는 소득이 많을수록 세금을 많이 내야 한다는 능력원칙도 있다. 그러나 필자는 능력원칙보다 편익원칙을 우선해야 한다고 생각한다. 왜냐하면 불로소득과 노력소득을 구분하지 않고 무조건 소득이 많다고 해서 많이 부담하는 것이 공평하다고 보기는 어렵기 때문이다. 예를 들어서 어떤 사람은 불로소득으로 10억, 열심히 사업해서 10억, 도합 20억 원을 벌었고 어떤 사람은 열심히 사업만 해서 20억을 벌었는데, 세금이 똑같다면 이것이 공평한 것일까? 그러므로 먼저 불로소득을 환수한 다음 능력원칙에 따라 노력소득에 대해서 부과하는 것이 공평의 원칙을 온전히 구현하는 것이라 생각된다.

이에 비해 소득세나 법인세, 부가가치세 등은 공평의 원칙, 경제성의 원칙, 세무행정상의 원칙과 많은 면에서 충돌한다. 먼저 이 세금들은 생산이나 유통에 부과하기 때문에 '필연적으로' 경제를 위축시킨다. 또한 세무행정상의 원칙에서 보더라도 난점이 있다. 예컨대 소득세의 과표는 총수입에서 그 수입을 얻기 위해 지출하는 비용을 뺀 나머지인데 수입 총액을 파악하는 것부터가 쉽지 않은 일이다. 특히 모든 지출액 중에서 어느 것이 '그 수입을 얻기 위해 지출된 비용'인지를 판별하는 것은 본인 스스로에게도 어려운 작업이며, 더구나 제3자인 세무당국이 이를 정확하게 판별하는 것은 불가능하다. 우리는 주위에서 사업하는 사람들이 지출을 늘려 잡기 위해서 사적으로 지출한 것도 회사 지출로 잡는 경우를 흔히 본다. 그런데도 한국을 비롯한 많은 국가에서 소득세가 중요한 세목이 되어 있다. 물론 누진적 구조의 소득세나 법인세가 공평의 원칙에 부합한다고 할 수 있다. 하지만 이는 앞서 언급했듯이 경제성의 원칙과 충돌할 수밖에 없다.

이렇듯 국민의 어떤 재산을 보호해줄 것인가를 의미하는 '불로소득 환수의 원칙'은 조세의 3원칙에 가장 잘 부합한다고 할 수 있다. 구현의 구체적 방향은 불로소득 우선 환수, 노력소득에 대한 더 많은 보장이다. 그렇다면 이 원칙에 진보와 보수 둘 다 동의할 수 있을까? 필자가 보기엔 진정한 보수라면 당연히 지지할 것이라고 생각한다. 노력소득을 확실하게 보장해주고 시장에 활기를 불어넣는 데 반대하는 보수는 보수라 할 수 없다. 다른 사람의 피해를 수반할 수밖에 없는 불로소득을 옹호하는 보수는 가짜다. 진보도 불로소득을 환수하면 그로 인한 빈부격차가 해소되기 때문에 반대할 이유가 없다. 물론 (무차별적) 증세를 옹호하는 진보는 노력소득에 대한 감세에 동의하지 않을 수 있는데, 이 부분은 불로소득 환수의 원칙을 구현하면 어떤 효과가 나타나는지를 이해한다면 태도가 달라질 수 있다고 본다. 아무튼 한 국가의 조세제도는 불로소득을 우선적으로 환수해서 국가재정으로 사용하고 나머지 노력소득에 부과하는 세금, 즉 법인세·소득세·부가세 등을 감면하는 방향에

그림 2-1 공정국가의 3원칙과 상호 보완성

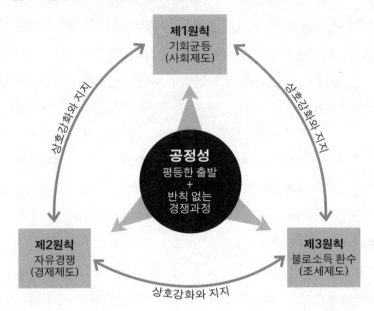

서 설계되어야 할 것이다.

이와 같이 공정국가 3원칙 하나하나를 잘 관찰해보면 원칙들이 유기적이고 상호 보완적이라는 것을 알 수 있다. 평등한 출발을 의미하는 기회균등의 원칙을 구현하면 자유경쟁의 가능성이 더욱 높아진다. 또 반칙 없는 경쟁과정을 의미하는 자유경쟁의 원칙을 구현하면 불로소득도 줄어들고, 더 많은 사람들에게 참여의 기회를 주게 되어 기회균등의 부담도 줄어든다. 마지막으로 재산권 원칙을 천명한 불로소득 환수의 원칙은 기회균등의 재원을 제공해줄 뿐만 아니라 기회균등의 부담도 덜어주고, 자유경쟁의 가능성도 높여준다. 한마디로 공정국가 3원칙은 보수와 진보가 상호 원하는 것이 유기적으로 결합될 수 있다는 것을 보여준다. 달리 표현하자면 자유와 평등이 충돌 혹은 절충이 아니라 조화되고 있다고 할 수 있다.

Ⅲ
한국의
사회경제적 현실
들여다보기

앞에서 필자는 공정국가의 방향을 제공하는 '공정성'을 검토하고 그것을 국가의 각 제도에 적용할 수 있는 원칙을 세웠다. 그러나 대한민국을 새롭게 할 수 있는 대안모델이라고 한다면, 세워놓은 원칙으로 한국 사회를 들여다봤을 때 난마처럼 얽혀 있는 수많은 문제의 원인이 입체적으로 파악되어야 한다. 그랬을 때 공정국가가 한국 사회에 적실성이 있다고 할 수 있을 것이다. 따라서 다음으로는 한국 사회가 공정국가의 3원칙, 즉 '기회균등의 원칙' '자유경쟁의 원칙' '불로소득 환수의 원칙'에서 얼마나, 왜 멀어졌는지를 살펴보도록 하겠다.

그러나 2장에서와는 달리, 제3원칙 '불로소득 환수'부터 다루고자 한다. 불로소득이 평등한 출발을 의미하는 기회균등과 반칙 없는 경쟁과정이라는 뜻의 자유경쟁에 상당히 부정적인 영향을 미치기 때문이다.

자, 공정국가가 제공해준 새로운 안경을 착용했으니 이제 문을 열고 한국 사회와 경제의 생생한 얼굴을 한번 들여다보자.

1. 시장과 사회를 병들게 하는 주범, 불로소득

1) 엄청난 토지 불로소득 발생과 부작용

토지 불로소득의 사유화가 빈부격차와 다양한 측면에서 심화되고 있는 양극화의 주범이란 사실은 잘 알려져 있다. 그렇다면 토지 불로소득이 한국에서 얼마나 많이 발생했을까? 〈표 3-1〉를 보면, 1998년 이후 한국에서 최근 10년간(1998~2007년) 발생한 토지 불로소득의 규모가 총 2002조 원이었던 반면, 이를 조세 및 부담금을 통해 환수한 규모는 총 116조 원, 즉 환수비율이 5.8%에 불과한 것을 알 수 있다.

그러면 이 어마어마한 토지 불로소득이 누구에게 돌아간 것일까? 물론 우리는 그것을 정확하게 파악하기 어렵다. 하지만 추측할 수 있는 단서가 없는 것은 아니다. 토지소유 편중도를 보면 불로소득이 누구에게로 돌아갔는지를 대충 짐작할 수 있다. 한국의 토지소유가 얼마나 많이 편중되어 있는지는 2007년 10월 당시 행정자치부가 발표한 '2006년 토지소유 현황 통계'에 잘 나타나 있다. 이에 따르면 2006년 말 기준으로 우리나라의 토지소유자 가운데 상위 1%(50만 명)가 민유지의 57%, 상위 10%(약 500만 명)가 민유지의 98.4%를 소유하고 있는 것으로 나타났다. 땅 한 평 없는 사람이 너무 많은 것이다. 이런 상태에서 지가가 상승하면 어떻게 될까? 토지를 과다하게 가지고 있는 자는 가만히 앉아서 엄청난 돈을 버는 것이고, 한 평의 땅도 갖지 못한 사람은 아무 잘못한

표 3-1 지가총액 및 토지 불로소득 규모 추이 (단위: 10억 원)

구 분	1998	1999	2000	2001	2002	2003
총 지 가	1,471,955	1,357,659	1,410,709	1,430,437	1,486,089	1,692,806
토지 불로소득	-114,296	53,049	19,728	55,653	206,717	314,473
토지 불로소득 전체징수액[2]	8,284 (-7.2%)	8,512 (16.0%)	9,062 (45.9%)	10,174 (18.3%)	12,458 (6.0%)	14,096 (4.5%)
구 분	2004	2005	2006	2007	누계[1]	
총 지 가	2,007,279	2,390,649	2,525,743	3,171,499		
토지 불로소득	383,371	135,094	645,756	302,182	2,001,726	
토지 불로소득 전체징수액[2]	15,102 (3.9%)	10,380 (7.7%)	12,547 (1.9%)	15,393 (5.1%)	116,008 (5.8%)	

주 : 1) 불로소득과 불로소득 전체 징수액의 누계.
　　2) 불로소득 전체 징수액은 〈취득과세+보유과세+이전과세+개발부담금〉으로 구했음.
자료 : 변창흠·안규오(2009) 〈표 5〉와 〈표 8〉을 재구성함

　것도 없는데 손해를 보게 된다. 다시 말해서 토지 없는 자의 소득이 토지를 소유한 자에게로 이전된 것이고, 이것이 바로 빈부격차의 주된 원인이다.

　남상호(2007)의 연구는 이것이 사실임을 뒷받침해준다(〈표 3-2〉 참조). 그에 따르면, 1999년에는 상위 1%계층의 자산점유율이 9.6%였는데 2006년에는 16.7%로 거의 두 배 가까이 증가했다. 범위를 좀더 넓혀 상위 10%계층의 자산점유율을 보면 1999년에는 46.2%였는데 2006년에는 54.3%로 증가한 것으로 나타났다. 또한 "가구 순자산의 불평등도를 구성요소별로 분석해본 결과 부동산 자산의 불평등기여도가 가장 높은 것"으로 나타나고, "2006년의 경우 순자산 중 부동산이 약 93%, 금융자산이 약 12%의 불평등도를 높인" 것으로 드러났다. 그의 주장을

표 3-2 자산 점유율의 변화 (단위: %)

구분	1999년	2006년
상위 1% 자산 점유율	9.6	16.7
상위 5% 자산 점유율	30.9	39.8
상위 10% 자산 점유율	46.2	54.3

자료 : 남상호(2007)를 토대로 재구성

요약해보면 부동산, 더 정확히 말해서 토지소유의 양극화가 전체 양극화의 주된 원인이라는 것이다.

물론 〈표 3-1〉에서 추정한 모든 토지 불로소득이 토지소유자의 손에 쥐어져 있는 것은 아니다. 가격이 폭등한 땅을 팔거나 임대해야 불로소득을 손에 쥘 수 있는데, 팔지 않았거나 임대하지 않고 토지를 놀리는 경우에는 불로소득이 잠재된 상태로 있는 것이다. 다시 말해서 이미 현금으로 바뀐 것도 있고, 미래에 현금으로 바뀔 것도 있는 것이다. 그러나 토지가 있는 사람은 언제든지 토지를 팔아서 불로소득을 현금화할 수 있고, 또 그렇지 않더라도 임대해서 불로소득을 안정적으로 누릴 수도 있다. 빈부격차가 노력소득의 결과라면 다른 문제겠으나, 토지 불로소득의 사유화가 주된 원인이라면 '노력한 사람이 잘사는 사회'라는 보편적 정의감이 훼손되는 가장 큰 이유도 여기에 있다고 해야 할 것이다.

이를 보면 한국 사회에서 공정성의 양대 기둥인 '평등한 출발'과 '반칙 없는 경쟁과정'을 가장 위태롭게 하는 것 하나가 토지 불로소득의 사유화라는 것을 알게 된다. 토지 불로소득을 누리는 사람과 그 피해자의 출발이 평등할 수는 없다. 이는 자기 땅에서 농사짓는 자영농과 남의 땅을 빌려 쓰는 소작농이 경쟁하는 것과 마찬가지다. 이런 불평등한 상태

그림 3-1 OECD 국가의 총지출 대비 주택단지개발 지출 비율 (2000~2007년, 단위: %)

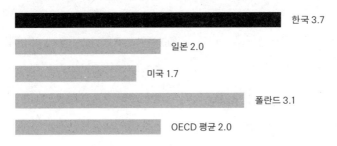

한국 3.7

일본 2.0

미국 1.7

폴란드 3.1

OECD 평균 2.0

주 : 폴란드는 2002~2007년 평균임.
자료 : 김승래·송호신·김우철(2009, 153쪽)에서 재인용

에서 경쟁하면 결과는 너무나 뻔하다. 토지 불로소득의 피해자에게 경쟁은 너무 고통스런 과정이다. 그리고 투기가 일어서 한쪽이 돈을 벌었다는 것은 불로소득이므로 결국 반칙을 행했다는 것이다. 그런데 문제는 토지 불로소득의 사유화가 개인간의 일에 그치는 것이 아니라 사회전체에 엄청난 악영향을 끼친다는 점이다.

첫째, 토건 분야에 지나치게 많은 국가재정을 할당하게 만든다는 점이다. 토건 분야에 재정이 할당될 필요가 없다는 게 아니다. 다만 선진국에 비해 그 규모가 2배나 많다는 것이 문제다.

그렇다면 한국이 OECD 다른 나라보다 주택단지개발에 두 배 가까이 국가재정을 투여하는 이유는 뭘까? 주택이 부족해서일까? 그럴 수도 있겠지만, 필자는 근본적인 이유가 한국에서 토지 불로소득 사유화의 정도가 높다는 것에 있다고 본다. 정부재정으로 주택단지를 개발하게 되면 토지과다 소유자는 더 많은 토지 불로소득을 누릴 수 있게 되는데, 이들은 소수지만 정부재정의 운용방향에 결정적 영향을 줄 정도로 그 힘이 막강하다.

이들의 논리는 이렇다. "투기가 일어나서 주택가격이 폭등하면, 불로

소득을 환수해서 투기를 차단하는 것은 시장의 원칙에 맞지 않는다. 가격이 올라가는 것은 공급 부족에서 온다는 게 시장원리니 공급을 대폭 확대해야 한다"는 것이다. 대규모 주택단지를 개발해서 더 많이 공급하면 가격이 안정될 것이라는 주장이다. 그러나 이들의 결정적 오류는 불로소득을 노리는 투기적 가수요와 실수요를 구분하지 않는다는 데 있다. 아니 어찌 보면 구분하고 싶지 않는 것 같기도 하다. 지금까지 한국 정부는 이런 논리를 받아들여 주택단지를 개발해왔으니, 이 부분에 쓰이는 정부재정이 다른 나라보다 많았던 것이다. 이렇게 토지 불로소득이라는 반칙은 다른 재원으로 활용할 수 있을 '정부재정의 사용 왜곡'이라는 또다른 반칙을 낳는 것이다.

둘째, 엄청난 토지 불로소득의 사유화가 후진형인 '토건형 산업구조'를 고착화시킨다는 점이다. 이는 한국이 GDP 대비 건설부문 투자비중이 선진국이나 개도국보다 훨씬 높다는 데서 잘 나타난다. 1995~2006년까지 12년 동안 한국의 건설투자 비중은 19.22%로, OECD 평균 11.67%에 비해 훨씬 높다. 뿐만 아니라, 이는 건설 수요가 많을 수밖에 없는 후발개도국인 터키(11.02%), 폴란드(11.4%), 멕시코(9.94%)보다도 높고, 토건국가의 원조격인 일본(13.19%)보다도 높은 수치다(김대호 2009, 299쪽).

전체 산업에서 건설업이 차지하는 비중이 높은 것은 많은 사람들이 건설업에 뛰어든다는 의미인데, 어째서 그럴까? 답은 당연히 건설업이 다른 사업보다 쉽게 많은 돈을 벌 수 있기 때문이다. 그러면 왜 건설업의 수익성이 그렇게 높을까? 건물 지어 파는 데서만 돈을 버는 게 아니기 때문이다. 건물이 자리하고 있는 토지까지 팔기 때문에, 다시 말해서 토지에서 엄청난 불로소득이 발생하기 때문에 수익성이 높은 것이다. 한국에서 건설사가 공공으로부터 분양받은 토지 위에 건물을 지어서 팔면 엄청난 돈을 번다는 건 너무 잘 알려진 사실이다. 그도 그럴 것이 자기 자금도 별로 필요 없다. 왜냐면 건물을 분양받을 사람이 만들어진 물건을 보기도 전에 돈을 내기 때문이다. 이렇게 토지를 분양받는 것 자체가 엄청난 이익이기 때문에 토지 분양 과정에서 폭력과 각종 비리도 발생하는 것이다.

우리는 언론을 통해 한국의 산업구조가 지식기반형·기술기반형으로 바뀌어야 한다는 소리를 많이 듣는다. 하지만 이와 같은 토건형 산업구조의 근본원인인 토지 불로소득을 방치하고서는 그런 전환을 기대하기 어렵다. 지식과 기술을 습득하고 경영혁신을 꾀해서 돈 버는 것보다, 토지 위에 지은 건물을 팔아서 돈을 버는 게 훨씬 손쉬운데 뭣하러 사서 고생하겠는가. 게다가 이들은 자신들이 수요예측을 잘못해서 과잉으로 공급한 주택마저도 국가가 매입하게 만들 정도로 그 힘이 막강하다. 그러면서 국가는 이를 건설노동자나 서민을 위한 정책인 양하지만, 이것은 시장경제의 논리에도 맞지 않는 일이다. 이처럼 불공정성의 대명사인 토지 불로소득은 한국의 산업구조 고도화를 지체시키는 주범이기도 하다.

셋째, 토지 불로소득의 사유화가 부정부패를 양산한다는 점이다. 한국의 2008년 부패지수는 세계 40위로 상당히 높은 편인데 부패의 절반 이상은 토건업이 차지하고 있다. 부패에 연루되어 구속되는 공무원의 60% 이상이 건설·토건 관련 공무원이다. 그렇다면 왜 토건 공무원의 부패 연루가 다른 곳보다 압도적으로 높을까? 그건 그들이 얼마만큼의 토지 불로소득을 손에 넣을 수 있느냐를 결정하는 인·허가권을 쥐고 있기 때문이다. 그래서 그들은 집중 로비의 대상이 되고, 이를 둘러싸고 부패가 끊임없이 양산될 수밖에 없는 것이다. 토지 불로소득이 없다면 생기지 않았을 부패였음은 물론이다. 어떤 토지의 용도 변경으로 땅값이 엄청나게 올라 가만히 앉아서 큰돈을 벌게 된 토지소유자는, 한 10억 정도의 불로소득이 예상되면 2~3억 정도는 인허가 관련 공무원에게 찔러줄 생각을 하게 된다. 바로 이런 부패는 토지 불로소득이 없으면 생기지 않는다는 말이다.

넷째, 토지 불로소득의 사유화가 경제위기를 부른 주된 원인이기도 하다는 점이다. 지금까지 수많은 경제위기의 공통된 원인은 바로 토지 투기로 인한 거품 생성과 그것의 붕괴boom and bust로 인한 것이었다. 최근에는 토지가 복잡한 금융시장과 결합해 있었기 때문에 '유동성 위기'니 뭐니 하여 금융위기로 보이겠지만, 근본 원인은 토지거품의 붕괴에 있다(김윤상, 2009 b). 2008년 전세계를 공포에 떨게 만들었던 미국발 금융위기의 원인을 잘 살펴보면 이 같은 이치를 금방 알 수 있다.

미국 금융기관들은 신용등급이 낮은 사람에게도 담보대출을 무분별하게 해주었는데, 주택가격이 폭등할 때는 주택담보대출회사도 대출자도 다 이익이기 때문에 모든 것이 잘되는 것 같았다. 가격이 상승하자 주택담보대출회사들은 더 많은 대출을 해주려고 했고, 대출자들도 거기에 열정적으로 호응했으며, 그 과정에서 거품은 더 커졌다. 한편 주택담보대출회사들은 더 많은 대출 자금을 마련하고 대출 위험을 회피하기 위해 대출상품을 담보로 증권을 만들어서 투자회사에 팔아넘겼고, 이 과정에서 보험회사들은 대출상품의 안정성을 보장해주는 역할을 했다. 그리고 투자회사는 다시 그것을 우량대출상품과 비우량대출상품(서브프라임모기지)을 섞어서 파생금융상품을 만들었고, 이를 전세계에 내다팔았다. 그런데 파생금융상품의 원본인 부동산 가격이 폭락하자 '대출자들의 대출금 미상환율 증가→대출상품을 담보로 한 증권의 부실화→파생금융상품 가격의 폭락'이라는 연쇄반응으로 이어져 전세계가 충격에 빠진 것이다. 대출자들은 집값이 올라갈 때는 대출의 원리금을 갚는 데 아무 문제가 없었다. 심지어는 대출금을 갚을 수 있도록 대출해주는 금융기관도 있을 정도였다. 그리고 정히 안 되면 집을 처분해서 갚으면 되었다. 그러나 집값이 떨어지게 되자 신용등급이 낮은 사람은 갚을 수 없게 되었고, 이런 이유 때문에 주택담보대출증권을 거래할 때 보증을 섰던 AIG 같은 보험회사가 파산한 것이고, 파생상품 전문회사인 리먼브라더스 같은 투자회사도 파산한 것이다. 월가의 연금술이라고 불리는 최첨단 금융기법이 동원되다보니 최근의 위기가 새로운 형태의 위기 같아 보이지만, 근본 원인은 이처럼 토지 불로소득을 노린 토지투기에 있었던 것이다. 이뿐 아니라 일본의 장기불황 역시도 부동산 거품 붕괴가 가장 큰 원인이었다는 사실은 이미 널리 알려져 있다.

또한 부동산 투기는 '내수 침체→투자 하락→실업'의 원인도 된다. 〈표 3-3〉에서 보는 것처럼, 한국의 주택담보대출 규모는 어마어마하다. 2007년 268조 원이었던 주택담보대출 규모가 2010년 6월에는 342조 원으로, 3년 만에 무려 74조 원이나 증가했다. 2010년 6월을 기준으로 주택담보대출을 안고 있는 가계는 원금은 고사하고 매월 이자만 1조 4000억 원(연이자율 5%)을 물어야 한다. 이런 상태에 처한 가계는 허리띠를 졸라맬 수밖에 없고, 이는 '소비 하락→투자 하락→일자리 부족'으로 이어지게 되는 것이다.

다섯째, 토지 불로소득의 사유화는 노사갈등을 격화시킨다. 토지투기가 발생하면 주거비가 상승하기 때문에 노동은 과도한 임금인상 투쟁

표 3-3 한국의 주택담보대출 추이

연 월	2007년	2008년	2009년	2010년 6월
주택담보대출	268조원	296조원	329조원	342조원

자료 : ecos.bok.or.kr

그림 3-2 토지문제가 임금협상에 미치는 영향

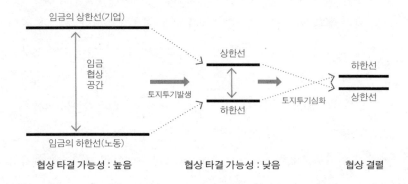

을 하게 되고, 기업은 토지임대료나 필요한 토지 구입에 드는 비용이 증가하기 때문에 노동자에게 양보할 여력이 줄어든다. 급기야 토지투기가 심해질수록 노사간 타협할 수 있는 공간은 점점 좁아지게 되는데, 이렇게 되면 결국 파업으로 치닫게 된다(〈그림 3-2〉 참조).

토지문제가 노사갈등의 중요한 원인이라는 것은 재벌 연구소인 삼성경제연구소의 다음과 같은 글에서도 잘 드러난다.

집값과 땅값이 급격히 오른 탓에 1980년 직후 극심한 경제·사회 불안이 뒤따랐다. 특히 부동산 가격이 폭등한 결과 1977년에서 1979년까지 주거비 상승률(30.8%~54.9%)이 소비자물가 상승률(10.1%~15.3%)을 크게 뛰어넘는 등 노동자 가정에 주거비가 크게 늘어났다. 부동산 투기

표 3-4 토지투기와 노동쟁의 (단위 : %, 건, 명, 일)

연도	땅 값 상승률	집 값 상승률	전세값 상승률	도시가구 주거비상 승률	도시 소비자 물가 상승률	노동쟁의 발생건수	노동쟁의 참가인원	노동쟁의 손실일수
1996	0.95	1.5	6.5	11.9	4.9	85	79,495	892,987
1997	0.31	2.0	0.8	0.0	4.4	78	43,991	444,720
1998	-13.60	-12.4	-18.4	-7.9	7.5	129	146,065	1,452,096
1999	2.94	3.4	16.8	8.8	0.8	198	92,026	1,366,281
2000	0.67	0.4	11.1	5.2	2.3	250	177,969	1,893,563
2001	1.32	9.9	16.4	19.7	4.1	235	88,548	1,083,079
2002	8.98	16.4	10.1	-8.6	2.7	322	93,859	1,580,424
2003	3.43	5.7	-1.4	4.3	3.6	320	137,241	1,298,663
2004	3.86	-2.1	-5.0	2.4	3.6	462		1,199,000

자료 : 건설교통부, 통계청, 노동부(손낙구, 2008, 126쪽에서 재인용)

가 임금 인상 요인으로 작용해 사회갈등이 깊어지게 됐다. 생계 압박을 느낀 노동자들의 노동쟁의가 크게 늘었다.

1987~90년간 땅값은 공업 지역을 중심으로 연평균 23.7%, 아파트 가격은 20%가 올라 물가 상승률의 2~3배가 치솟았다. 특히 같은 기간 동안 노동자들의 주거비 부담을 가중시켰다. (…) 1989년 노동쟁의가 급증했고, 1991년 주택 가격이 안정된 뒤에야 정상화되었다.(삼성경제연구소, 2003; 손낙구, 2008, 123~124쪽에서 재인용)

한마디로 집값이 폭등하자 생계 압박을 느낀 노동자들의 쟁의가 크게 늘어났다는 것이다. 즉 '주택가격 폭등→주거비 급등→생계 압박→노동쟁의 증가'의 메커니즘이 발동한 것이다. 이런 경향은 2000년대 이후로도 계속 관찰되고 있다.

〈표 3-4〉를 보면 2000년 집값 상승률이 0.4%였을 때는 노동쟁의 발

생건수가 250건이었는데, 2002년 16.4%였을 때는 322건으로 상승했다. 집값 상승률이 16%포인트 증가하자 노동쟁의 건수는 72건이 증가한 것이다.

이렇듯 출발을 불평등하게 만들 뿐만 아니라 경쟁에서 반칙을 일삼는 토지 불로소득의 사유화는 경제와 사회 전체를 병들게 한다. 여기서 우리는 국가가 어떤 재산을 보호해야 할지를 보다 분명히 알 수 있고, 반칙은 또다른 반칙을 연쇄적으로 낳을 수밖에 없다는 것을 확인하게 된다.

2) 주식 불로소득과 그 부작용

토지 불로소득에 비해서 상대적으로 주식 불로소득이 끼치는 사회경제적 폐단은 그 정도가 적은 편이나, 그래도 경제 전반에 악영향을 미치는 요인은 가급적 제거하는 것이 좋다. 먼저 한국에서 주식 불로소득의 규모가 어느 정도 되는지부터 살펴보자.

2004~2007년 동안 주식으로 인한 불로소득은 상장주식에서 540조 원, 코스닥에선 68조 원이 발생했다. 물론 이 불로소득을 토지 불로소득처럼 모두 주식소유자가 주머니에 넣은 것은 아니지만, 이 액수 중 상

표 3-5 주식 불로소득 추이 (단위 : 조원)

	2004	2005	2006	2007	2004~2007
상장주식	412	655	705	952	
KOSDAQ	31	71	72	99	
상장주식(증가)		243	50	247	540
KOSDAQ(증가)		40	1	27	68

자료 : 통계청(www.kostat.go.kr)

당액이 주식소유자의 호주머니로 들어갔음을 부인하기 어렵다.

주식 불로소득에서 무엇보다 문제가 되는 부분은 단기적 거래의 폐단이다. 이를 왜 차단해야 하는지 알기 위해서 이로부터 파생되는 문제들을 좀더 자세히 살펴볼 필요가 있다.

우선, 주식 불로소득을 노린 단기적 거래가 빈번할수록 일자리가 덜생기고 노동시장에서 반칙이 일어나기 쉽다는 문제다. 단기적 거래가 주가 변동에 큰 영향을 주게 되면 경영자는 고용을 창출하는 과감한 투자를 꺼린다. 위험risk이 따르는 과감한 투자를 하게 되면 주식 가격이 하락하여 경영자의 경영권이 위협받을 수 있기 때문이다. 이런 환경하에서 경영자는 기획企劃하고 투자投資하는 기업가정신entrepreneurship에 충실하기보다 주가 관리 위주의 경영을 하기 쉽다. 즉, 단기적 이윤을 많이 남겨서 주가를 올리고 주주에게 더 많은 배당을 주는 데 주력하는 것이다.

그러려면 비용을 줄여야 하는데, 그 대상의 첫째가 바로 '임금'이기 쉽다. 임금을 줄이는 방법은 까다로운 정규직보다 다루기 쉽고 임금도 낮은 비정규직을 더 많이 고용하는 것이다. 한마디로 말해서 과다한 주식 불로소득의 사유화는 저투자로 인한 실업, 그리고 정규직과 비정규직의 불합리한 격차 확대라는 반칙을 초래하는 셈이다. 둘째 대상은, 바로 중소기업이 대기업에 납품하는 납품단가다. 그 가격을 부당하게 인하함으로써 대기업과 중소기업의 연결경쟁력을 하락시키는 원인이 된다. 경제가 성장하고 성장의 과실이 골고루 퍼지기 위해서는 최종 생산품을 생산하는 대기업과 부품을 조달하는 중소기업 사이에 긴밀한 협력이 필수적이다. 그러나 대기업이 비용 절감을 위해 자신에게 부품을 납품하는 중소기업의 부품단가를 부당하게 인하하면 이러한 연결경쟁력은 하락할 수밖에 없다. 물론 이러한 거래방식이 당장 대기업에게는 큰 이윤을 보장해줄 것이다. 그러나 장기적으로 보면 중소기업의 이윤율이 낮아지고 이는 투자 여력 저하를 불러와 중소기업의 생산성을 떨어뜨리게 된다. 이런 처지에 있는 중소기업이 양질의 부품을 공급할 리 만무하고, 이는 결국 대기업 자신을 해치는 결과를 초래할 뿐이다. 요컨대 주식 불로소득의 과다한 사유화라는 반칙 역시 다른 반칙을 연쇄적으로 일으키는 것이다.

또한 주식의 단기매매를 통해서 엄청난 불로소득을 사유화할 수 있는 길을 열어둘수록 기업들은 벌어들인 이익을 적대적 인수합병에 대비하느라 투자하기가 힘들어지는 면이 있다. 떨어지는 주가를 방어하려면 긴급 투입할 수 있는 돈이 항상 필요하기 때문이다. 오늘날 대기업이 벌어들인 이익 중 상당한 액수를 회사 내에 쌓아놓는 이유 가운데는 바로 그런 필요도 작용하고 있는 것이다.

또한 주식 불로소득이 만연하게 되면 그것은 사회구성원의 정신적 건강에도 별로 좋지 않다. 투기적 매매가 사회 전반에 퍼져 있으면 결국 주주들은 주가의 등락에 항상 촉각을 곤두세울 수밖에 없는데, 이런 행태는 사실 사람의 정신을 피폐화시킨다. 회사에 근무하는 주주들은 자신의 직무에 집중하기보다 주가 변동에 더 관심을 갖는다. 그런데 더 큰 문제는, 이런 노력들이 사회 전체적으로 보면 상품과 서비스를 만들어내는 생산적 노력이 아니라 비생산적인 노력이라는 점이다. 이런 폐해를 보면 국가가 사회 전체를 위해서 무엇을 해야 할지는 금방 드러난다.

마지막으로 과도한 주식 불로소득 사유화는 자원 배분에도 악영향을 끼친다는 점을 지적할 필요가 있다. 현재 한국은 지분 3% 이상 또는 시가총액 100억 원 이상을 보유한 대주주가 주식을 양도할 경우와 비상장주식 거래만 예외적으로 과세하고, 그 외의 모든 주식 거래에서 발생하는 이득에 대해서는 과세하지 않는 데 반해 이자와 주식 배당소득 등의 금융소득에 대해서는 과세를 하고 있다. 그런데 이렇게 하면 자금이 은행권보다 단기적 시세차익을 목적으로 하는 주식시장으로 몰리게 된다. 결국 과도한 주식 불로소득 사유화가 금융권에 있는 자금이 생산적인 곳으로 흘러들어가는 것을 막는 셈이다.

그렇다고 해서 필자가, 주주 중심의 경영 시스템(이른바 '주주자본주의')을 반대하는 사람들처럼 기업의 자금 조달 방식이 주식이나 채권 등과 같은 자본시장 중심에서 은행 중심으로 옮겨가야 한다고 주장하는 것은 아니다. 여기서 필자가 강조하는 것은 단기적 거래를 통한 주식 불로소득이 가져다주는 폐단이 크다는 것이고, 뒤에서 자세히 다루겠지만 문제를 예방하는 장치를 갖추면 자본시장의 장점을 충분히 살릴 수 있다는 것이다.

이렇듯 토지와 주식에서 발생하는 불로소득의 사유화라는 반칙은 결국 노사간의 갈등과 투자 감소 및 비정규직 선호를 초래하고, 경제효율을 떨어뜨린다는 걸 알 수 있다. 따라서 지금까지 불로소득(특히 토지 불로소득)의 폐해를 간과했던 진보와 보수는 이것의 중요성을 새롭게 인식할 필요가 있다. 무엇보다 이런 시각을 확보하려면 '토지의 독자성'을 인정해야 할 것이다. 토지는 제한적 용도로 사용되는 자본과 달리 다양한 용도로 사용되기 때문에 경제 전체에 영향을 미친다는 사실, 토지는 자본과 달리 시간이 지남에 따라 가치가 올라간다는 사실, 토지는 '과거'에 투입한 비용에 따라 가격이 결정되는 자본과 달리 '미래'에 발생할 이익을 더한 것으로 결정된다는 사실, 그래서 자본에는 투기가 일어나지 않지만 토지에는 투기가 일어난다는 사실을 이해해야 할 것이다.

2. 출생이나 소속이 일생을 좌우하는 불행한 사회

1) 심화되어가는 교육 불평등

공정국가라는 건축물은 '평등한 출발'과 '반칙 없는 경쟁과정'이라는 두 기둥으로 떠받쳐져 있다. 그러나 오늘날 대한민국에서 평등한 출발이 이뤄지고 있다고 생각하는 사람들은 별로 없을 것이다. 이를 방해하는 요소 가운데 대표적인 것이 바로 교육 불평등이다. 쉽게 말해 돈 많고 교육 많이 받은 부모를 만난 아이들은 고가·양질의 교육을 받으며 부모들의 사회적 지위를 별 어려움 없이 물려받는 데 반해, 가난하고 못배운 부모를 만난 아이들은 제대로 된 교육을 받을 기회조차 얻지 못한 채 부모의 낮은 사회경제적 지위를 대물림받는 현상이 일반화되고 있다. 물론 한국의 교육 불평등이 사회경제적 불평등을 낳은 건지, 아니면 사회경제적 불평등이 교육 불평등을 낳은 건지는 좀더 따져봐야 하겠지만, 교육 불평등이 사회경제적 불평등을 시정하는 것이 아니라 오히려 고착화시키고 더 나아가서 정당화시키고 있는 것만은 분명한 사실이다.

교육은 기본적으로 생래적 불평등, 본인의 선택과 무관하게 발생한 불평등을 시정하는 장치여야 한다. 부모든 타고난 재능이든 그렇게 임의적으로 주어진 조건들이 한 사람의 인생을 좌우하는 사회는 결국 '운이 지배하는 사회'인 것이다. 운luck이 지배하는 사회는 좋은 사회가 아니다. 진보는 물론이거니와 합리적인 보수도 이런 사회를 좋아할 리 없다. 좋은 사회는 운의 영향력을 줄이고 자기 선택 및 노력의 영향력을 높이는 사회라고 할 수 있는데, 교육이 바로 그런 생래적 불평등을 완화시

그림 3-3 월소득 10분위별 가구당 교육비 지출 (단위 : 만원)

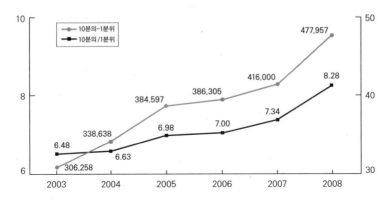

자료 : 국가통계포털 http://www.kosis.kr

키는 역할을 해줘야 한다. 그런데 불행하게도 한국 사회에서 교육은 더이상 그런 역할을 하지 못하고 있다. 한국 사회는 점점 '운이 지배하는 나쁜 사회'로 전락해가고 있다. 그런 실상을 확인하는 건 어려운 일이 아니다.

교육 불평등의 현실은 각 소득분위별 교육비 지출 규모에서 여실히 드러난다. 통계청 조사에 따르면, 2003년 가장 못사는 소득 1분위의 월 교육비 지출은 5만5826원이었고, 가장 잘사는 소득 10분위의 교육비 지출은 36만2084원으로 소득 1분위의 6.48배였다. 그러던 것이 2008년에는 소득 1분위의 6만5631원에 비해 10분위가 54만3588원으로 8.28배나 상승했다. 그 5년 동안 소득1분위의 17% 증가율에 비해, 소득 10분위의 증가율은 50%나 되었던 것이다.

사교육도 하나의 장비equipment라 할 수 있다. 성능이 좋은 장비를 사용하면 작업의 성과가 훨씬 좋아지듯이 어떤 사교육 상품을 구입하느냐가 학업성적을 좌우한다. 소득분위별 교육비 지출의 격차가 계속 벌어진다는 것은 결국 고소득층의 부모를 둔 학생일수록 더 비싸고 질 좋은 교육장비를 구입했다는 것이고, 저소득층은 그렇지 못했다는 의미다. 따라서 고소득층 부모를 둔 학생들이 더 높은 학업성취를 나타내는 것은 당연하다.

이는 민주노동당 권영길 의원의 발표자료(2009)에도 잘 나타나 있다. 한국에서 외국어고의 명문대학 진학률이 실업고나 일반고보다 훨씬 높다는 것은 이미 상식이다. 그런데 외고 재학생 아버지의 상위직(전문직, 경영·기술직) 비율은 44.7%에 달하는 반면, 일반고는 13.11%, 실업계고는 3.58%에 불과했다. 반면에 실업계고에서는 하위직(판매·서비스, 소규모 농·축·수산업, 비숙련노동) 아버지의 비율이 가장 높았다. 민족사관고의 경우는 부모가 상위직인 경우가 무려 87.83%에 달하여 실업계고의 24배나 되었다. 고소득층이라 할 수 있는 상위직은 이런 방식으로 학력과 지위를 대물림하는 것이다.

여기서 재밌는 것은 외고나 민족사관고의 경우 어머니의 직업은 전업주부의 비율이 압도적으로 높다는 점이다. 아버지가 상위직인 경우에는 생활의 여유가 있으므로 어머니가 노동에서 자유로울 수 있는데, 어머니는 그 자유로움을 자녀의 진학을 위한 사교육 시장 동향 파악이나 교육정보를 얻는 데 쏟는 것이다. 반면에 하위직의 아버지는 어머니가 같은 하위직에 종사하는 경우가 거의 대부분이기 때문에, 그럴 수 있는 시간이 없다. 아버지가 상위직인 경우는 어머니도 높은 학력자일 가능성이 높은데, 이런 고급 인력이 생산적이고 건강한 활동이 아닌 비생산적인 데 몰두하는 것이다. 사회 전체적으로 낭비가 아닐 수 없다.

또한 보건사회연구원의 여유진(2008, 53쪽)도 다른 각도에서 부모의 학력과 지위, 자식의 학력과 지위의 상관관계를 분석했는데, 분석 결과

그림 3-4 부모와 자녀와의 상관관계

학력 수준	초졸이하 아버지	중졸이하 자녀
	대학이상 아버지	대졸이상 자녀
경제력 수준	가난한 아버지	하위계층 자녀
	부유한 아버지	상위계층 자녀
직업 수준	단순노무직 아버지	단순노무직 자녀
	전문직 아버지	전문직 자녀

지위의 세습이 상당히 이루어지고 있는 것으로 나타났다. 특히 지위의 양극단에서 강한 세습현상을 보였다. 〈그림 3-4〉에서 보는 것처럼 학력에서는 초졸이하 아버지와 중졸이하 자녀, 대학이상 아버지와 대졸이상 자녀간의 강한 상관관계가 나타났다. 경제적 수준에서는 가난한 아버지와 하위계층 자녀, 부유한 아버지와 상위계층 자녀, 직업에서는 단순노무직 아버지와 단순노무직 자녀, 전문직 아버지와 전문직 자녀 간의 일치도가 일관성 있게 나타났다.

교육 불평등의 심화는 무엇을 의미할까? 그것은 우리 사회가 계층간 이동이 활발한 개방사회open society에서 계층간 이동이 불가능한 폐쇄사회closed society로 가고 있다는 것을 뜻한다. 개방성과 폐쇄성의 정도는 지금의 사회적 불평등을 얼마만큼 윗세대로부터 물려받은 유산으로 볼 수 있는지, 즉 세대간 사회경제적 지위의 세습 정도와 이러한 불평등의 세습 및 재생산 과정에서 교육이 어떠한 역할을 하는지를 고찰함으로써 어느 정도 파악할 수 있다. 불행히도 우리 사회는 사회경제적 지위가 교육을 매개로 점점 세습되어가는 경향을 뚜렷하게 나타내고 있다. 아버지의 학력이 아버지의 수입을 결정하고, 이는 자식의 학력과 직업

그림 3-5 고등교육비 지출 중 사적 지출 몫 (단위 : %)

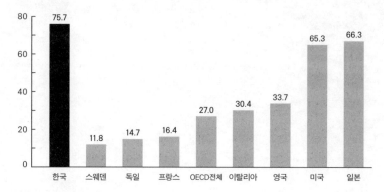

자료 : OECD. 2009. *Factbook*

선택에 직접적으로 영향을 미친다. 요컨대 한국 사회는 노력이 사회경제적 지위를 결정하는 사회에서 출생이나 소속, 즉 운이 결정하는 사회로 빠르게 이동하고 있는 중인 것이다(조우현, 2004; 안종훈·전승훈, 2008).

그렇다면 교육 불평등의 원인은 무엇일까?

첫번째 원인은 교육에 대한 사적 부담이 과도하기 때문이다. 다시 말해, 개인이 부담하는 등록금과 다양한 교육비 등이 사적 비용으로 충당된다는 것이다. 한국의 GDP 대비 교육기관에 대한 지출액은 7.2%로 OECD 평균 5.8%(2007년 기준)에 비해 높은 것처럼 보이지만, 그 내용을 들여다보면 그렇다고 하기 어렵다. 한국의 경우에는 국가가 4.3%, 민간이 2.9%를 지출하는 반면 OECD 평균은 공공이 5.0%, 민간이 0.8%를 부담하고 있기 때문이다. 또한 고등교육비 지출 중 사적 부담의 비중은 OECD 국가들 중에서 한국이 75.7%(2005년 기준)로 가장 높다. 전문대학 이상의 교육비용은 거의 개인이 부담하고 있는 것이다. 이렇게 고등교육으로 갈수록 사적 부담이 크다는 것은 소득 불평등이 교육 불평등으로 이어지기 쉽다는 것을 의미한다. 즉, 돈이 없으면 대학에 진학하

그림 3-6 소득계층별 사교육비 지출액 (단위 : 만원)

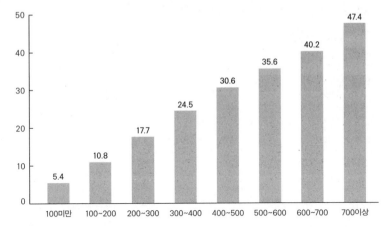

자료 : 통계청, 「2008 사교육비 조사결과」

그림 3-7 아버지 교육정도별 월평균 사교육비 (2009년, 단위: 만원)

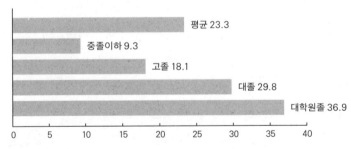

자료 : 국가통계포털

기가 점점 어려워진다는 것이다.

소득 불평등이 교육 불평등으로 이어지는 경향은 소득계층별 사교육비 지출 규모와 아버지 학력에 따른 사교육비 지출 규모에서도 여실히 드러난다. 〈그림 3-6〉과 〈그림 3-7〉에서처럼 월소득이 700만 원 이상인 고소득층은 최하 저소득층보다 8.8배 더 많은 사교육비를 지출하고 있고, 대학원이상 학력의 아버지는 중졸이하의 아버지보다 약 4배 가까운 사교육비를 지출하고 있는 것으로 나타났다. '더 많은 사교육비 지출→더 좋은 교육상품 구입→자녀의 더 높은 학력'이라는 메커니즘이 그대로 관철되고 있는 것이다.

그런데 여기서 궁금한 것이 하나 있다. 왜 소득이 높은 사람은 공교육에 만족하지 않고 고가의 '사교육'이라는 장비를 꾸준히 구입하려는 걸까? 한국인의 타고난 교육열 때문일까?

교육 불평등이 심화되고 있는 두번째 원인은 능력주의meritocracy와 학력주의credentialism의 '강고한 결합'에 있다. 능력주의는 말 그대로 '능력'이라는 기준을 통해서 사람들이 선호하는 소득이나 지위를 배분하는 것을 뜻한다. 예를 들어서 회사에서 능력이라 함은 높은 생산성과 기술력 등을 말하고, 능력주의라는 것은 이를 기준으로 소득과 지위가 결정된다는 걸 뜻한다. 교사로서의 능력은 학생들에게 양질의 교육서비스를 제공할 수 있는 정도를 의미하고, 급료 수준과 지위는 바로 이를 중심으로 배분된다는 말이다. 어찌 보면 현대 사회에서 이런 능력주의는 당연하다고 할 수 있다. 그런데 문제는 그 '능력'의 측정에 있어 가장 중요한 기준 중 하나가 '학력'이라는 데 있다.

능력주의와 학력주의의 지나친 결합은 '명문 학교의 상향화' 현상에서 뚜렷이 나타난다. 해방 후 국가정책으로 초등학교 진학률이 일정 궤도에 오르자 중학교 입시경쟁이 격화되었으며, 이로 인해 생기는 사회문제 때문에 국가는 중학교 평준화의 길을 열었다. 하지만 중학교 진학이 쉬워지자, 다시 고교 입시경쟁이 격심해졌고, 국가는 이에 대응하기 위해 고교 평준화를 실시했다. 그러나 명문 중학교의 소멸이 명문 고등학교에 대한 추구로 이어졌듯이, 고교평준화는 명문 대학교를 향한 경쟁을 심화시켰을 뿐이었다(김종엽, 2003, 63~63쪽). 한마디로 명문 학교가 사회발전 단계에 따라 초등학교에서 대학교로 옮겨지는 것인데, 이런 현상이 나타나는 이유는 학력이 개인의 능력을 나타내는 중요한 수단으로 간주되기 때문이다.

개인의 능력을 나타내는 객관적 자료에 '학력'이 들어가는 게 이상한 일은 아니다. '학력'이란 말 그대로 '공부할 수 있는 능력'을 말한다. 뛰어난 학습능력이 출중한 직업능력을 보장할 수 있다. 그러나 출신학교가 능력의 가장 중요한 잣대일 수는 없다. '출신'으로 그 사람의 능력을 판단하는 것은 대단히 전근대적인 사고방식이다. 경쟁과정이 바로 이렇기 때문에 지금 한국 사회는 좋은 학력, 이른바 명문 대학을 가기 위해서 심지어 유치원부터 생존경쟁을 하고 있다. 그때부터 상대방보다 내가 더 좋은 점수를 받아야 좋은 대학이라는 유리한 고지를 점할 수 있다고 가르친다. 유치원부터 세칭 '명문 대학 들어가기' 경쟁에 돌입하고 있는 것이다. 부모들이 아이들을 이렇게 교육시키는 이유는 그러지 않으면 인생 낙오자·열패자가 된다고 생각하기 때문인데, 실제로 이 모습이 한국 사회의 현실이기도 하다.

세번째 원인은 두번째와 연관되는데, 학벌이 주는 유무형의 프리미엄이 너무 크기 때문이다. 세칭 명문 대학을 나오면 승진하기 쉽고, 다른 사람은 감히 접근하기도 어려운 '네트워크'를 만들 수 있다는 것이다.

〈그림 3-8〉을 보면 2003~2008년까지 고등법원 부장판사 승진자 100명 중 86명이 서울대 출신으로 나타나는데, 이는 법원 고위직의 '서울대 독점현상'이 심화되고 있음을 보여준다. 승진하는 데 개인의 능력이 크게 작용했고, 그렇기 때문에 이를 문제 삼기란 사실 어렵다. 하지만 여기서 말하는 '능력'에 같은 대학 출신 선후배들의 유·무형의 도움이 작용하지 않았다고 말할 수 있을까? 승진에 필요한 무형의 노하우가 대

그림 3-8 2003년~2008년까지 고등법원 부장판사 승진자 출신대학별 분류

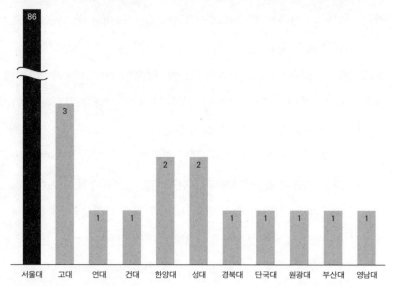

자료 : www.ohmynews.com(검색일: 2010. 2. 13)

학이라는 관계망을 통하여 전수되고 이것이 승진에 직간접으로 영향을 주었다는 것은 충분히 예상할 수 있다.

그런데 이런 경향은 민간기업에서도 그대로 나타나고 있다. 『조선일보』(2010.10.04)에 따르면 국내 30대 기업에서 가장 많은 임원을 배출한 학교는 역시 서울대 225명이었고, 그다음이 고려대 174명, 연세대 131명 순이었다. 또한 이들 세 대학이 전체에서 차지하는 비중은 외국 대학을 제외하면 1724명 중 530명으로 무려 30.7%나 된다. 한국의 수많은 대학 중 세칭 명문 대학이 관계官界와 재계財界의 중요 요직을 독차지하고 있는 것이다. 세 학교 출신자의 업무 역량이 탁월한 것도 있겠지만, 출신학교가 임원 승진에 미치는 영향이 적지 않다는 것을 보여준다. 명문 대학을 졸업할수록 급료수준과 안정성이 높은 직장에 들어갈 뿐만

아니라 들어가서도 승진의 가능성이 높아지고, 대학서열이 낮을수록 급료수준과 안정성이 낮은 직장에 들어갈 뿐만 아니라 들어가서도 승진의 가능성이 낮아지게 된다는 얘기다. 따라서 명문 대학이 가져다주는 엄청난 프리미엄을 손보지 않는다면 아무리 공교육을 강화해 교육기회를 균등하게 제공하려고 해도 그 효과는 극히 미미할 것이고, 사교육시장은 계속 호황을 누릴 것이며, 사교육을 통해서 높은 학력을 얻은 자들은 자신들이 취득한 학력을 더욱 특권화하는 경향을 보일 것이다.

바로 이 지점에서 우리는 한국 사회가 '합리적 네트워크'가 아니라 '연고주의적 네트워크'가 강고한 사회라는 것을 알 수 있다. 이런 사회에서 개인이 기댈 수 있는 것은 노력보다는 끈끈한 연줄망인데, 그 연줄망은 결국 출신학교를 통해서 결정된다. 이런 전근대적 네트워크의 특징은 '배타적'이라는 데 있다. 그 학교를 나오지 않으면 아무리 출중한 능력을 가지고 있어도 배제당한다는 것이다. 이것은 물론 반칙이다.

네번째 원인은 소득격차의 심화에 있다. 능력주의와 학벌주의의 강고한 결합, 그리고 좋은 학벌이 주는 엄청난 프리미엄은 명문 대학 진학을 투자의 대상으로 만든다. 능력을 측정하는 중요한, 어쩌면 유일한 판단 기준이 '학력'이기 때문에 좋은 학교에 들어가기 위한 경쟁은 치열할 수밖에 없는데, 이 경쟁의 승자는 결국 학력을 쌓는 데 많은 돈을 쓸 수 있는 고소득층일 수밖에 없고, 이 때문에 교육 불평등은 더욱 심화될 수밖에 없는 것이다. 불행히도 한국에서 이러한 소득격차는 계속 벌어지고 있다.

이렇게 보면 결국 교육 불평등은 사회 불평등의 원인이 아니라 결과라고 하는 것이 더 정확할 것이다. 그런데 이 사회 불평등은 어디서 비롯되었을까? 그것은 불공정성이다. 정확하게 표현하면 학력주의와 능력

그림 3-9 교육 불평등의 원인과 결과

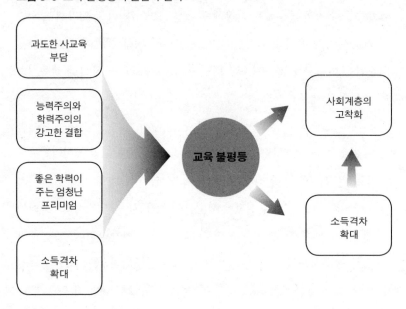

주의의 강고한 결합이라는 반칙, 고학력이 주는 엄청난 프리미엄이라는 반칙, 시장 자체에 웅크리고 있는 반칙과 특권으로 요약되는 불공정성이 만들어낸 소득 불평등은 결국 교육을 통해서 완화되는 것이 아니라 오히려 정당화되고 있는 것이다. 따라서 공교육을 정상화하고 소득이 낮은 사람들도 공부할 수 있는 여건을 만드는 교육균등 실현은 반드시 능력주의와 학벌주의의 연결을 느슨하게 만들 때에만, 다시 말해서 좋은 학력이 주는 프리미엄을 낮출 때에만 소기의 목적을 달성할 수 있다. 그리고 그래야 한국 사회의 사교육 열풍도 사그라들고, 이 땅의 어린이와 청소년들이 서로를 이겨야 하는 경쟁자가 아니라 같이 살아가야 하는 동료로 여길 수 있으며, 허구한 날 문제집을 풀어대느라 조그마한 책상에 앉아 있는 것이 아니라 자연과 벗할 수 있을 것이다.

2) 심화되어가고 있는 건강 불평등

한국 사회에서 기회균등을 방해하는 장애물 가운데 또 하나가 건강 불평등이다. 인간은 기본적으로 몸을 움직여서 다양한 활동에 참여하는데, 건강 수준에서 큰 차이를 보인다면 그 자체로 공정성의 한 축인 '평등한 출발'을 기대할 수 없게 된다. 게다가 건강 불평등은 경제 전체에도 좋지 않은 영향을 준다. 사회 전체적으로는 건강한 노동력을 많이 확보해야 경제 성장과 발전의 지속성을 담보할 수 있는데, 건강 불평등이 심해지면 우수한 노동력을 확보하기가 점점 어려워진다. 경제적인 이유 때문이라도 육체적·정신적 건강을 위한 의료서비스는 모든 사람들에게 균등하게 제공되어야 한다.

그렇다면 한국의 건강 불평등 정도는 어떨까? 건강의 가장 대표적 지표인 주관적 건강수준을 살펴보면, 소득계층별로 건강이 양호하다고 응답한 인구의 비율이 점차 불평등한 구조로 바뀌고 있음을 알 수 있다. 〈그림 3-10〉을 살펴보면, 소득계층별 건강 불평등이 외환위기 이후 악화되고 있음을 알 수 있다. 1998년에는 소득격차에 따른 건강수준의 격차가 완만했는데, 2005년에는 크게 벌어졌다. 소득이 낮은 사람의 건강이 더욱 악화된 것이다.

이러한 건강 불평등 구조는 최상위 소득계층의 의료비 지출액을 최하위 계층의 의료비 지출액으로 나눈 통계(10분위/1분위)에서도 잘 나타난다. 이 지수의 변화 추이를 살펴보면 1985~1995년 사이에는 감소했고, 1995~2000년 사이에는 유사한 데 비해, 2000~2005년 동안에는 증가한 것으로 나타난다(허순임, 2008, 55쪽). 이는 고소득층이 저소득층보다 더 좋은 의료서비스를 받는 경향이 강화되고 있음을 뜻한다.

그림 3-10 소득계층별 건강수준이 양호한 인구의 변화

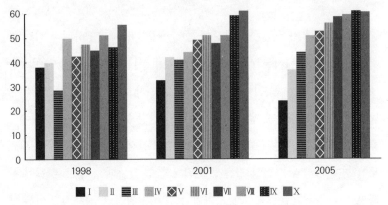

자료 : 윤태호(2009)

그러면 심화되고 있는 건강 불평등의 원인은 무엇일까?

첫째는 국민의료비에서 공공재원이 차지하는 비중이 낮기 때문이다. 실제로 한국의 2005년도 비중이 53.1%로 나타났는데, 이는 OECD 국가 평균인 72.9%에 비해 크게 낮은 수치로, 미국(45.1%)과 멕시코(45.5%) 다음으로 낮은 수준이다. 하지만 미국과 멕시코가 전국민을 대상으로 하는 공적 의료보장체계를 가지고 있지 않음을 감안한다면, 한국의 공공재원 비중이 OECD 국가 중에서 가장 낮다고 해야 한다(허순임, 2008, 49쪽). 이렇게 개인의료비 비중이 높으면 소득격차가 의료 불평등으로 이어지는 경로를 차단할 수가 없게 된다.

둘째는 소득 불평등 심화다. 앞서 말한 공공의 보장성 수준이 낮다는 것은 결국 환자 본인부담이 커진다는 의미인데, 이는 소득이 낮은 사람들은 질병에 시달릴 가능성이 매우 높아진다는 걸 뜻한다. 즉, 질병 치료를 위해서는 돈이 필요한데 소득수준이 낮을수록 의료비를 부담하는 것이 어렵기 때문에 질병에 그대로 노출될 수밖에 없다는 것이다. 결

국 소득이 낮은 사람의 건강은 지속적으로 나빠질 수밖에 없다. 한국에서 치료를 중단하거나 포기한 경험이 있는 가구의 비율이 월 200만 원 이상 수입에서는 4.6%인 데 비해 100만 원 수입은 15.5%, 50만원 수입은 26.9%나 된다는 사실, 저소득층과 고소득층의 3차병원 이용률 격차가 두 배 이상이라는 사실, 저소득층의 의료이용량이 1997년과 2005년 사이 43%가 줄어든 반면 고소득층의 의료이용량은 같은 기간에 도리어 21%가 늘어났다는 사실 등이 이를 증명하고 있다(이창곤, 2006, 90쪽). 이러한 사정하에서는 심화되는 소득 불평등이 자연스럽게 건강 불평등으로 이어질 수밖에 없다.

한편 건강상태가 비슷하더라도 소득이 낮은 사람일수록 건강이 나빠질 가능성이 크다는 점도 지적되어야 한다. 일반적으로 소득수준이 낮을수록 정신적으로도 건강하지 못한 경우가 많다. 왜냐하면 한국 사회에서 소득이 낮다는 것 자체가 스트레스이고, 스트레스를 받게 되면 흡연과 과음에 노출될 가능성이 높기 때문이다. 그런 사람은 화목한 가정도 꾸리기가 어렵다. 가난할수록 운동할 여유도 없으며, 정기적인 건강검진도 받기 어렵다. 이렇듯 빈곤은 사회적 현상 그 자체로 머무는 것이 아니라 우리 몸의 신경면역체계 등에 영향을 끼치고, 술과 담배, 약물 복용 등 나쁜 건강 행태에 의존하게 함으로써 각종 질병들과 상해를 일으키는 근인根因이 된다. 이러한 과정을 통해 빈곤과 사회적 불평등은 건강 불평등의 주된 원인이 되는 것이다(윤태호, 2009).

소득 불평등이 건강 불평등의 원인이라는 점과 관련해서 영국의 경우는 우리에게 시사하는 바가 크다. 영국은 1948년부터 시작한 국영의료서비스National Health Service를 통해 국민들에게 거의 무상으로 의료서비스를 제공했는데, 1980년에 발간된 블랙보고서에서는 국영의료서비스가 시행된 지 30년이 지났음에도 불구하고 영국 국민들의 건강 불평등 정도는 오히려 악화되고 있다고 보고하고 있다. 이 같은 현상에 대해 블랙보고서가 지적한 근본적 이유는 '심각한 소득 불평등'이었다(윤태호, 2009). 소득 불평등, 즉 빈곤문제를 해결하지 않으면 건강 불평등은 해결하기가 매우 어렵다는 것이다. 오죽하면 스웨덴 국립공중보건위원회가 소득 불평등이 어느 정도인지를 나타내는 '지니계수'의 개선을 건강정책의 30년 목표로 삼고 있겠는가. 한국도 서구와 마찬가지로 교육수준이 낮을수록, 육체노동이거나 일용직·임시직의 경우일수록, 소득수준이 낮을수록, 생활수준이 낮을수록 사망률 위험이 계단형으로 높아지는 현상이 뚜렷하다는 것에서 이를 알 수 있다(이창곤, 2006, 79쪽; 96쪽).

그렇다고 필자가 영국과 스웨덴의 국영의료서비스 사례 자체가 잘못되었다고 말하는 건 아니다. 다만 국민들의 건강상태를 악화시키는 원인이 빈곤으로 인한 각종 유·무형 스트레스인데, 이런 근본적인 문제를 차단하지 않고서는 아무리 국영의료서비스를 잘 갖춰놓아도 한계가 명확하다는 것이다.

결론적으로 말해, 소득 불평등과 건강 불평등은 상호 촉진관계에 있다. 〈그림 3-11〉에서 보는 것처럼 소득이 낮을수록 정신적·육체적 건강이 더 나빠지고, 나빠진 건강은 낮은 소득을 초래하고, 낮은 소득은 건강 회복을 힘들게 만든다. 아무리 공공이 국민의료비 수준을 선진국 수준으로 높인다고 해도 궁극적으로 소득 불평등이 개선되지 않으면 건강 불평등 개선도 어렵다고 말이다. 만약 소득 불평등도의 개선 없이 건강 불평등도 개선을 추진한다면, 공공이 담당하는 의료비 수준은 계속 올라갈 수밖에 없고, 그것은 다시 정부의 재정 부담을 증가시켜 다시 경

그림 3-11 소득 불평등과 생산성 격차와 건강 불평등의 관계

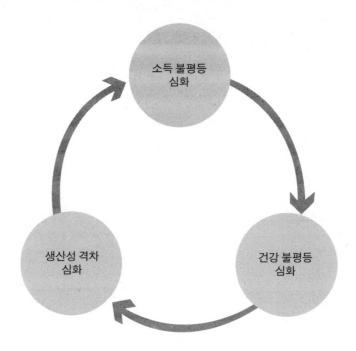

제효율을 떨어뜨리는 악순환에 빠지기가 쉽다. 이를 보면, 경제효율을 높여 좋은 일자리를 많이 만들고 그것을 통해 소득 불평등도를 낮추는 것이 근본 대책이라는 보수 측의 주장에는 일리가 있다.

3) 패자부활전이 부재한 사회

한국은 승자독식의 사회다. 한 번 경쟁에서 낙오되면 영원한 패자가 될 가능성이 매우 높다. 대학입시가 전쟁을 방불케 하는 것도, 대기업 정규직 노동자들이 고용 보장과 처우 개선에 그토록 목을 매는 것도 바로 그런 까닭이다. 실직하면 북풍한설 몰아치는 '시베리아 벌판'이 기다리고

표 3-6 OECD 주요 국가들의 GDP 대비 노동시장 재정지출 비교 (단위 : %)

국가	덴마크	네델란드	독일	프랑스	스웨덴	영국	일본	미국	체코	한국
노동시장 재정지출 비중	4.42	3.89	3.46	2.85	2.51	0.89	0.79	0.53	0.51	0.36

자료 : OECD. Employment Outlook, 2005; 강승복(2005)에서 재인용

표 3-7 주요국의 GDP 대비 실업급여 지출 비중 (2000~2003년 평균, 단위 : %)

국가	한국	일본	미국	프랑스	독일	영국	OECD 평균
실업급여	0.1	0.5	0.4	1.7	1.6	0.4	1.0

자료 : OECD; 한국은행, 2008, 「생계형 서비스 산업의 현황과 과제」

그림 3-12 GDP 대비 사회보장 지출규모

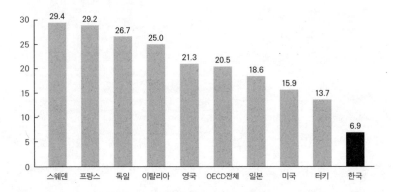

자료 : OECD. 2009. *Factbook*

있기 때문이다. 설령 한때 경쟁에서 실패한다 하더라도 재기할 수 있는 기회를 개인에게 마련해주는 것이 국가의 역할일 텐데, 대한민국 정부는 그런 기능을 전혀 못하고 있다.

OECD 주요 국가들의 GDP 대비 노동시장 재정지출 현황을 보면 이 같은 사실을 쉽게 알 수 있다. 이 부분에 대한 재정지출 비중이 덴마크가 4.42%, 미국 0.53%, 스페인 2.27%인 데 비해 한국은 0.36%로 패

자부활전에 쓰는 재정 비중이 OECD국가 중에서 최하위에 해당한다(2004년 기준). 다시 말해 정부가 고용지원서비스, 직업훈련, 청년층대책, 고용보조금, 장애인대책, 실업급여, 조기퇴직대책 등에 지출하는 규모가 너무 작다는 것이다(강승복, 2005).

여기서 실업급여만 떼어서 생각해보면 그 규모가 얼마나 작은지 여실히 드러난다. 한국은 2000~2003년 기간 동안 실업급여Unemployment Benefit에 GDP의 0.1%의 비용을 투여하고 있는데, 이는 미국의 1/4, OECD 평균의 1/10에 불과하다. 2009년 노동부 발표에 따르면 실업자의 43.8% 정도만 실업급여를 받을 뿐이다(노동부, 2009). 실직자에 대한 생계대책이 이러니, 실직에 대한 공포는 커지고 노사관계는 더욱 악화될 수밖에 없는 것이다.

그뿐 아니라 사회적 안전망도 부실하기 그지없다. 한국은 2005년 기준 사회보장 지출(공적연금, 퇴직연금, 보건의료, 산재 및 고용보험에서의 정부 지출) 규모가 GDP 대비 6.9%에 불과해 OECD 국가 중 멕시코보다도 낮은 최하위 수준이고, OECD 국가들 평균의 23% 수준에 불과하다. 퇴직연금을 주고 건강을 유지하며 산재 등의 보험료를 타는 데 있어서 국가의 기여가 매우 미미하다는 것이다.

이처럼 한국 사회는 구성원들이 패자부활전에 나설 기회도, 패자부활전을 준비할 동안 인간으로서의 존엄을 유지할 사회적 배려도 제공하지 않고 있다. 사정이 이렇다 보니 연대의식이나 타인에 대한 배려, 국가와 사회에 대한 신뢰 등은 찾아보기 어렵다. "나만 아니면 돼~!"식의 극단적 이기주의와 왜곡된 가족제일주의만 기승을 부리고 있는 것이다. 이렇게 한국 사회구성원들의 집단적 심성이 황폐화된 이유는 공정성의 한 축인 '지속적인 평등한 출발'이 무너져 있기 때문이다.

정리하자면 한국 사회는 평등한 출발을 담보하는 교육과 의료에서 불평등이 심화되고 있고, 낙오한 사람에게 다시 일어설 수 있는 기회를 거의 제공하지 않고 있다. 이러한 기회 불균등의 심화는 역동적 사회의 근간인 계층간의 원활한 이동을 어렵게 만드는데, 결국 이는 사회통합에 장애를 주고 각종 사회병리 현상의 주된 원인이 된다. 아무리 열심히 노력해도 자신의 상태나 지위가 나아질 가능성이 희박한 폐쇄사회에서 대부분의 사회구성원들은 불만을 갖거나 체념을 하거나, 심지어는 자살을 한다. 불만과 체념이 사회 불안정의 근본 요소라는 것은 두말할 필요가 없다. 이처럼 '닫힌 사회' 안에 있는 사회구성원들은 매우 이기적이 되어가고, 단기적이고 협소한 이익만을 추구하게 된다. 이런 사회를 가리켜 '만인에 대한 만인의 투쟁'의 장場으로 명명해도 지나치지 않을 것이다.

물론 진보는 이런 상황을 개선하는 데 적극적이다. 또한 합리적인 보수도 개선에는 동의할 것이다. 그런데도 보수의 자세가 소극적인 이유는 그것이 과도하게 되면 경제효율이 떨어지고 개인의 책임감이 무뎌질 수 있다는 우려 때문일 것이다. 물론 보수도 능력주의와 학력주의의 강고한 결합을 느슨하게 하는 데는 적극 찬성할 것이다. 따라서 보수와 진보의 통합적 방향은 불로소득을 환수하고 자유로운 경쟁을 기치로 하는 활기찬 시장을 조성하여 기회 불균등의 근인根因이라고 할 수 있는 소득격차를 줄여나가는 것이어야 한다. 그렇게 해야 평등한 출발에 드는 정부의 비용도 절약할 수 있고, 도덕적 해이에 대한 염려도 줄여나갈 수 있다. 그러나 한국의 시장은 자유로운 경쟁과는 너무 거리가 멀다.

3. 반칙이 구조화된 부자유한 시장

한국은 '시장'을 자원배분의 메커니즘으로 활용하는 나라다. 특히 보수라고 지칭되는 세력들은 대한민국의 경제체제는 자유시장경제여야 한다고 주장하는데, 한국의 시장은 진짜 자유로울까? 이제 한국 시장의 진짜 모습이 어떠한지 살펴보도록 하자.

1) 점점 피폐해져가는 시장생태계

오늘날 한국 경제의 문제를 10가지로 나열해보면 다음과 같다.

① 대기업의 투자는 왕성한데, 중소기업의 투자는 정체되었다.

② 생산성과 임금이 높은 '괜찮은 일자리'는 절대적·상대적으로 줄어드는 반면, 생산성과 임금이 낮은 '나쁜 일자리'는 절대적·상대적으로 증가하고 있다.

③ 대기업·정규직에는 경쟁이 과소하고, 중소기업·비정규직에는 경쟁이 과잉이다.

④ 기업가 정신의 발휘나 직업적 경험에 기초한 창업이 아니라 '떠밀린 창업'이 주류를 이루고 있다. 자영업자의 비율은 선진국에 비해 2~3배 정도 높다.

⑤ '소기업→중기업→중견기업→대기업'으로 올라가는 동태적 발전 현상은 크게 둔화되고 있다.

⑥ 제조업과 서비스업의 생산성 격차는 계속 벌어지고 있다.

⑦ 서비스업에서 낮은 생산성을 점하는 도소매업과 음식숙박업의 비중이 지나치게 높다.

⑧ 우리나라 실업률은 3.3%로 거의 완전고용 수준인 데 반해, 고용률은 63.4%로 상당히 낮다(2010년 8월).

⑨ 수출은 잘되는데 내수는 살아나지 않는다.

⑩ 우리나라의 성장잠재력이 지속적으로 하락하고 있다.

이 문제점들은 우리에게 그리 낯설지 않다. 이미 잘 알려진 사실들이다. 신문과 방송에 매일 등장하는 한국 경제의 문제들은 이 10가지 중 한두 가지에 걸리게 되어 있다. 그런데 중요한 것은 위의 문제들이 서로 연관되어 있다는 점이다. 수출은 잘 되는데 내수가 살아나지 않는다는 것은, 달리 말하면 수출 대기업은 잘 나가는데 내수 중소기업은 어렵다는 뜻이다. 중소기업이 잘 안 되는 이유는 중소기업이 만든 상품을 사주는 소비자들의 90% 가까이가 주로 저임금-저생산성 노동자이기 때문이다. 그런데 한국이 선진국에 비해 자영업과 중소기업이 많은 이유는 무엇일까? 그 이유는 무엇보다 고임금-고생산성 일자리가 급격히 줄어들고 적극적 노동시장 정책과 사회적 안전망이 부실하기 때문이다. 이 때문에 혁신을 기반으로 한 창업이 아니라 먹고살기 위한 '떠밀린 창업'을 하는 것이다. 이런 창업의 과도한 열기로 자영업은 영세화되고, 중소기업은 과당경쟁에 내몰리게 되어 이윤율이 낮을 수밖에 없다. 게다가 대기업이 우월적 지위를 이용하여 반칙을 하기 때문에 중소기업의 생산성은 더욱 낮아지고, 대기업과 중소기업의 생산성 격차는 계속해서 벌어질 수밖에 없다. 사정이 이렇다 보니 국가의 성장잠재력 역시 점점 하락할 수밖에 없는 형국이다.

바로 이와 같은 한국 경제의 상황을 요약하면 대기업은 하늘을 나는데 중소기업은 기어 다니는 '기업 양극화', 제조업과 서비스업 간의 생산성 격차가 벌어지는 '산업 양극화', 점점 벌어지는 정규직 노동과 비정규직 노동 간의 격차를 말하는 '고용 양극화', 결과적으로 나타나는 '소득 양극화'라고 할 수 있을 것이다.

그런데 여기서 궁금한 것은, 이러한 양극화 현상이 일정 정도의 산업화 이후에 필연적으로 나타날 수밖에 없는 과정인가 하는 점이다. 필자는 그렇다고 생각하지 않는다. 중소기업과 대기업이 상생하는 길이 있고, 소기업 중에서 더 노력한 기업은 중기업과 중견기업을 거쳐 대기업으로 도약하는 것이 자연스럽다고 본다. 이런 일련의 과정을 통해 대기업의 성과가 중소기업에게까지 전달되는 적하효과trickle-down effects가 복원되고, 대기업과 중소기업의 생산성이 같은 비율로 증가하며, 중소기업 노동자들도 먹고사는 데 큰 문제가 없는 임금을 받을 수 있고, 서비스업의 경쟁력도 높아지며, 결과적으로 고용 양극화와 소득 양극화도 완화될 수는 것이다.

그렇다면 왜 이와 같은 현상이 일어나는가? 결론부터 말해, 이 모든 현상의 원인은 '구조화된 반칙'에 있다. 반칙이 없어야 신뢰가 생기고 중소기업과 대기업 간의 연결경쟁력이 높아지고 좋은 일자리도 많이 생겨나게 된다. 반칙이 없어야 차이가 나도 그것 때문에 사회구성원들이 더 열심히 노력하게 된다. 그러나 한국 경제는 이런 것과 점점 멀어지고 있다. 그 실태를 각종 통계를 통해 살펴본 후, 그 구체적 원인에 대해 진단해보도록 하자.

(1) 심화되는 기업 양극화와 산업 양극화

먼저 중소기업과 대기업 간의 기업 양극화 현상과, 제조업과 서비스업 간의 산업 양극화 현상을 보자. 첫째, 대기업과 중소기업의 설비투자 증가율의 격차가 좀처럼 좁혀지지 않고 있다는 데 주목해보자. 〈표 3-8〉

표 3-8 대기업과 중소기업의 전년도 대비 설비투자 증가율 (단위 : %)

연도	2003	2004	2005	2006	2007	2008	2009	2010(계획)
제조업전체	24.8	43.2	7.4	5.8	1.0	8.6	-15.5	10.0
대기업	27.4	45.9	8.7	5.3	0.9	8.8	-15.9	11.2
중소기업	-3.4	3.8	-9.8	12.9	2.5	6.9	-8.6	-7.3

자료 : 산업은행 보도자료, 2009.11.27, 「설비투자 추이 및 전망」

표 3-9 중소기업의 투자율 추이 (단위 : %)

연도	2000	2001	2002	2003	2004	2005	2006	2007
설비투자총액/생산액	1.63	1.52	1.54	1.38	1.24	1.11	1.13	1.34

자료 : 중소기업중앙회, 「중소기업현황」 각년

에서 확인되듯이 최근 대기업의 설비투자 증가율은 2006, 2007년을 제외하고는 중소기업에 비해 압도적인 우위를 보이고 있다. 하지만 그 두 해도 2005년에 워낙 투자율이 저조했던 것의 반등에 불과하다. 특히 2010년 투자계획을 보면 대기업은 세계적 경제위기를 어느 정도 탈출한 것으로 보이지만, 중소기업은 투자율이 오히려 후퇴하고 있는 것으로 나타난다.

중소기업의 투자 위축 현상은 중소기업의 '생산액 대비 설비투자 총액'에서도 잘 나타난다. 투자율이 높아져야 기술이 더 발전하고 노동자들의 생산성도 올라가는데, 중소기업의 투자율은 2000년에 1.63%였다. 그런데 2005년에는 1.11%까지 하락했다가 2007년 1.35%까지 회복했지만, 아직까지 2000년 수준을 회복하지 못하고 있는 실정이다.

그런데 더 심각한 문제는 〈그림 3-13〉에서 보는 것처럼 중소기업의 투자에서 신규 설비투자 비율은 줄어드는 반면, 기존 설비대체 및 유지

그림 3-13 제조 중소기업 설비투자(기계장치 투자) 유형별 추이 (단위 : %)

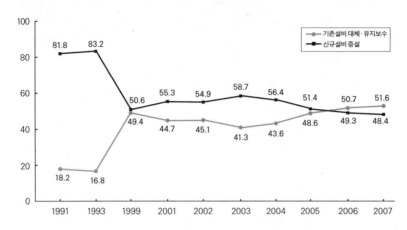

자료 : 중소기업중앙회, 『중소기업현황』 각년

보수비용 비율은 늘어난다는 점이다. 중소기업의 신규 설비투자가 1991 년에는 81.8%, 2001년에는 55.3%였다가 2007년에는 48.4%까지 하락했다. 다시 말해서 중소기업은 다소간의 위험을 무릅쓰고 설비를 확장하는 '적극적 투자'가 아니라 기존 설비를 유지하는 데 급급한 '소극적 투자'로 무게중심을 옮기고 있다는 것이다.

대기업과 중소기업 사이에 설비투자 규모의 격차가 커지는 것, 그리고 중소기업은 그나마 설비투자의 절반 이상이 신규 설비 증설이 아니라 기존 설비의 유지·보수에 들어간다는 것은 중소기업과 대기업 간의 생산성 격차와 영업이익률 격차가 점점 벌어질 수밖에 없음을 의미한다. 그렇지 않아도 대기업의 투자율이 중소기업보다 높은데 격차가 더 벌어지면, 1인당 기계를 다루는 양이 대기업이 훨씬 많아져 결국 영업이익률과 생산성 격차는 더 벌어질 수밖에 없다. 1991년에 중소기업과 대기업의 매출액 대비 영업이익률은 비슷했지만, 외환위기를 거치면서 벌

표 3-10 중소기업과 대기업의 매출액 대비 영업이익률 비교(제조업) (단위 : %)

연도	1991	1997	2001	2003	2004	2005	2006	2007	2008
중소기업(A)	6.67	5.62	4.86	4.56	4.47	4.25	4.31	4.43	5.1
대기업(B)	6.73	9.72	6.03	8.16	9.43	7.16	5.98	6.82	6.58
B-A	0.06	4.1	1.17	3.6	4.96	2.91	1.67	2.39	1.48

자료 : 중소기업중앙회, 『중소기업경영지표』 각년

표 3-11 삼성전자·현대자동차의 영업이익과 부품조달중소기업의 영업이익률 격차
(단위 : %)

구분		2009년	2010년 1분기
삼성전자 부품업체	삼성전자(A)	8.23	14.56
	부품업체(B)	5.66	4.87
	A-B	2.57	9.79
현대자동차 부품업체	현대자동차(A)	7.01	8.35
	부품업체(B)	2.48	4.62
	A-B	4.53	3.73

자료 : 『한겨레21』, 「삼성전자·현대차, 그들만의 경기회복」(2010.7.10. 818호)에서 재구성

어진 격차는 좀처럼 좁혀지지 않고 있다.

이런 경향은 2008년 금융위기 이후에도 계속되고 있는 것으로 보인다. 〈표 3-11〉에서 보는 것처럼 대한민국 대기업의 대표선수인 삼성전자와 현대자동차의 매출액 대비 영업이익 실적에 비춰볼 때 두 회사에 부품을 납품하는 중소기업과의 이익률 격차는 좀처럼 좁혀지지 않고 금융위기 이후 오히려 심화되고 있음을 보여준다.

이렇게 되면 생산성 격차도 점점 벌어지는 게 당연하다. 1980년에 제조 중소기업의 생산성은 대기업의 55.0% 수준이었다. 그러다가 1990년

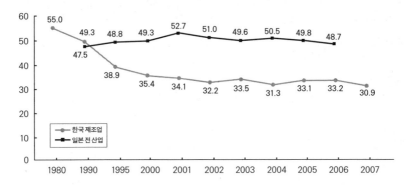

그림 3-14 대기업과 중소기업의 부가가치생산성 격차 추이(종사자 1인당) (단위 : %)

주 : 대기업과 격차는 대기업을 100.0으로 할 때 중소기업의 부가가치생산성 수준임.
자료 : 중소기업중앙회, 『중소기업현황』(2009), 『해외중소기업현황』(2008)

표 3-12 대기업 중소기업 자본집약도 격차 추이

구분	1998	2002	2003	2004	2005	2006	2007
중소기업(A)	89	111	117	122	132	143	160
대기업(B)	419	480	486	498	556	580	647
B-A	330	369	369	376	424	437	487

자료 : 중소기업중앙회, 『중소기업현황』 각년

에는 50% 아래로 떨어졌고, 90년대 중반에는 30%대로 급락해 2007년
까지 이런 추세가 이어지고 있다. 〈그림 3-14〉에는 포함이 되지 않았지
만, 이 같은 현상은 제조업뿐만 아니라 서비스업에서도 동일하게 일어나
고 있다. 2001년 중소 서비스업의 생산성은 대기업의 49%였다가 2005
년에는 45.1%로 떨어졌다. 반면에 한국의 제조 중소기업과 유사한 발전
과정—대기업과 중소기업 간 하도급 생산의 확대를 통한 중소기업 발
전—을 거친 일본 제조 중소기업의 경우, 한국과는 달리 대기업 생산성
의 약 50% 전후 수준을 꾸준히 유지하고 있다.

일반적으로 중소기업은 대기업에 비해서 상대적으로 자본집약도, 즉 노동자 1인당 장비를 사용하는 양이 낮기 때문에 대기업과의 노동생산성 격차는 불가피한 측면이 있다. 그런데 문제는 이 격차가 계속 커진다는 데 있다.

이런 측면에서 보면 중소기업의 설비투자 부진이 장기간 계속될 경우, 중소기업과 대기업 간 자본집약도의 차이는 더욱 커질 수밖에 없고 이는 다시 대기업과 중소기업 간의 노동생산성 격차 확대로 이어질 것이 뻔하다(조덕희, 2004, 5~6쪽). 가면 갈수록 성능 좋은 기계를 사용하는 대기업 노동과 그저 그런 장비를 사용하는 중소기업 노동의 생산성 격차가 벌어지는 것은 어찌 보면 당연한 것이다.

그런데 더 큰 문제는 높은 생산성을 유지하는 사업체 수가 계속해서 줄어드는 반면, 생산성이 낮은 사업체 수는 계속해서 늘어나고 있다는 점이다. 〈표 3-13〉에서 우리는 대기업 사업체 수가 1995년도에 2만 개가 넘었다가 2007년 현재 2400여 개로 줄었다는 걸 확인할 수 있다. 불과 13년 만에 무려 1만 8000여 개가 사라진 것이다. 반면 생산성이 낮은 중소기업 사업체 수는 같은 기간 동안 무려 37만여 개나 증가했다.

그렇다면 미국과 일본은 어떨까? 〈표 3-14〉과 〈표 3-15〉에서 보듯이, 일본은 중소기업과 대기업의 수가 같은 비율로 감소했고, 미국은 대기업과 중소기업의 사업체 수가 모두 일정한 비율로 증가했다. 두 나라는 한국과 달리 경제 전체에서 중소기업이 차지하는 비중이 일정한 모습을 보이고 있는 것이다.

그러면 여기서 한국, 미국, 일본의 경제규모와 인구비율을 고려한 사업체 수를 한번 비교해보자. 미국은 한국 경제규모의 13배가 되는데도 불구하고 중소기업의 사업체는 한국의 2배가 약간 넘고, 일본은 한국

표 3-13 대기업 중소기업 사업체 수 변화 추이(한국) (단위 : 개, %)

연 도	대기업		중소기업	
	사업체 수	비율	사업체 수	비율
1995	20,506	0.8	2,601,753	99.2
2001	9,169	0.3	2,649,691	99.7
2003	4,764	0.2	2,934,897	99.8
2005	4,166	0.1	2,863,583	99.9
2007	2,461	0.1	2,974,185	99.9

자료 : 중소기업중앙회, 『중소기업현황』 각년

표 3-14 대기업 중소기업 사업체 수 변화 추이(일본) (단위 : 개, %)

연 도	대기업		중소기업	
	사업체 수	비율	사업체 수	비율
1994	61,448	0.9	6,470,532	99.1
1999	43,787	0.7	6,141,042	99.3
2004	45,607	0.8	5,664,367	99.2
2006	50,690	0.9	5,652,091	99.1

자료 : 중소기업중앙회, 『중소기업현황』 각년

표 3-15 대기업 중소기업 사업체 수 변화 추이(미국) (단위 : 개, %)

연 도	대기업		중소기업	
	사업체 수	비율	사업체 수	비율
2000	989,998	14.0	6,080,050	86.0
2002	1,027,961	14.3	6,172,809	85.7
2004	1,056,482	14.3	6,331,242	85.7
2005	1,079,170	14.4	6,420,532	85.6

자료 : 중소기업중앙회, 『중소기업현황』 각년

경제규모의 4배가 됨에도 사업체 수는 2배에 약간 못 미친다. 반면에 미국의 대기업 사업체 수는 무려 한국의 259배이고, 일본의 경우에는 한국의 12.2배나 된다. 한마디로 대한민국의 경제규모와 인구비율을 감안할 때 중소기업 사업체 수는 지나치게 많고, 대기업 사업체 수는 너무 적다. 이러한 통계는 한국 사회의 중소기업이 대기업으로 성장하는 단계 어딘가에 심각한 문제가 있다는 사실을 암시한다.

이번에는 산업 양극화, 즉 제조업과 서비스산업 간의 격차를 살펴보자. 〈표 3-17〉에서 확인되듯이 제조업과 서비스업 간의 생산성 격차는 2001년도에 서비스업이 제조업의 35.9%였던 것이 2005년에는 29.9%

표 3-16 한국·미국·일본의 중소기업과 대기업 사업체 수 비교 (2005년)

구분	각국GDP/ 한국GDP	인구비율	각국대기업사업체 수/ 한국대기업사업체 수	각국중소기업사업체 수/ 한국중소기업사업체 수
미국	13.9	6.33	259.0	2.16
일본	4.5	2.64	12.2	1.90

주: 1) 일본은 2006년.
　　2) 기업체수는 미국과 일본이 각각 한국의 4.1배, 11.9배다.
자료 : 2008 해외중소기업 통계; 국가통계포털(www.kosis.kr)

표 3-17 산업간·기업간 생산성 격차 (단위 : 천만 원, %)

연도	제조업			서비스업			서비스업/제조업
2001	8.31	대기업	16.5	2.98	대기업	5.33	35.9
		중소기업	5.66		중소기업	2.61	
2005	10.90	대기업	22.30	3.26	대기업	6.51	29.9
		중소기업	7.38		중소기업	2.94	

주 : 여기에서 생산성이란 부가가치생산성을 의미함. 부가가치는 생산액에서 주요생산비(원재료비, 연료비, 전력비, 용수비, 외주가공비, 수선비)를 공제한 것임.
자료 : 중소기업중앙회, 『중소기업현황』 각년

로 떨어졌는데, 이러한 산업 양극화 현상은 각 산업 내의 대기업과 중소기업 간에 더욱 두드러진다. 제조업의 경우 2001년 중소기업의 생산성이 대기업의 34.3%였다가 2005년에는 33.1%로 5년 동안 1.2%포인트 하락했는데, 서비스업의 경우는 2001년 중소기업의 생산성이 대기업의 49.0%였다가 2005년에는 45.2%로 무려 3.8%포인트 하락했다.

이러한 산업 양극화 현상은 GDP에서 제조업이 차지하는 비중이 점차적으로 높아지고 서비스업의 비중은 계속 낮아지는 것에서도 잘 드러난다. 2001년도에는 GDP에서 제조업이 차지하는 비중이 22.1%였는데 그 비중은 계속 높아져서 2008년도에는 26.1%까지 상승한 반면, 서비스업의 비중은 54.7%에서 52.6%로 낮아졌다. 그런데 같은 기간 서비스업의 사업체 수 증가(198만7911→211만2535)는 제조업 사업체 수 증가(10만5088→11만6303)의 11배가 넘는다. 서비스업 사업체 수가 제조업

표 3-18 제조업과 서비스업이 GDP에서 차지하는 비중 (단위 : %)

연도	2001	2003	2005	2008
제조업	22.1	23.0	24.7	26.1
서비스업	54.7	54.2	52.8	52.6

자료 : 중소기업중앙회, 『중소기업현황』 각년

표 3-19 생계형 서비스산업의 매출액 추이 (단위 : 조원,%)

연도		2001	2005	2006	2007
매출액[1)2)]	서비스업	1,009	1,309	1,403	1,522
	생계형 서비스산업[3)]	200(19.8)	251(19.2)	266(18.9)	275(18.1)

주 : 1) 경상가격 기준.
   2) ( )안은 전체 서비스업 매출액에서 차지하는 비중(%).
   3) 통계청 「서비스업총조사보고서」 · 「서비스업통계조사보고서」 등을 이용하여 추정.
자료 : 한국은행, 2008, 「생계형 서비스산업의 현황과 과제」, 『한은조사연구』(28호)

사업체 수보다 급격하게 증가했는데도 GDP에서 차지하는 비중은 오히려 낮아졌다는 것은 서비스업의 생산성이 얼마나 낮은지를 잘 말해준다. 그러나 다른 선진국들은 이렇게 격차가 심각하지 않다. 선진국의 제조업 대비 서비스업의 평균 생산성은 93%에 달한다(홍장표, 2008).

그러면 왜 이처럼 한국의 서비스업 생산성이 낮은 것일까? 서비스업 중에 생산성이 매우 낮은 생계형 서비스산업(음식·숙박·소매 등 단순노동투입 중심의 저부가가치 업종으로 구성되어 있으며, 진입장벽이 낮아 완전경쟁시장 형태를 갖는 서비스업종을 총괄하여 지칭)의 사업체 수가 매우 많기 때문이다. 생계형 서비스산업의 매출액 비중은 2001년 19.8%, 2005년 19.2%, 2007년 18.1%로 계속 하락했지만 생계형 서비스산업 업체 수는 2006년 말 현재 200만 개로 전체 서비스산업의 72.9%에 이른다.

다른 선진국들의 경우는 생계형 서비스업체의 비중이 얼마나 될까? 〈표 3-20〉에서 보듯이 한국의 소매업 사업체는 인구 79명당 한 개이지만, 일본은 112명당, 미국은 313명당 한 개다. 이런 경향은 음식점업, 이·미용업, 수리업, 부동산중개업, 숙박업 모두에서 나타난다.

그런데 왜 한국 사람들은 생계형 서비스산업에 끊임없이 노크를 할까? 생계형 서비스산업의 경쟁이 이렇게 치열하여 먹고살기 힘들다는 아우성이 곳곳에서 들리는데 왜 굳이 음식점·소매점을 차리려고 할까? 이런 걸 생각하다보면 여기에는 다른 원인이 있음을 짐작하게 한다.

심화되는 기업 양극화와 산업 양극화를 요약하면 ① 전체적으로 중소기업과 대기업 간의 생산성 격차는 벌어지고 있고, ② 대기업의 사업체 수는 줄어드는 반면에 중소기업의 사업체 수는 급격히 증가하고 있으며, ③ 제조업과 서비스업 간의 생산성 격차는 계속 커지고 있고, ④ 각 산업 내에서 중소기업과 대기업의 간의 생산성 격차 역시 계속해서

표 3-20 주요국의 생계형 서비스산업 업종별 경쟁강도 (단위 : 업체 대비 인구수, 배)

국가 \ 업종	업체 대비 인구수			미국 대비(미국 2002년=1)	
	한국(2005)	일본(2006)	미국(2002)	한국	일본
소매업	79	112	313	3.9	2.7
음식점업	82	175	556	7.0	3.2
이·미용업	455	435	3333	8.3	8.5
수리업	526	1250	1250	2.4	1.0
부동산 중개업	667	2500	3333	5.6	1.4
숙박업	1111	2000	5000	4.4	2.4

자료 : 한국은행, 2008, 「생계형 서비스산업의 현황과 과제」, 『한은조사연구』(28호)

커지고 있다.

산업구조의 이러한 왜곡은 결국 고용구조의 왜곡으로 이어질 수밖에 없다. 대기업의 사업체 수가 줄어드는 반면에 중소기업의 사업체 수는 급격히 늘어나는 데서 알 수 있듯이 좋은 일자리인 대기업의 일자리는 계속 줄어들고 나쁜 일자리의 비중이 높은 중소기업의 일자리는 늘어나는데, 나쁜 일자리의 생산성이 계속 떨어지기 때문에 임금 역시 낮아질 수밖에 없다. 그런데 더욱 문제가 되는 것은 이런 악순환이 해결의 기미를 보이지 않고 심화되고 있다는 점이다.

(2) 심화되는 고용 양극화와 소득 양극화

고용 양극화는 기업 양극화와 산업 양극화의 결과다. 경제 전체에서 생산성이 높은 대기업 사업체 비율이 계속해서 줄어들고, 상대적으로 생산성이 떨어지는 중소기업 사업체 비율이 높아진다는 것은 결국 생산성이 낮은 중소기업의 고용 비중이 계속해서 늘고 있다는 의미다. 1994

그림 3-15 대기업과 중소기업의 고용자 수 추이

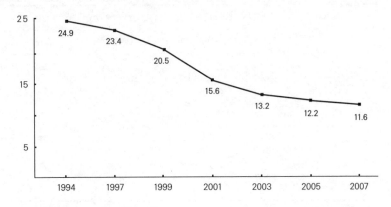

자료 : 중소기업중앙회, 『중소기업현황』 각년

년에는 24.9%였던 대기업의 고용비중이 계속 하락하여 2007년에는 11.6%까지 추락했는데, 이는 고高생산성기업의 고용비중이 계속 줄어들고 저低생산성 기업의 고용비중이 급격하게 늘어났음을 보여준다.

한편 산업 양극화 현상에 관한 분석을 통해 예측할 수 있듯이, 중소기업과 대기업의 고용 양극화는 서비스업에서 훨씬 심화되고 있다. 제조 대기업은 2001년에서 2007년까지 3만5000여 개의 일자리가 증가했는데, 이에 반해 서비스 대기업은 같은 기간 오히려 15만여 개의 일자리가 사라졌다. 또한 제조 중소기업은 같은 기간 69만여 개의 일자리가 증가한 반면 중소 서비스업은 같은 기간 무려 230만여 명의 고용이 증가했다(〈표 3-21〉 참조). 거기다 2006년 서비스업 총 종사자 816만 명 중 생산성이 낮은 생계형 서비스산업 종사자 수가 2006년 말 현재 440만 명으로 서비스업 전체 고용의 54% 수준에 달하고 있다는 점을 감안하면, 서비스업의 고용사정은 매우 나빠지고 있는 것을 알 수 있다.

그러면 다른 선진국들도 한국과 같은 경향을 보일까?

표 3-21 제조업·서비스업의 기업규모별 고용비중 (단위 : 명, %)

연도		2001	2005	2007
제조업	대기업	636,562 (24.2)	676,720 (23.8)	671,598 (20.0)
	중소기업	1,990,688 (75.8)	2,169,072 (76.2)	2,684,368 (80.0)
서비스업	대기업	839,843 (13.7)	628,258 (9.1)	683,097 (8.2)
	중소기업	5,298,944 (86.3)	6,276,246 (90.9)	7,642,100 (91.8)

자료 : 중소기업중앙회, 『중소기업현황』 각년

그림 3-16 각국의 중소기업의 고용비중 (단위 : %)

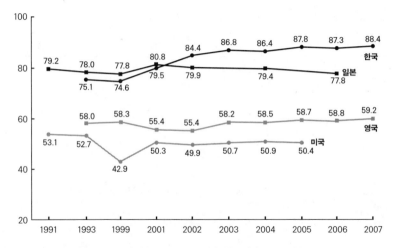

주 : 1) 단, 도매업, 서비스업은 100인 미만, 소매업은 50인 미만을 중소기업으로 분류했음.
　　2) 일본은 300인 미만.
　　3) 영국은 250인 미만.
자료 : 중소기업중앙회, 『중소기업현황』 각년; 『해외중소기업현황』 각년

　　일본은 전산업에서 중소기업의 고용이 77~79%를, 미국은 50~53%를, 영국은 58~59%를 '꾸준히' 유지하고 있다. 다시 말해서 선진국에서 유독 한국만 생산성이 낮은 중소기업의 고용비중이 계속 높아지고 있는 것이다. 처우 수준이 매우 열악한 일자리는 급속도로 늘어나고, 좋은

표 3-22 제조업 종사자의 변화 추이(한국) (단위 : 명, %)

연도		1999	2001	2003	2005	2007
100인 미만	비율	60.5	62.7	65.1	65.9	66.0
	명수	1,919,346	2,174,854	2,204,975	2,257,196	2,214,898
100~299	비율	13.8	14.4	14.2	14.0	13.9
	명수	436,919	498,920	480,641	480,103	469,470
300이상	비율	25.7	23.9	20.7	20.1	20.0
	명수	813,764	792,519	703,472	687,532	671,598

자료 : 중소기업중앙회, 『중소기업현황』 각년

표 3-23 제조업 종사자의 비중 변화(일본) (단위 : 명, %)

연도		1998	2000	2002	2004	2006
100인 미만	명수	5,295,574	4,894,277	4,359,658	4,150,797	4,035,020
	비율	53.8	53.3	52.4	51.1	49.1
100~299인	명수	1,833,788	1,776,100	1,664,266	1,692,698	1,742,859
	비율	18.6	19.3	20.0	20.9	21.2
300인 이상	명수	2,708,102	2,513,456	2,299,665	2,266,488	2,447,563
	비율	27.5	27.4	27.6	27.9	29.8

자료 : 중소기업중앙회, 『해외중소기업현황』

일자리에 들어가기 위한 청년들의 경쟁은 더욱 치열해지고 그런 일자리를 얻는 데 걸리는 시간도 점점 길어지는 매우 고통스런 사회가 되고 있다는 말이다.

여기서 한국의 고용상황을 다른 나라와 비교해가며 좀더 구체적으로 따져보자. 〈표 3-22〉을 보면 제조업 중에서 생산성이 가장 낮은 100인 미만 사업체의 고용비중은 계속해서 증가하는 반면 300인 이상 사업체의 고용비중은 비율뿐만 아니라 절대적인 수에서도 계속 하락하고 있다. 100~299명 규모 중기업의 고용비중과 숫자도 2001년 이후로 계속해서 하락하고 있다. 즉, 지금 한국 제조업의 경우 300인 이상을 고용하는 대기업의 고용인원은 줄어드는 반면에 100인 미만을 고용하는 중소기업의 고용인원은 늘어나는 형국이다.

그러면 일본의 경우는 어떨까? 일본은 전체 제조업 종사자가 줄었으나, 비율면에서 보면 생산성이 낮은 100인 미만 사업체 종사자의 비율이 낮아지고 생산성이 상대적으로 높은 100명 이상을 고용하는 사업체의 고용비중이 점차적으로 증가하는 추세를 보이고 있다. 비율면에서 한국과는 정반대의 방향으로 가고 있는 것이다.

그렇다면, 이번에는 고용안정성을 중심으로 고용문제를 한번 들여다보자. 통계청이 2009년 8월에 발표한 '경제활동인구조사 부가조사'를 분석한 김유선(2009)에 따르면, 비정규직은 855만 명(임금노동자의 51.9%)이고 정규직은 793만 명(48.1%)으로 전체 노동자의 절반 이상이 비정규직으로 나타났다. 비정규직의 수는 2001년 8월 737만 명에서 2009년 3월 855만 명으로 꾸준히 증가하고 있고, 비율은 2002년 56.6%를 정점으로 2003년에는 55.4%, 2004년 55.9%, 2009년 51.9%로 51%~56% 안팎에서 고착화되었다고 할 수 있다(〈표 3-24〉 참조).

그런데 더 큰 문제는 규모가 작은 기업일수록 비정규직 비율이 높다는 것이다. 30인 미만의 사업체는 노동자의 60.5%가, 300인 이상 사업체는 81.6%가 정규직에 해당된다(〈표 3-25〉 참조). 그러니까 규모가 작을수록, 생산성이 낮을수록 비정규직의 비율은 급격하게 증가하는 것이다.

다음으로, 한국의 고용의 특징을 통계청 발표자료를 통해 살펴보도록 하자.

표 3-24 비정규직과 정규직 규모 추이 (2009년 8월, 단위 : 만명, %)

연도		2001	2002	2003	2004	2005	2006	2007	2008	2009
비정규직	명수	737	772	784	816	840	845	861	840	855
	비율	55.7	56.6	55.4	55.9	56.1	55.0	54.2	52.1	51.9
정규직	명수	585	591	631	643	656	690	729	771	793
	비율	44.3	43.4	44.6	44.1	43.9	45.0	45.8	47.9	48.1

자료 : 김유선(2009)

표 3-25 사업체 규모별 비정규직 규모 (2009년 8월, 단위 : 천명, %)

종업원 수	1-4인	5-9인	10-29인	30-99인	100-299인	300인 이상
임금노동자	3,058	2,740	3,715	3,309	1,656	2,002
정규직	480	895	1,715	2,003	1,207	1,634
비정규직	2,578	1,845	2,000	1,306	449	368
정규직 비율	15.7	32.7	46.2	60.5	72.9	81.6

자료 : 김유선(2009)

첫번째 특징은 비경제활동인구가 지나치게 많다는 것이다. 한국의 공식 취업률은 2010년 8월 현재 3.3%로 선진국에서 가장 낮은 나라 가운데 하나지만, 그나마 이 수치조차 현실을 제대로 반영하지 못하고 있다. 조금만 둘러봐도 우리 주위에 놀고 있는 사람이 너무 많기 때문이다. 보통 고용통계를 낼 때 생산가능인구는 경제활동인구와 비경제활동인구로 나뉜다. 그리고 경제활동인구에서 다시 취업자와 실업자를 나누고, 거기서 실업률은 경제활동인구 중 실업자가 얼마나 차지하는가를 나타낸다. 따라서 실업률에는 고용의 사각지대에 있는 비경제활동인구가 빠져 있는 것이다.

비경제활동인구까지 감안한 것이 바로 고용률인데, 이렇게 계산한 고용률은 59.1%이다. 즉, 경제활동을 할 수 있는 사람 100명 가운데 59명 정도만 일하고 있다는 말이다. OECD 국가는 이 중에서도 근로연령이라 할 수 있는 15~64세의 생산가능인구 가운데 취업자의 비율을 고용률이라고 정의하는데, 이 기준으로 보면 한국의 고용률은 63.4%가 된다.(연령기준을 낮추면 고용률이 약간 올라가는 것은 65세 이상인 인구가 이하 인구보다 일을 덜한다는 뜻이다.) 이 같은 수치는 평균 고용률이 70% 정도가 되는 여타 OECD 국가에 비하면 상당히 낮은 편이다. 요컨대 한국 사회는 선진국보다 7~8명 정도 더 놀고 있다는 것이다.

그러면 고용의 사각지대라고 할 수 있는 비경제활동인구에는 어떤 사람들이 분포하고 있는지 자세히 들여다보자. 비경제활동인구 중 대학생 307만 명, 고등학생 180만 명, 취업준비생 62만6000명, "쉬었다"고 응답한 자 147만1000명, 구직단념자 22만3000명이 있고, 나머지는 연로하거나 심신장애가 있거나 아니면 주부다. 그러니까 전체적으로 보면 비경제활동인구 1600만 명 중 1000만 명 정도는 일을 하고 있지 않는 실업자인 셈이다. 이렇게 비경제활동인구가 많기 때문에, 다시 말해 일하는 사람들이 일하지 않는 사람들까지 부양해야 하기 때문에 자의든 타의든 한국 노동자의 노동시간이 전세계에서 가장 긴 것이라고 하면 지나친 억측일까?

두번째 특징은 '높은 자영업자 비율'이다. 취업자 중 자영업에 종사하는 인원은 29.0%를 차지하고 있는데, 전체적으로 보면 취업자 10명 중 3명 정도가 자영업에 종사하고 있는 셈이다. 다른 선진국들과 비교해보자면 한국의 자영업자 비율은 OECD 평균의 거의 2배로 미국의 3.9배, 영국의 2.2배, 일본의 2.1배나 된다. 그러나 더 문제가 되는 것은 자영업자의 열악함이다. 예컨대 2007년의 경우, 전체 자영업자 가운데 월평균

그림 3-17 주요국 비임금근로자(자영업자) 비중 비교 (2006)

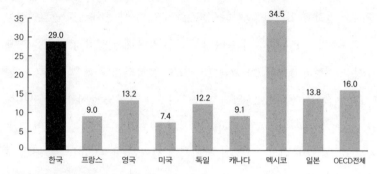

자료 : OECD. 2008. *Factbook* ; 금재호 외 (2009, 10)에서 재인용
　　　단, 한국은 2010년 8월

실질소득이 200만 원 이하인 자영업자가 60%를 차지할 정도다. 게다가 자영업자 중에 상대적으로 열악하다고 할 수 있는 고용원이 없는 자영업자, 그러니까 혼자 가게를 운영하는 자영업자가 전체의 72%나 된다 (2010년 1월). 그리고 자영업 종사자 중에 100만여 명, 약 17%는 임금을 받지 않고 일하는 근로자다.

세번째 특징은 앞서 다뤘듯이 정규직의 절반 정도의 임금밖에 받지 못하는 노동자가 임금근로자의 반이나 된다는 것이다. 다시 말해 임금근로자 1700만 명 중 850만 명이 고용이 불안정하고 저임금의 근로자라는 말이다.

우리는 여기서 청년들이 왜 중소기업 취업을 거부하고 고시준비, 자격증시험, 교사시험에 목을 매는지 알 수 있게 된다. 이는 2010년 1/4분기 20대 취업자 수가 370만 명으로, 1981년 4/4분기의 349만5000명 이후 최저치를 기록한 데서도 잘 나타난다(『한겨레』, 2010.4.26). 20대 청년들이 취업을 거부하는 이유는 대부분 일자리의 처우 수준이 형편없이 낮기 때문이다. 그런 직장에 취직했다가는 생활하기 어렵기는 물론이거

그림 3-18 2010년 8월 고용현황

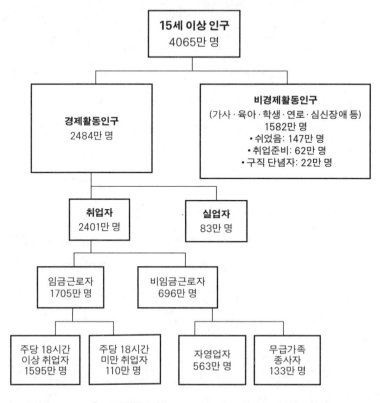

자료 : 통계청, 2010.9.15, 「2010년 8월 고용동향」

니와 업무능력을 쌓기도 어려워 이직하기도 쉽지 않다. 청년 입장에서 생각해보면 근무환경과 처우조건이 열악한 중소기업에 취직하는 것보다 몇 년 고시원에서 열심히 공부해서 공무원이 되거나, 공기업에 입사하거나, 교사가 되는 것이 훨씬 현명한 선택인지도 모른다. 실상이 이러한데 "눈높이를 낮춰야 한다"는 일부 정치인의 권고가 청년들에겐 얼마나 공허한 주장으로 들리겠는가.

이번에는 소득 양극화를 살펴볼 차례다. 기업 양극화 심화, 산업 양극화 심화, 고용 양극화 심화는 결국 기업간·산업간 임금격차를 더욱 확대시킨다. 먼저 기업간 임금격차를 보면, 한국의 사업체 규모별 임금 격차는 점점 벌어지고 있다. 1995년도 중소기업의 월평균임금이 대기업의 76.3% 수준이었다가 2007년도에는 무려 11.5%포인트나 하락하여 64.8%가 되었다. 제조업은 이보다 더 심하여 같은 기간 15.1%포인트(73.5%→58.4%)가 하락했다.(연간급여로 계산할 경우에도, 1995년 중소기업 노동자가 대기업 노동자 임금의 64.3%를 받다가 2007년에는 절반도 안 되는 49.6%를 받는 것으로 나타난다.) 반면에 일본의 제조업은 1995년부터 2006년까지의 11년 동안 4.2%포인트(68.1%→63.9%) 하락하는 데 그치고 있다. 그리고 미국은 중소기업이 대기업의 80% 이상의 임금을 받는 것으로 나타나고 있는데, 한국 및 일본과는 다르게 1995년부터 2005년까지의 10년 동안 중소기업의 월평균임금이 오히려 1.3%포인트 증가한 것으로 나타났다. 사업체 규모별 임금격차가 계속 벌어지는 것은 한국이 특히 심한 셈이다.

그러나 한국 사회의 임금구조를 좀더 자세히 들여다보면 문제가 엄청 심각하다는 것을 알게 된다. 제조업 노동자 전체의 66%를 고용하고 있는 100인 미만의 중소 제조업체 종사자 임금과 대기업 종사자 임금 격차가 계속 벌어지고 있는 것이다. 5~9인 사업체는 대기업 평균임금과의 격차가 1999년도부터 2007년까지 3%포인트, 10~29인은 11.4%포인트, 30~99인은 6.5%포인트, 100~299인은 2.1%포인트가 하락한 것으로 나타났다. 2007년을 기준으로 제조 대기업 노동자가 월 300만 원 받는다고 가정하면 5~9인 노동자는 147만 원을, 10~29인은 159만 원을, 30~99인 노동자는 174만 원을, 100~299인 사업장 노동자는 211만 원을 받는 것이다(〈표 3-26〉 참조). 기업체의 규모가 작으면 작을수록 대기

그림 3-19 중소기업과 대기업의 임금격차(월평균급여임)

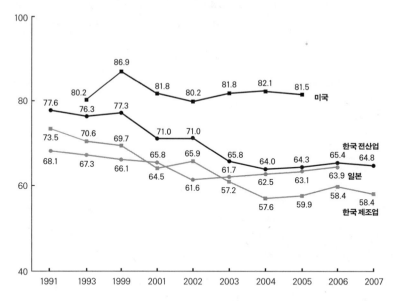

주 : 1) 일본은 제조업　　　　　　　　　　　2) 미국은 전산업
　　3) 월평균 임금총액은 정액 및 초과급여액과 특별급여액의 합계임
　　4) 일본과 미국의 대기업은 500명 이상임　　5) 미국은 연간급여로 계산함
자료 : 중소기업중앙회, 『중소기업현황』, 각년; 『해외중소기업현황』 각년

업과의 격차가 더 크게 벌어지고 있다는 것인데, 문제는 〈표 3-22〉에서 보는 것처럼 100인 미만 사업체 종사자의 비율이 계속해서 증가하고 있어서 이는 당연히 소득 양극화로 귀결될 수밖에 없다는 점이다. 그러니까 중간층에 있는 일부만 상층으로 이동하고 상당수는 하층으로 떨어지는 식으로 소득 양극화 현상이 일어나고 있는 셈이다.

　우리에 비해 일본의 기업규모별 임금격차는 상당히 안정적이다. 일본은 2001년부터 2006년까지 5년 동안 대기업 대비 5~29인 사업체의 임금은 0.3%포인트 하락했고, 30~39인 사업체의 임금은 2.2%포인트 증가했으며, 100~499인 사업체의 임금 역시 2.5%포인트 증가한 것으로 나타난다. 그런데 여기서 하나 짚고 넘어가야 할 점은 임금이

표 3-26 제조 중소기업의 규모별 임금변화 추이 (단위 : 300인 이상 제조 대기업 100)

연도	5~9인	10~29인	30~99인	100~299인
1999	57.4	64.5	64.8	72.5
2001	56.3	61.2	66.4	76.1
2003	51.9	55.2	60.1	73.3
2005	50.4	52.2	57.3	69.0
2007	49.1	53.1	58.3	70.4

자료 : 중소기업중앙회, 『중소기업현황』 각년

표 3-27 일본의 중소기업의 규모별 임금변화 추이 (단위 : 500인 이상 제조 대기업 100)

연도	5~29인	30~99인	100~499인
2001	51.6	58.7	75.3
2003	50.0	58.6	76.8
2005	50.9	60.7	77.2
2006	51.3	60.9	77.8

자료 : 중소기업중앙회, 『해외중소기업현황』 각년

표3-28 정규직과 비정규직의 시간당 임금 격차 (정규직 = 100)

연 월	2000.8.	2002.8.	2005.8.	2007.8.	2008.8.	2009.8.
비정규직의 시간당 임금	53.7	52.7	50.9	50.1	49.9	47.2

자료 : 김유선(2009)에서 재구성

하락한 사업체의 고용비중이 일본은 27.9%이고 한국은 45.1%이라는 점과, 일본의 임금비중은 500인 이상 대기업을 기준으로 했다는 점이다. 따라서 한국의 임금격차가 가져오는 사회적 충격은 더 클 수밖에 없다는 것이다.

마지막으로 정규직과 비정규직의 임금격차는 어떠한지 살펴보자.

2000년 이후 정규직과 비정규직의 시간당 임금격차는 계속 벌어지고 있고, 급기야 2008년에는 그 절반에도 못 미치고 있다. 상대적으로 정규직은 고용의 안정성도 보장받으면서 높은 임금을 받는 특권을 누리고 있는 것이다.

이제껏 살펴보았듯이 저생산성-저임금 일자리, 즉 중소기업의 고용 비중이 계속 증가하고 정규직과 비정규직의 임금격차가 벌어지게 되면 궁극적으로 극심한 소득 양극화가 생길 수밖에 없다. 이는 소득분위별계수와 지니계수의 추이가 잘 보여주고 있다. 최하위 20% 대비 최상위 20%의 소득격차를 나타낸 소득 5분위별 계수는 계속 증가하여 2009년 8.68에 이르렀는데, 이것은 쉽게 말해 최하위 20%의 소득이 월 100만 원을 번다면, 최상위 20%는 2004년에는 760만 원 정도를 벌다가 2009년에는 870만 원 정도를 번다는 의미다(〈그림 3-20〉 참조). '0'에 가까우면 평등하고 '1'에 가까우면 불평등한 지니계수 역시 2004년 처음으로 0.3을 넘어 2008년에는 0.325까지 상승했다(〈그림 3-21〉 참조).

그런데 앞서 잠깐 언급했듯이 소득 양극화 현상의 특징은 중간층의 절반 정도가 상층으로 이동하고 나머지가 하층으로 떨어지는 것이 아니라, 상당수의 중간층이 하층으로 떨어지는 양극화라는 점이다. 이런 방식으로 소득 양극화가 심화되는 사회에서 통합을 기대한다는 것은 매우 어렵다. 사회적 불신은 쌓여가고 함께 살고 있다는 연대의식은 점점 희박해져서, 하위계층에 속하는 사람들의 한숨과 절망은 더 깊어질 수밖에 없는 것이다.

정리해보자면 기업간·산업간·노동간의 양극화가 심화되고 있는데, 그 내용을 보면 생산성이 높은 대기업 사업체 수는 크게 줄어드는 반면,

그림 3-20 소득5분위별 계수 추이

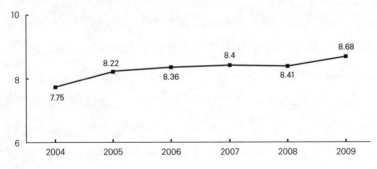

자료 : 통계청

그림 3-21 지니계수 추이

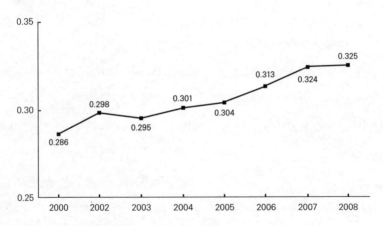

주 : 시장소득 기준 도시가구 기준.
자료 : 통계청

생산성이 낮은 중소기업의 사업체 수는 크게 늘어나고 있다. 이런 경향
은 특히 서비스업에서 더 강하게 나타나고 있다. 결과적으로 고생산성-
고임금의 괜찮은 일자리는 줄고 저생산성-저임금의 나쁜 일자리가 크
게 늘어나는 고용의 양극화가 심화되고 있으며 또한 고용의 양극화는
소득의 양극화로 이어지고 있는 것이다. 그리고 여기에다 토지투기가 일

어 집값이 천정부지로 오르게 되면 어떻게 되는 걸까? 부동산 과다 소유자가 버는 엄청난 돈이 결국 중간층 이하에 속하는 사람이 열심히 일해서 번 소득이 이전된 것transfer income라는 점을 생각하면, 이들이 느끼는 허탈감은 이루 말할 수 없을 것이다.

이런 모습이 지속되면 한국 경제는 당연히 침체를 거듭할 것이다. 자유시장이라고 말하지만, 거기서 말하는 자유는 호랑이만의 자유만을 의미하고 대다수의 사람은 앵무새의 자유를 누릴 뿐이다. 그렇다면 어찌해서 이런 일이 일어난 걸까? 한국의 진보좌파들의 시각처럼 원래 시장이란 폴라니의 말대로 중간에 노동자를 넣고 돌리는 '악마의 맷돌'일 수밖에 없어서일까?

2) 시장생태계는 왜 피폐해가고 있을까?

어찌 보면 시장은 생태계와 유사하다. 생태계에 서식하는 각종 동식물들이 서로 영향을 주고받듯이, 시장에 참여하는 다양한 행위자들도 독립적으로 존재하지 않고 서로 영향을 주고받는다. 실업문제가 대두되면 소비저하가 문제가 된다. 소비저하가 문제가 되면 기업 운영에 문제가 생긴다. 기업 운영에 문제가 생기면 금융 시스템이 불안정해진다. 반대로 실업문제가 해소되면 소비가 살아난다. 소비가 살아나면 기업이 활기를 띤다. 기업이 활기를 띠면 금융시장도 활성화된다. 이렇게 시장은 다양한 종들이 모여 연결고리를 이루며 사는 생태계와 같기 때문에 한국 경제의 문제도 관계적인 관점에서 진단하는 것이 절대적으로 필요하다. 예를 들어 한국 사회에 가장 중요한 현안인 비정규직 문제는 결코 그 자체로는 해결되지 않는다. 고용문제는 기업문제와 연결되어 있고, 기업

문제는 토지문제와 연결되어 있기 때문이다. 그러므로 문제의 해결책은 거시경제 전체 속에서 찾아야 한다. 시장 자체를 '생태계'로 보는 관점이 필요한 이유가 바로 여기에 있다.

그렇다면 이런 생태계의 중요한 특징 중 하나는 무엇인가? 그것은 '독생獨生', 즉 혼자 살아가는 게 불가능하다는 점이다. 먹이사슬로 연결되어 있는 자연생태계에서 한 부류가 지나친 탐욕으로 성장하는 것은 생태계 전체를 황폐화시키는 결과를 낳는다. 자신이 존재하기 위해서는 다른 동식물도 존재해야 한다. 자신이 건강하려면 다른 것들도 건강해야 한다. 어떤 한 종의 개체수가 증가하려면 거기에 맞춰서 다른 종들도 같은 비율로 늘어야 한다. 이처럼 건강한 생태계를 유지할 수 있는 핵심은 바로 '상생相生'이다.

시장 메커니즘도 마찬가지다. '시장' 하면 쉽게 약육강식 혹은 승자독식을 떠올린다. 하지만 기실 자연생태계와 마찬가지로 시장에서도 강자가 약자를 먹어치우기 시작하면 결국 강자도 생존하기 어렵게 된다. 어떤 시장 참가자도 고독한 섬처럼 혼자 존재할 수는 없다. 각 기업들은 최종 소비자가 국내에 있든 해외에 있든 그들의 필요를 충족시킬 목적으로 하나의 공급사슬에 의해 연결되어 있고, 이러한 연결구조는 여러 기업들이 하나의 확장된 생태계를 형성하고 있는 것과 같다(한정화 외, 2006, 384쪽). 초식동물과 육식동물의 관계처럼 대기업이 성장하려면 대기업에 부품을 납품하는 중소기업이 튼실해야 한다. 대기업의 기술력과 중소기업의 기술력이 보조를 맞추지 않으면 안 된다. 둘 사이가 어떻게 연결되었느냐가 국가경제의 내용을 결정짓기 때문이다. 다시 말해 대기업과 중소기업의 상생관계가 구축되어야 중소기업이 임금 지불능력을 유지할 수 있고, 그래야 중소기업에 종사하는 수많은 노동자들도 적정한 임금을 보장받을 수 있으며 소비할 수 있게 된다.

건강한 생태계로서의 시장이 왜 중요하겠는가. 칼국수를 만드는 사람은 한쪽에는 칼국수를 소비하는 고객과, 다른 한쪽에는 밀가루를 만드는 사람과 연결되어 있다. 양질良質의 밀가루가 공급되지 않거나 칼국수를 제값 내고 먹는 사람이 없으면 맛있는 칼국수는 만들어지지 않는다. 그러면 양질의 밀가루가 생산되는 조건은 무엇일까? 그것은 밀가루 생산자에게 노력한 대가가 지불되는 것이다. 밀가루 가격이 1000원인데, 칼국수 가게가 자신이 힘이 세다고 해서 500원만 지불한다면 밀가루의 질이 어떻게 되겠는가. 당연히 밀가루 생산자는 좋은 밀가루를 만들려고 노력하지 않고, 더 좋은 밀가루를 만들 수 있는 기계도 구입하기 어려워진다. 그래서 결국 밀가루 기계 제조업자의 존립도 어렵게 되고 만다. 그리고 밀가루 만드는 데 종사하는 노동자들도 임금을 제대로 받기 어렵기 때문에 결국 칼국수 수요도 줄게 된다. 반대로 칼국수를 사먹는 사람들도 마찬가지다. 칼국수 소비자들이 담합하여 정당한 칼국수 가격을 지불하지 않으려고 하면, 칼국수 가게는 이윤이 떨어지고 더 맛있는 칼국수를 만들려는 의욕도 감소한다. 이렇게 칼국수 생산을 둘러싼 과정만 살펴봐도 연결경쟁력의 관건은 결국 노력한 자에게 그 대가가 보장되느냐에 있는 것이다.

그러면 여기서 경쟁은 무엇이겠는가? 그것은 더 좋은 칼국수와 더 좋은 밀가루, 더 좋은 밀가루 제조기계를 만드는 '장치'라고 할 수 있다. 만약 소수의 칼국수 가게와 밀가루 제조회사에게 국가가 독점권을 주었다면 칼국수의 맛과 밀가루의 질은 보장할 수 없을 것이다. 하지만 경쟁이 일어나면 칼국수, 밀가루, 밀가루 제조기계의 질은 점점 좋아진다. 또한 경쟁은 이윤을 균등하게 해주는 역할을 한다. 어떤 칼국수 가게가 더 맛있는 칼국수를 만들거나 어떤 회사가 더 질 좋은 밀가루를 제조하면 초기에는 그 가게 혹은 회사의 이윤이 다른 회사보다 훨씬 높아지는데, 이렇게 되면 다른 가게와 기업들도 그것을 좇아가게 돼서 결국 이윤이 균등하게 된다. 물론 평균 이하의 기술 수준에 머물러 있으면 그 칼국수 가게나 그 밀가루 제조회사 등은 망할 것이다.

이와 같은 관점에서 볼 때, 시장이 약육강식을 옹호하는 시스템으로 보이는 것은 사실 공정성의 한 축을 무너뜨리는 '반칙'이란 존재 때문이다. 반칙은 시장생태계를 피폐시킨다. 노력한 만큼 받지 못하게 되는, 다시 말해 힘 센 쪽이 상대방이 노력한 것의 일부 혹은 상당부분을 갈취해가는 그런 '반칙'은 건강한 시장생태계와 결코 함께할 수 없는 것이다. 노력소득을 온전히 보장받지 못하게 되면 시장생태계는 병이 들고 만다.

따라서 시장이라는 생태계를 건강하게 유지시키는 것의 핵심은 반칙을 제거하는 것, 즉 '공정성의 회복'이다. 그것이 바로 국가가 해야 할 일이다.

(1) 시장생태계 피폐화의 근인(近因)

중소기업에 대한 대기업의 반칙

대기업과 중소기업 간의 건강한 관계란 중소기업이 이루어낸 기술혁신의 성과를 대기업이 수탈하지 않고 중소기업이 향유하게 하는 것이다. 그렇게 해야 중소기업은 기술혁신을 위해서 끊임없이 노력하게 된다. 또한 글로벌 플레이어인 대기업이 수출에서 거둔 성과를 중소기업과 같이 나누는 것을 의미한다. 대기업이 수출해서 얻은 성과는 양질의 부품을 납품하는 중소기업의 협력 없이는 불가능하기 때문이다. 대기업이 중소기업과 성과를 나누고 중소기업의 기여를 정당하게 인정할 때 비로소 중소기업과 대기업의 '상생'이 가능하게 된다. 그렇게 되면 대기업과 중소기업 사이의 이윤율 및 생산성 격차도 일정하게 유지된다.

그런데 앞에서 본 것처럼 일본 및 미국과 달리 한국의 제조 대기업과 중소기업의 생산성 격차가 급격하게 벌어지고 중소기업의 임금지불능력은 계속 하락하고 있다. 조덕희(2007, 21쪽)는 이런 현상의 원인을 네가지로 들었다. 그 첫째가 경기 침체, 즉 중소기업의 평균가동률 하락이다. 둘째는 납품단가 하락이다. 셋째는 부진한 생산성 향상이다. 넷째가 산업구조조정의 지체 및 저이윤 영세소기업의 급속한 증가다. 그런데 자세히 보면 이 네 가지는 '불공정'의 결과임을 알 수 있게 된다. 후술하겠지만 대기업이 중소기업에 반칙을 행하기 때문에 납품단가 하락과 생산성 부진이 초래되고, 이런 요인이 중소기업 노동자들의 고용 안정성을 위협하고 기업의 임금지불능력도 크게 위축시킨다. 이는 다시 내수 부진으로 이어져 주로 내수를 담당하는 중소기업의 평균가동률을 하락시키고, 중소기업이 대기업으로 발전하는 것을 어렵게 만든다. 한편 양질의 일자리가 적고 사회안전망의 부실로 인해 창업하지 않으면 안 되는 '떠밀린 창업'이 폭증하고, 중소기업들은 항상적인 과당경쟁에 시달리게 되는 것도 간과할 수 없는 현실이다.

우선 중소기업에 대한 대기업의 반칙부터 따져보자. 중소기업중앙회의 조사에 따르면, 한국의 제조 중소기업체의 47.9%(2008년 기준)가 수급중소기업(대기업 또는 다른 중소기업으로부터 위탁을 받아 납품—일부 생산 재위탁하는 경우 포함—하는 중소기업을 말하며, 다른 중소기업에 위탁을 주기만 하는 중소기업체는 제외)이고 위탁기업은 8.4%로 전체의 58.3%가 수·위탁관계에 있다. 다시 말해서 제조 중소기업의 절반 정도가 대기업

표 3-29 수·위탁 거래형태별 구성비 추이 (단위 : %)

연도	위탁기업	수급기업	수·위탁 거래 없음
2005	6.5	59.0	34.5
2006	10.4	59.2	30.4
2007	14.0	46.6	39.4
2008	8.4	47.9	43.7

주 : 수급기업은 타기업으로부터 위탁을 받아 납품하는 기업과 타기업으로부터 위탁을 받아 일부 물량을 다른기업에 재위탁하는 기업을 모두 포함.
자료 : 중소기업중앙회, 『중소기업실태』

표 3-30 수급기업의 모기업 거래시 애로사항 (단위 : %)

연도	지나친 품질수준 요구	원자재가격 상승분납품 단가미반영	납품단가 인하요구	납품대금 결제기일 장기화	불규칙 발주. (수시발주)	납기 단축 촉박	거래선 변경 시도	특허기술 자료제출 요구	위탁기업과 원가산정시 상충	어음 할인료 미지급
2007	22.4	67.2	49.8	24.6	22.6	28.8	4.3	1.3	11.6	11.1
2008	20.6	54.7	60.7	31.5	29.9	33.5	3.8	1.5	8.5	13.1

주 : 복수응답 결과로 합계가 100.0 초과.
　　원자재가상승분납품단가 미반영, 특허기술제출요구는 2007년 기준 조사부터 반영.
자료 : 중소기업중앙회, 『중소기업실태』

표 3-31 수급중소기업의 납품단가 하락

연도	단일부품	중간부품	완제품
2001	100	100	100
2002	96.0	96.2	97.5
2003	96.8	96.9	97.5
2004	98.0	96.3	98.6
2005	97.1	96.4	98.6
2001~2005 변화(%)	-2.9	-3.6	-1.4

자료 : 중소기업중앙회, 『중소기업실태조사』 각년; 조덕희(2007, 27쪽)에서 재인용

과 거래를 하는 위탁기업이란 얘기다. 2008년 수급기업의 거래 모기업 의존도(모기업 납품액이 수급기업 전체 매출액에서 차지하는 비율)가 81.6% 라는 데서 볼 수 있듯이, 이들 기업의 이윤율 및 생산성 악화는 일차적 으로 대기업 혹은 모기업과의 관계에서 찾을 수 있다.

이러한 수급관계는 과연 '협력관계'일까, 아니면 한쪽이 손해를 무릅 써야 하는 '일방적 관계'일까? 사실상 '일방적 관계'에 가깝다는 증거는 중소기업이 대기업과의 관계에서 실제로 느끼는 애로사항에서도 드러 난다. 2008년 수급기업이 모기업과 납품거래시 겪은 애로사항은 '납품 단가 인하요구'가 60.7%로 가장 많으며, 그다음은 '원자재 가격상승분 납품단가 미반영'(54.7%), '납기단축·촉박'(33.5%), '납품대금 결제기일 장기화'(31.5%) 등의 순으로 나타났는데, 이것은 모두 부품단가와 연결 되어 있는 애로사항이다.

이 같은 중소기업의 어려움 호소는 단순히 엄살이 아니다. 〈표 3-31〉 은 중소기업의 호소가 '객관적 사실'임을 말해준다. 중소기업이 대기업 에 납품하는 것이 단일부품이든, 중간부품이든, 완제품이든 그 가격이 2001년도의 부품단가를 넘어서지 못하고 있다. 다시 말해 대기업과 수 급관계에 있는 중소기업은 원가상승에 대한 부담을 고스란히 떠안을 수밖에 없고, 이는 생산성 하락, 투자 하락, 임금지불능력 위축으로 이어 질 수밖에 없다.

하지만 이런 수급관계에서의 반칙은 1차에서 끝나지 않는다. 1차 수 급기업은 대기업의 납품단가 인하분의 일부만 자신이 부담하고, 나머지 는 2차 수급기업에게 모기업이 자신에게 했던 방식 그대로 납품단가 인 하를 비롯한 여러 가지 애로사항을 떠넘긴다. 2차 수급기업은 또다시 3 차 수급기업에게 그 부담을 전가시킨다. 이렇게 되면 중소기업에 대한

표 3-32 수급기업의 분류 (단위 : %)

연도	1차 수급기업	2차 수급기업	3차 이상 수급기업
2003	61.0	33.8	5.2
2004	61.4	33.3	5.3
2005	58.2	35.9	5.9
2006	56.0	37.7	6.3
2007	60.1	33.8	6.1
2008	66.1	27.4	6.5

자료 : 중소기업중앙회, 『중소기업실태』 각년

대기업의 반칙 정도는 2차, 3차로 갈수록 가중되어 결국 차수가 늘어날 수록 생산성 하락, 투자 하락, 임금지불능력 위축현상이 더욱 심화되어 가는 것이다.

더 심각한 문제는 소기업일수록 2차 수급기업의 비율이 높다는 것이다. 기업규모별로 모기업과의 거래관계를 구분해보면 소기업은 1차 65.5%, 2차 27.7%이다. 3차 이상이 6.8%이다. 중기업의 경우는 1차 76.0%, 2차 21.6%, 3차 이상 2.4%로 중기업이 주로 모기업과 1차 거래관계가 많고, 소기업은 모기업과의 수급거래 구조가 중기업보다 다양하게 나타나고 있음을 알 수 있다. 이 같은 통계는 소기업의 애로사항이 중기업의 애로사항보다 클 수밖에 없음을 보여준다. 기업의 규모가 작을수록 대기업과 생산성 격차가 크게 벌어질 수밖에 없는 이유다.

그렇다면 왜 중소기업은 대기업의 부당한 요구를 수용할 수밖에 없는가? 그건 모기업인 대기업이 중소기업 판로의 대부분을 차지하기 때문이다. 중소기업중앙회 통계를 보면 대기업에 납품하는 중소기업은 2008년 평균 9.8개의 기업과 거래를 하고 있는데, 그중 1개의 모기업과 거래를 하는 기업이 14.1%, 2~5개의 기업과 거래를 하는 기업이 37.9%를 차지하고 있다. 사정이 이렇다 보니 규모가 작은 소기업일수록 더욱 납품단가 인하 압박이 심하고 생산성이 낮으며 고용이 불안정하고 임금지불능력이 낮을 수밖에 없다. 한마디로 말해 대기업의 "불만 있으면 그만두라"는 말에 울며 겨자 먹기로 순응하는 것이다. 하도급 기업 가운데 거래선을 다변화한 곳이 특정 고객업체에 전속된 곳보다 혁신적인 것으로 나타나는 이유가 바로 여기에 있다(홍장표, 2006). 거래선을 다변화한 하도급 기업은 한 개의 대기업과만 거래하는 전속기업에 비해 모기업과의 관계에서 보다 대등한 관계에 놓일 가능성이 크고, 그러한 관계는 납품단가에 반영되어 괜찮은 영업실적을 올리는 데 도움이 되며, 이는 기술이나 경영혁신에 투자할 여력을 높여준다.

과거에는 대기업과 중소기업 간의 관계가 지금처럼 일방적이지는 않았다. 적어도 외환위기 전에는 대기업이 하도급 업체인 중소기업을 비용 절감과 유연성 확보를 위해 활용한 측면도 있었지만, 한편으로는 기술지원 등을 통해 중소기업을 보호·육성해왔다. 다시 말해 수출재벌 중심의 경제성장 과정 속에서도 대-중소기업간 협력관계가 존재했던 것이다. 그러나 외환위기 이후 위탁기업이 수탁기업에게 해왔던 각종 기술지원, 설비지원, 원자재제공 등의 '지원사항'은 감소했고, 앞에서 언급한 '애로사항'은 급증했다(조성재, 2005). 이는 급변하는 세계 시장에서 글로벌 플레이어인 대기업이 감당해야 할 리스크를 수급업체에게 떠넘긴 것이나 다름없는 일이다. 이런 상황에 처한 중소기업들은 재하청 내지는 저임금-비정규직 고용을 늘리는 것으로 대응하게 된다. 이와 같은 연쇄반응은 중소기업의 임금수준이 외환위기 전에는 대기업의 77% 정도를 유지하다가 외환위기 이후 급속도로 낮아지는 현상에서 능히 유추

할 수 있다.

더 큰 문제는 이런 경향이 제조업에서만 발견되는 것이 아니라는 점이다. 전통적인 중화학공업이나 건설업뿐 아니라 IT산업, 소프트웨어산업, 방송콘텐츠산업 등에서도 중층화된 하도급 거래가 광범하게 확산되어 있다. 이런 영역에 속하는 하청, 재하청 중소기업은 아무리 열심히 제품을 만들어 납품을 해도 영세함을 벗어나기 어렵다. 이처럼 하도급을 통한 납품단가 인하와 같은 반칙이 산업 전반에 퍼져 시장생태계 전체를 병들게 하는 주요 원인으로 작용하고 있는 것이다.

대기업의 또다른 반칙은 중소기업이 잘하고 있는 영역을 자신의 막강한 자금력과 마케팅 능력을 동원해서 그 시장을 빼앗는 행위다. 전자는 중소기업의 수요층이 대기업인 경우였고, 후자는 중소기업의 수요층이 일반 소비자인 경우에 해당한다. 중소기업이 수년간 각고의 노력으로 제품을 개발하고 시장을 개척해서 어느 정도 안정단계에 이르면, 대기업이 진출해 그 시장을 석권해버리는 식이다. 대기업 스스로 새로운 기술로 국내든 해외든 새로운 시장을 개척하는 기업가정신을 발휘하는 것이 아니라, 돈이 된다 싶으니까 남이 다져놓은 자리를 약탈해가는 반칙인 것이다. 그런 상황은 아래의 기사에서도 잘 드러난다.

한방샴푸를 제조해서 판매하는 두리화장품의 이병수 사장이 직원 4명과 1998년 설립한 이 회사는 은행 대출금 1억5천만 원으로 시작했다. 대출금과 자기 돈을 까먹으면서 4년간 연구한 끝에 현재의 한방샴푸를 개발했다. (…) 두리화장품의 성공은 중소기업이 기술력을 갖추면 시장에서 인정받을 수 있다는 것을 보여준다. 하지만 조혜경 상무는 손사래를 친다. 그는 "중소기업이 시장을 키우면 대기업이 뛰어들어 막강한 마케팅 능력을 동원해 빼앗아간다"며 "대기업이 진출하면 시장이 커지는 측면도 있지만, 오히려 막대한 돈과 유통 채널을 동원해 시장을 휩쓸기 때문에 중소기업의 생존이 위험해지는 경우가 많다"고 말했다. (…) 대기업과의 경쟁에서 어려운 점 중 하나는 판로 확보다. 대기업은 대형마트에 납품하면서 다른 제품을 끼워팔거나 상대적으로 낮은 마진율을 감수하고, 대형마트는 이를 이유로 중소기업에도 더 낮은 가격으로 제품을 들여놓기를 강요하기 때문이다.(『한겨레21』, 「중소기업 일군 밭에서 대기업 포식한다」, 2010. 7. 9. 제818호)

이와 같은 상황은 다른 영역에도 마찬가지다. 위 기사에 따르면, 최근에는 막걸리·상조업 등에도 대기업이 진출하고 있다고 한다. 이를 제어하기 위해서 중소기업은 해당 정부기관에게 대기업이 중소기업 시장에 뛰어드는 것을 막아달라는 '사업조정 신청'을 내지만 그것이 잘 안 받아들여진다고 한다.

이처럼 시장이라는 생태계가 피폐해지는 원인에는 중소기업에 대한 대기업의 반칙이 크게 자리하고 있다. 이로 인해 소기업에서 중기업, 중기업에서 중견기업, 중견기업에서 대기업으로 발전하는 동태적 발전현상이 눈에 띄게 둔화되는 것이다.

불합리한 고용구조와 임금구조

합리적인 임금구조란 다른 무엇보다 생산성 혹은 숙련도가 임금에 가장 큰 영향을 미치는 임금구조를 말한다. 출발이 평등하다면 열심히 일한 사람 혹은 보다 기술력이 있는 사람이 자신이 한 노력과 기여에 비례해서 많은 소득을 얻는 것이 당연하다. 이런 '정당한 차별'은 노동자들로 하여금 기능을 향상시키기 위해서 더 노력하고 직무에 몰입하게 만든다. 반면에 임금이 생산성보다 근속연수 위주로 결정되면, 즉 오래 근무한 사람일수록 더 많은 임금을 받는다면 노동자들은 자신의 기능을 향상시키기 위해서 노력하지 않게 되고, 기업은 근로자의 근속연수가 오래될수록 생산성을 훨씬 웃도는 임금부담에 시달리게 된다.

안정성과 임금은 어떤 관계에 있는 것이 합리적이라 할 수 있을까? 다른 조건, 예를 들어 기술력이 동등하다면 안정성과 임금은 반비례하는 것이 합리적이다. '안정성-보다 낮은 임금, 불안정성-보다 높은 임금' 구조가 맞다는 것이다. 동일 수준의 기술력을 갖춘 사람에겐 불안정한 비정규직이 안정된 정규직보다 더 많은 임금을 받아야 한다. 비정규직은 계약 만료 후 다시 직장을 찾아야 하는 부담이 있기 때문이다. 요약하면 합리적인 임금구조는 임금이 소속(정규직/비정규직)이나 근속연수에 따라 결정되는 것이 아니라 생산성에 따라 결정되는 구조, 고용이 불안정한 경우에는 안정된 경우보다 임금이 좀더 높아지는 구조를 말한다.

한편 우리는 고용의 안정성, 즉 정규직/비정규직의 비율을 어떻게 하는 것이 적절할지 기업의 입장에서 전향적으로 고민해볼 필요가 있다. 오늘날의 기업은 글로벌 경쟁이 치열해지는 동시에 상품과 기술주기가 점점 짧아지고 있는 환경에 처해 있기 때문에 이윤이 되는 사업으로 전환하기 위한 상시적 구조조정을 해야만 한다. 이런 면에서 보면 노동의 유연성은 '선택'이 아니라 '필수'다.

일자리 측면에서 보더라도 노동의 유연성이 필요하다는 것을 알 수 있다. 원론적으로 보더라도 노동의 유연성이 더 많은 고용을 창출하기 때문이다. 예를 들어 평소 50명을 고용하다가 경기가 나빠지면 25명만 고용하려는 어떤 기업을 가정해보자. 기업은 현재뿐만 아니라 장차 발생할 모든 이익과 비용을 감안하여 고용을 결정한다. 그런데 만약 절차가 복잡하고 요건이 까다로워서 해고가 몹시 어렵다면 이 기업은 평소에 50명을 고용하지 않고 그보다 적은 인력만 고용하려 할 것이다. 그렇게 하는 편이 언제 찾아올지 모르는 불경기에 효과적으로 대비할 수 있기 때문이다. 호황일 때에는 기존 인력으로 초과근무를 시키거나 더 많은 기계를 사용하면 그리 문제될 것이 없기 때문에 적극적으로 고용을 늘리지도 않을 것이다. 결국 기업은 노동시장이 유연할 때보다 경직될 때 고용에 더 인색할 수밖에 없다.

그러나 기업 입장에서도 노동의 유연성을 지나치게 적용하면 노동자의 기술축적이 어렵고, 기업에 대한 충성심이 약해지기 때문에 유연성을 적용하는 것은 적정 수준에 머물 필요가 있다. 그리고 노동의 유연성은 기업의 해고의 자유를 의미하는 '수량적 유연성'만 있는 것이 아니라 인력을 재배치하는 '기능적 유연성'도 있다는 것을 유념할 필요가 있다. 따라서 기업은 기능적 유연성을 먼저 적용하고, 그것으로 되지 않는 것에 수량적 유연성을 적용해야 한다.

반면 노동은 기업의 입장과는 반대다. 상품과 기술주기가 빨라지는 시대의 급변성은 노동의 안정 희구 경향을 증가시킨다. 세상의 변화가 너무 빨라 미래가 불투명할수록 대부분의 노동자가 다른 변수가 없는 한 한 직장에서 오래 근무하고 싶어 한다. 이런 사정을 감안할 때 정규직과 비정규직의 적정 비율을 일률적으로 정할 순 없지만, 앞에서 예시한 것처럼 기업이 불경기에 고용할 수 있는 인원을 정규직으로 하는 것이 적절하다고 할 수 있다.

이런 관점에서 한국 사회의 고용구조와 임금구조를 살펴보자.

한국의 정규직은 비정규직보다 2배 이상의 임금을 받아갈 뿐만 아니라 안정성도 누리고 있다. 정규직은 성城 안의 사람이고, 비정규직은 성 밖의 사람이다. 성 안은 따뜻한 봄날인데, 성 밖은 혹한의 겨울이다.

이런 경향은 GDP 대비 연간급여의 변화에서도 그대로 나타난다. 2000년 이후 일본은 500인 이상 대기업의 임금이 1인당 GDP의 1.5배를 계속 유지하고 있고, 미국은 500인 이상 대기업의 연간급여가 1인당 GDP의 1배를 유지하고 있다. 이에 비해 한국 대기업의 임금 수준은 1.88배(1997년)→2.01배(1999년)→ 2.09배(2002년)→2.21배(2004년)→2.23배(2007년)이다. 즉, 한국 대기업의 연간급여가 4000만 원을 훨씬 초과한다는 것이다. 반면 대한민국 비정규직의 임금은 1인당 GDP, 즉 2000만 원에도 못 미친다.(중소기업중앙회가 발간하는『해외중소기업현황』과『중소기업현황』의 해당 연도 참조.) 대한민국 대기업 정규직의 임금이 경제수준에 비해서 미국과 일본보다도 높고, 비정규직과의 격차도 계속 벌어지고 있는 것이다.

그리고 한국 사회의 임금책정 기준은 숙련도나 생산성보다 근속연수가 더 중요한 고려사항이기 때문에 근속연수가 오래되면 될수록 생산성과 임금의 괴리가 커지게 되는 불합리함이 발생할 수밖에 없는 구조다.

이러한 불합리한 고용구조와 임금구조는 시장생태계를 교란시킨다. 대기업은 뿌리치기 어려운 정규직 노동자들의 끊임없는 처우개선 요구와 생산성과 임금의 괴리가 커지는 문제를 정규직을 줄이고 비정규직과 하청을 늘리는 것으로, 더 나아가서 하청업체의 납품단가를 부당하게 인하하는 방식으로 대처한다. 다시 말해 중소기업에 대한 대기업의 반칙과 대기업의 고용흡수력이 계속 저하되는 것은 기업 자체의 문제이기도 하지만, 대기업 정규직 노동에서 비롯된 것이기도 하다는 말이다.

표 3-33 제조 대기업의 노동소득분배율 추이 (단위 : %)

연도	1992	1996	2001	2003	2004	2005	2006	2007	2008
노동소득분배율	49.7	48.3	46.1	40.4	35.0	37.6	39.4	40.93	39.53

자료 : 한국은행, 『기업경영분석』 각년

이는 결국 불합리한 고용구조와 임금구조가 시장생태계 전체를 병들게 하는 데 일조하고 있다는 뜻이다.

여기에 첨언할 것은 대기업이 정규직의 임금 증가에 대한 압력 이상으로 고용을 축소하고 외주를 확대하고 있다는 점이다. 이는 대기업 노동자들의 1인당 인건비가 어떻게 보면 비정상적으로 상승함에도 불구하고 노동소득분배율이 계속적으로 하락하는 데서 알 수 있다. 〈표 3-33〉에서 보듯이, 대기업 정규직 노동의 임금이 비정상적으로 높아지면 결국 '기업이 창출한 부가가치 중에서 노동에 배분된 몫'을 의미하는 노동소득분배율도 따라서 높아지는 것이 정상인데, 오히려 줄어들었다. 이는 대기업이 임금상승에 대한 압력 '이상으로' 정규직 고용을 축소하고 비정규직이나 외주를 확대했다는 의미다.

그러나 달리 생각해보면 비정규직 고용 확대와 하청업체에 대한 리스크 전가는 대기업 입장에서는 뿌리치기 어려운 유혹일 수 있다. 외부에 광범한 저임금 노동자층이 존재한다는 것은 비용을 절감할 수 있는 놓치기 아까운 기회이기 때문이다. 하지만 대기업의 우월적 지위를 이용한 외주하청의 중층적 확대는 결국 고생산성-고임금 노동자는 줄이고, 저생산성-저임금 노동자는 늘리는 결과를 낳는다. 게다가 구매력이 약한 저생산성-저임금 노동자가 늘어나면 자연스럽게 내수가 위축되고, 이는 결국 대기업에게도 심각한 손해를 끼치게 된다.

시장생태계 파괴의 근인近因을 정리해보자면, 대기업은 중소기업에 대한 우월적 지위를 이용하여 대기업 정규직의 불합리한 임금구조와 고용의 경직성에서 기인하는 부담, 그리고 글로벌 플레이어로서의 위험 부담을 중소기업인 하청업체에 떠넘긴다. 대기업으로부터 갖가지 부담을 떠안은 하청 중소기업은 투자율 및 이윤율이 하락하고, 임금지불능력이 떨어지기 때문에 저임금의 비정규직을 고용할 수밖에 없다. 또한 대기업은 중소기업이 일궈놓은 시장을 자신의 자금력과 마케팅능력을 가지고 빼앗는 반칙도 행하는데, 이것 역시도 중소기업의 생존을 어렵게 할 뿐만 아니라 중견기업을 넘어 대기업으로 성장하지 못하게 하는 원인이 된다. 바로 이와 같은 반칙이 고용이 양극화되고, 대기업의 고용흡수력이 저하되며, 수출 대기업과 내수 중소기업이 양극화되고, '중소기업의 낮은 임금지불능력→저임금→내수 위축'이라는 메커니즘의 직접적인 원인이 된다. 또한 대기업과 중소기업의 분업 연관고리가 약해져서 대기업의 성과가 중소기업에까지 이어지는 낙수효과trickle-down effects도 크게 반감된다.

아울러 중소기업 부실화는 결국 대기업이 원하는 수준의 핵심부품 생산을 어렵게 하여 대기업으로 하여금 기술경쟁력이 있는 일본 등의 선진국에 더 많이 의존하게 하고, 범용부품은 가격경쟁력이 있는 중국/동남아에 의존하게 만든다. 이런 면은 한국은행(2010)이 발표한 「산업연관표」에서도 확인된다. 2000년 이후 한국은 수출에 의한 수입 유발이 지속적으로 확대되고(2000년 0.367→2005년 0.383→2007년 0.400→2008년 0.467) 있고, 수출에 의한 부가가치유발계수도 지속적으로 하락(2000년 0.633→2005년 0.617→2006년 0.609→2007년 0.600→2008년 0.533)했는데, 이는 수출을 하면 할수록 수입에 더 많이 의존한다는 것을 의미한다. 다시 설명하자면 1000원짜리 상품을 생산

그림 3-22 시장생태계 피폐화의 원인과 결과

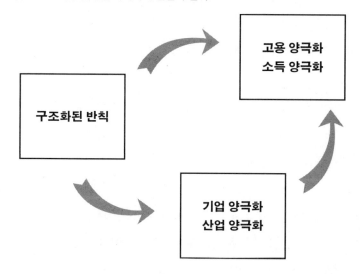

하는 데 직간접적으로 투입되는 수입중간재가 2000년에는 367원이었던 것이 2008년에는 467원으로 급격하게 상승했다는 것이다. 이렇게 계속 수입유발계수가 증가하면 사실상 '국산'이라고 하기 어려울 정도가 되는데, 이렇게 된 중요한 까닭은 부품·소재를 생산하는 중소기업이 보조를 맞추지 못하는 데 있다. 그렇기 때문에 대기업 수출의 핵심부품 및 범용부품의 해외의존도가 점점 높아지는 것이다.

이런 상황에서 사회자본이라고 하는 '신뢰'는 어떻게 될까? 점점 설자리를 잃을 수밖에 없고, 사회통합의 가능성도 점점 희박해질 것이다. 결론적으로 이러한 기업·산업·고용·소득의 양극화는 신자유주의 때문이라기보다는 경쟁과정의 반칙 때문이라는 것이 더 적확한 표현이다.

(2) 시장생태계 피폐화의 원인(遠因)

한편 시장생태계 피폐화는 공정국가의 또다른 원칙, 즉 기회균등 원칙과 불로소득 환수의 원칙이 제대로 지켜지지 않기 때문이기도 한데, 이 것은 직접적인 원인原因이라기보다는 중소기업과 대기업, 정규직과 비 정규직 간 격차와 갈등의 폭과 깊이를 결정하는 원인遠因이라고 할 수 있다.

먼저 기회균등 원칙이 적용되지 않는 것이 시장생태계를 어떻게 병들 게 하는지 살펴보자. 앞서 보았듯이, 한국은 패자부활전을 위한 프로그 램이 턱없이 부족하다. 예컨대 실직한 노동자는 다시 경쟁을 준비할 수 있는 조건이 너무나 부족하기 때문에 직업적 전문성과 무관한 '떠밀린 창업'을 하게 되고, 결과적으로 나쁜 일자리가 급속하게 증가하는 것이 다. 그렇게 미용실·음식점 등 생계형 서비스업에 뛰어든 이들 중의 상당 수는 과당경쟁에 내몰려 겨우 밥만 먹고사는 신세로 전락하는 것이 오 늘의 현실이다.

또한 매우 부실한 사회안전망은 대기업 노조가 전투적 조합주의라는 성격을 띠는 원인이 된다는 점도 인식할 필요가 있다. '퇴출되면 죽음'이 라는 인식은 결국 비정규직에 대한 연대의식이 아니라 대기업 정규직으 로 있을 때 더 많이 챙겨야 한다는 조직이기주의로 기울게 만든다. 더 심 각한 문제는 전투적 조합주의로 인해 대기업 노동과 중소기업 노동의 임금격차가 더 벌어지면 이는 다시 대기업의 정규직 고용의지를 위축시 키고, 다시 말해 대기업의 고용흡수력이 저하되고, 정규직 노동과 비정 규직 노동의 임금격차를 더 크게 만드는 요인으로 작동한다는 것이다. 그뿐 아니라 따뜻한 성城 안으로 들어오려는 비정규직의 투쟁도 훨씬 과격해질 수밖에 없다. 기업의 구조조정에 의해서 해고를 당한다고 하 더라도 사회안전망이 잘 마련돼 있다면, 더불어 임금체계도 고용의 안정 성과 임금이 반비례하고 대기업과 중소기업 노동자의 임금격차도 크지 않다면 대기업 노조의 조직이기주의에 기댄 전투적 조합주의와 비정규직의 피눈물 나는 투쟁이 지금처럼 계속될까? 필자는 현저하게 줄어들 것이라고 생각한다.

한편 불로소득 환수와 시장생태계는 무슨 상관이 있을까?

반복되는 얘기지만, 주식 불로소득의 사유화로 인한 주주 중심의 경영이 '과감한 투자'보다는 비용을 낮추기에 가장 만만한 비정규직 채용이나 하청 기업에 대한 비용 전가를 가져오므로, 시장생태계를 악화시킬 것은 불문가지다. 토지 불로소득 역시, 기업들이 열심히 기술개발하고 생산성을 높이기보다는 가격이 급등한 부동산을 처분해서 불로소득을 얻는 데 더 눈길이 가도록 만들기 마련이다. 특히 한국적 상황에서 오너인 중소기업 경영자 같은 경우에는 열심히 기술개발해서 양질의 부품을 공급하는 것보다 적당히 몇 년 기업 운영하다가 안 되면 공장부지나 회사 건물을 매각해서 불로소득을 노리는 것이 더 현명한 판단인지 모른다. 그렇기 때문에 회사는 망해도 사장은 망하지 않는다는 말이 나오는 것이다. 그리고 토지 불로소득의 사유화는 토지투기로 인한 집값 상승을 초래하기 때문에 임금노동자들, 특히 노조가 활성화되어 있는 대기업 임금노동자들의 무리한 임금상승의 원인이 되기도 하는데, 이런 사실은 소득 대비 집값이 다른 나라보다 높다는 데서도 잘 나타난다(〈그림 3-24〉 참조).

결과적으로 토지 불로소득이 '높은 주택가격→정규직 노동자들의 무리한 임금상승→대기업의 고용의지 위축 및 하청기업에 대한 착취 심화→하청기업의 생산성 하락 및 임금지불능력 하락→고임금-고생산성 고용 축소와 저임금-저생산성 고용 증가'라는 메커니즘의 주요한 원인임을 알 수 있다. 마찬가지로 '토지 투기→고高지가→신규 창업 제약→

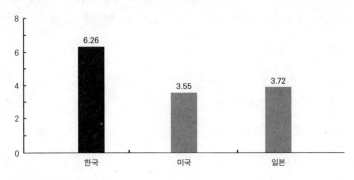

그림 3-23 한국·미국·일본의 소득대비주택가격 (2008년)

자료: 『한겨레』, 2010.4.24

일자리 축소'도 야기한다. 토지 불로소득을 사유화하는 이런 시스템에서는 금융기관도 기술력이나 경영능력보다 토지담보능력을 신용공급의 기준으로 볼 텐데, 이것 역시 신규 창업의 장애물이 된다. 그뿐 아니라 토지 불로소득의 사유화는 퇴출도 어렵게 만든다. 시장이 건강하려면 기술력이나 경영능력이 되지 않는 기업은 시장에서 신속하게 퇴출되어야 한다. 그러나 기술력이나 경영능력이 안 되도 토지투기를 통해 불로소득을 누릴 수 있으면 시장에서 퇴출되지 않아도 된다. 하지만 토지 불로소득이 환수되면 고高지가는 사라지고 금융기관은 기술력이나 경영능력이 신용공급의 중요한 기준이 될 것이다. 그리고 기술력이 시원찮은 회사는 퇴출되고, 새로운 아이디어를 가진 회사가 신규로 진입하여 시장이 아주 역동적인 모습을 띨 것이다. 이렇게 되면 일자리는 지금보다 훨씬 늘어날 것이고, 노동은 한층 여유를 가질 수 있게 되며, 결과적으로 노사간의 갈등은 크게 완화될 것이고, 노사갈등으로 인한 시장생태계 교란도 크게 시정될 것이다.

이와 같이 한국의 시장생태계가 피폐화된 까닭은 보수가 생각하듯이 국가가 시장에 깊게 개입해서도 아니고, 세금을 많이 거둬서도 아니다. 또한 진보가 생각하듯이 시장원리가 과잉 적용되어서도 아니다. 그 원인은 진정한 진보와 양식 있는 보수 모두가 거부하는 '반칙'에서 비롯된 것이다. 그리고 그 반칙은 진보가 옹호하는 노동 속에도 있고, 보수가 중시하는 기업 속에도 있다. 따라서 피폐화된 시장생태계를 건강하게 만들 수 있는 국가 역할의 방향은 기업과 노동 각각에서 구조화된 반칙을 제거하고, 기회균등 원칙과 불로소득 환수의 원칙을 구현하는 일이라 할 수 있다.

한국이
공정국가에
이르는 방법

모든 것은 모든 것과 연결되어 있다. 그러므로 사고는 근본적이어야 하고, 처방은 체계적이고 종합적이어야 한다. 필자가 '공정성'이라는 새로운 가치를 제시·정립하고, 그 가치로부터 기회균등의 원칙, 자유경쟁의 원칙, 불로소득 환수의 원칙을 도출한 후, 그 안경을 끼고 한국 사회와 경제를 들여다본 까닭이 바로 여기에 있었다. 4장에서는 이 3원칙을 세우기 위해서 국가가 구체적으로 어떤 역할을 해야 하는지, 그리고 그렇게 하면 어떤 결과가 나타나는지 살펴보도록 하겠다.

1. 조세제도: 불로소득 환수와 노력소득 보장

바람직한 조세의 3원칙(공평의 원칙, 경제성의 원칙, 세무행정상의 원칙)에 가장 잘 부합하는 건 바로 토지와 주식에서 발생하는 불로소득에 과세하는 것이다. 따라서 대한민국의 조세제도 개편의 대원칙은 조세의 무게중심을 토지 불로소득과 주식 불로소득 환수로 옮기는 것이다. 다시 말해 불로소득에 대한 세부담은 높이면서 노력소득에 대한 세부담은 낮추는 것인데, 동시에 진행한다는 의미에서 '패키지형 세제개편'이라고 부른다.

패키지형 세제개편이 다른 대안, 예컨대 보수에서 주장하는 (무차별적인) 감세와 진보에서 주장하는 (무차별적인) 증세와의 차이점은 기회균등의 원리와 자유경쟁의 원리 구현에 두루 긍정적인 효과를 발휘한다는 점이다. 진보의 증세 방식은 자유경쟁에 부담을 주고, 보수의 감세 방식은 기회불균등을 심화시키는데, 패키지형 세제개편은 이 문제들을 동시에 해결한다. 레이건과 대처, 그리고 부시 정부의 경험이 보여주듯 이 무차별적인 감세정책의 효과가 크다는 공급중시 경제학자들의 주장은 설득력이 떨어지는 게 사실이다. 이 정책은 빈부격차를 심화시키고 실업문제 해결에도 그리 도움이 되지 않았으며, 그들의 주장과 달리 오히려 사회정책의 부담만 가중시켰다. 쉽게 말해 국가가 돌봐야 할 국민들의 수가 더 늘어났다는 이야기다. 그리고 '무차별적인 증세'도 비효율을 초래할 수 있다는 점을 부인하기 어렵고, 이런 점은 사회정책의 부담으로 이어지기 십상이다. 열심히 노력한 사람일수록 더 많은 세금을 걷겠다고 하면 근로의욕이 떨어지는 것은 당연하다. 아무리 복지정책을 정교하게 짜도 복지의 확대가 가져오는 도덕적 해이가 생기는 것을 막기는 어렵다.

그러나 패키지형 세제개편은 자유경쟁의 원리가 더 잘 구현되도록 뒷받침해 그 결과로 투자 활성화 및 양질의 일자리 창출을 유도하여 기회균등의 원리인 사회정책에 대한 부담을 줄여주면서 사회정책의 재원을 마련해준다. 한마디로 패키지형 세제개편은 경제도 활성화시켜서 복지의 필요성을 줄여주는 동시에 복지비용을 안정적으로 확보할 수 있는 일거삼득一擧三得의 방안이라 할 수 있다. 이제 그 패키지형 세제개편을 설계해보고, 그것의 효과를 알아보도록 하자.

1) 토지 불로소득 환수 방안과 효과

토지 불로소득 환수 방안의 기본 원칙은 토지를 소유·사용하는 사람은 토지가치에 비례해서 사용료를 납부하게 하고, 그 대신 경제에 부담을 주는 다른 세금들은 감면하는 것이다. 여기에는 3가지 원칙이 있다. 첫째는 건물이 아니라 토지에, 둘째는 거래가 아니라 보유에 세금을 부과하는 것이고, 셋째는 토지세를 올리는 만큼 여타 세금을 감면하는 것이다.

　토지 불로소득을 완전히 환수하는 방안에는 지대조세제와 지대이자차액세제가 있다. 지대조세제는 지대를 100% 조세로 환수하는 방법이고 지대이자차액세제는 토지를 매입했을 때의 가격을 그대로 유지시키는 방법인데, 두 방법 모두 그만큼 다른 세금을 감면한다는 '패키지형'이라는 성격은 동일하다.

(1) 지대조세제 전략

1단계: 부동산 내에서의 세제개편

건물이 아니라 토지에 세금을 과세하기 위해서는 먼저 토지보유세·

양도소득세·개발이익환수금은 높이고, 건물분 재산세·거래세(취득세·등록세)는 낮춰야 한다. 토지보유세는 시장을 왜곡시키지 않는 가장 이상적인 세금인 동시에 토지에서 발생하는 불로소득을 환수하는 가장 좋은 정책 수단이다. 그러나 현재 한국의 토지와 건물을 합친 부동산보유세 실효세율은 선진국의 1/6~1/4밖에 되지 않는다. 과거 참여정부가 주택분에 한해서 보유세 실효세율을 2017년까지 0.61%로 올리겠다고 했지만, 그것도 선진국의 절반 수준밖에 안 되고 이마저도 이명박 정부는 포기해버렸다. 총조세(GDP) 대비 보유세 비중 역시 선진국의 1/2~1/3 정도밖에 되지 않는다. 따라서 토지보유세는 점진적이고 지속적으로 강화해야 할 것이다.

한편 토지보유세는 지가가 아니라 지대rent를 과세표준으로 삼아야 한다. 앞에서도 언급한 바 있듯이, 인간이 만든 재화의 가격은 '과거'에 투입한 비용을 중심으로 가격이 형성된다. 그렇기 때문에 투기가 일어나

표 4-1 부동산보유세 실효세율의 국제 비교 (단위 : %, 2005년)

국가	미국	영국	일본	캐나다	한국
세율	1.5	1.2	1.0	1.0	0.25~0.3

주 : 캐나다는 주택분 실효세율임.
자료 : 전강수·남기업·이태경·김수현(2008, 36쪽) 재인용

표 4-2 총조세(GDP) 대비 보유세 비중 (단위 : %, 2005년)

구분	한국[1]	미국	일본	영국	캐나다
총조세 대비 보유세 비중	4.6	10.5	7.3	9.1	8.1
GDP 대비 보유세 비중	1.0	2.9	2.0	3.3	2.7

주 : 1) 한국은 2007년 실징수액 기준.
자료 : OECD. 2007. *Revenue Statistics*

지 않고 시간이 지날수록 가격은 하락한다. 반면에 지가는 '미래'에 발생할 지대를 다 더한 값이기 때문에(지가=2010년의 지대+2011년의 지대+2012년의 지대+… 이 공식을 보면 매년 발생하는 지대에 대한 환수비율을 높이면 지가는 경향적으로 하락하게 되고, 지대를 모두 환수하면 이론적으로 지가는 '0'이 된다) 인간의 예측력을 생각한다면 매우 불안정할 수밖에 없다. 가령 어떤 지역의 개발계획이 발표되면 토지가치인 지대에 변동이 없는데도 지가가 폭등하는 것을 우리는 종종 경험한다. 다시 말해서 지대와 지가 사이에 엄청난 괴리가 발생한다는 것인데, 이런 상황에서 지대가 아니라 거품이 잔뜩 끼어 있는 지가를 과세표준으로 삼게 되면 불합리함이 발생한다. 따라서 당해 연도의 토지가치를 나타내는 지대를 과세표준으로 하는 것이 합리적이고 안정적이라 할 수 있다.

양도소득세는 토지보유세가 충분히 높아지기 전까지 유지시켜야 한다. 왜냐하면 토지보유세가 충분히 높아지기 전까지는 매매차익이라는 불로소득이 발생하기 때문이다. 그런데 토지보유세가 계속 강화되면 사용이 아니라 돈 벌 목적으로 사놓았던 부동산이 결국 시장에 나오기 때문에, 즉 수요보다 공급이 많아지기 때문에 가격이 하락하게 되어 양도소득세는 존재의의를 상실하게 된다.

개발이익 환수는 국지적인 개발, 즉 토지의 용도나 밀도 변경으로 생기는 불로소득을 환수하는 장치다. 토지보유세를 계속 강화하더라도 지대를 100% 환수하기 전까지는 국지적인 개발이 만들어내는 토지 불로소득 사유화는 막을 수 없다. 일반적으로 재개발이나 재건축을 하게 되면 토지 사용의 밀도가 높아지는데, 이 과정에서 발생하는 것이 '개발이익'이다. 개발이익은 토지 불로소득의 일종으로 이를 사유화하게 되면 지은 지 20년도 안 된 아파트를 허물어버리는 자원 낭비가 초래되고,

멀쩡한 산을 깎아서 개발하는 난개발·막개발과 같은 환경파괴가 일어난다. 예를 들어 아파트를 재건축할 때 정부가 용적률을 배로 늘려주면, 즉 같은 토지에서 더 많은 집을 지을 수 있도록 용도를 변경해주면 어떻게 될까? 그렇게 되면 기존에 아파트를 소유하고 있는 사람은 별 돈을 내지 않아도 새 집이 생기기 때문에 재건축은 신속하게 추신된다. 그러나 용적률 상향에 대한 개발이익을 환수하면 재개발은 신중해질 수밖에 없다. 그러므로 개발이익을 포괄적으로 환수할 수 있는 개발이익환수제를 도입해야 한다.

한편 보유세 강화를 토지세 중심으로 추진해야 하는 이유는, 건물과 토지의 보유세를 함께 강화하는 것에 비해 이 방식이 정의로울 뿐 아니라 효율적이기 때문이다. 정의롭다는 것은 천부자원인 토지에는 세율을 지속적으로 높여서 환수하고, 인간이 노력해서 만든 건물에는 세율을 낮춰서 더 많은 이익을 개인이 누릴 수 있게 해주기 때문이다. 또한 효율적이라는 것은 토지보유세를 강화하면 그렇지 않을 때보다 토지가 효율적으로 이용되고, 건물보유세를 인하하면 건물의 신축·개조 활동이 촉진되기 때문이다.

그러나 건물에 부과하는 세금을 내려야 한다는 데에는 의아해할 수 있으므로 이 부분에는 좀더 설명이 필요하겠다. 건물에 세금을 무겁게 부과하면 어떻게 될까? 건물 짓는 활동이 위축될 것이다. 건물을 짓는 이유는 건물을 통해서 이익을 얻기 위해서다. 그런데 그중에 일부를, 그것도 시간이 가면 갈수록 더욱 무겁게 부과하면 예상되는 이익이 줄어들기 때문에 건물을 짓는 활동은 위축된다. 바로 이런 이유 때문에 노벨경제학상 수상자 윌리엄 비크리William Vickrey가 "부동산 보유세는 최신의 세금 중 하나(토지보유세)와 최악의 세금 중 하나(건물보유세)가 결합

표 4-3 보유세 : 거래세 (단위 : %, 2005년)

구 분	한국	미국	일본	영국	캐나다
보유세 : 거래세	38.5 : 61.5	100 : 0	86.0 : 14.0	80.4 : 19.6	94.0 : 6.0

주 : 한국은 2007년임.
자료 : OECD. 2007. *Revenue Statistics*

된 세금"이라고 한 것이다(Vickrey, 2001).

이와 관련해서 미국 피츠버그의 경험을 눈여겨볼 필요가 있다. 피츠버그는 1979년을 전후하여 토지와 건물의 세율을 3:1, 곧이어 6:1로 차등 적용하는 개혁을 단행했다. 즉, 토지세는 높이고 건물세는 낮춘 것이다. 그 결과, 1979년을 전후하여 피츠버그 시는 건축 활동이 크게 활발해진 반면(70% 증가) 다른 도시들의 경우 건축 활동이 위축되었다(Robert V. Andelson ed, 2000, 171쪽). 이를 통해 우리는 토지세를 올리고 건물세를 낮추는 방안이 인위적인 건설 경기 부양이 아니라 자연스럽게 건설 경기를 활성화시킬 수 있다는 것을 알 수 있다.

다른 상품과 마찬가지로 토지거래도 활발한 것이 정상적이고 경제성장에 도움이 된다는 것은 두말할 나위가 없다. 토지가 불필요한 사람은 신속하게 처분하고 필요한 사람은 편하게 구입할 수 있어야 한다. 따라서 토지거래를 위축시키는 거래세는 없애는 것이 옳다. 그런데 한국의 부동산세는 보유세보다 거래세 비중이 더 높았다(〈표 4-3〉 참조).

요약하면 토지보유세는 지속적으로 강화하면서 거래세나 건물분 보유세 등은 감면하고, 양도소득세는 보유세가 어느 정도 궤도에 오를 때까지 한시적으로 두며, 개발이익 환수는 보다 포괄적으로 철저하게 환수하는 방향으로 제도를 개혁해야 한다.

2단계: 경제 전체에서의 세제개편

부동산 내에 머물렀던 세제개편의 범위를 경제 전체로 확대하는 것이다. 그 내용의 골간은 토지보유세를 계속 높이는 대신 부가가치세·법인세·근로소득세 등을 감면하는 것이다.

부가가치세는 결국 최종 소비자가 부담하는 세금으로 고소득층보다 저소득층이 소득에 비해서 더 많이 내는, 상품 단가를 높여 소비를 위축시키는 '나쁜 세금'에 속한다. 따라서 이 세금을 감면하면 상품단가가 내려가 소비가 증가하고 투자가 늘어나는 선순환이 일어난다. 법인세와 근로소득세도 근로의욕과 투자의욕을 저하시켜 경제에 부담을 준다는 측면에서 부가가치세와 마찬가지다. 물론 혹자는 "법인세의 거의 대부분을 대기업이 부담하고 있는데, 그걸 인하하면 결국 대기업만 좋은 거 아닌가?" 그리고 "근로소득세도 전체 근로자의 50% 정도만 부담하고 있기 때문에 이것을 감면하면 결국 고소득자들만 이익을 보는 거 아닌가?"라는 의문을 제기할 수 있다. 하지만 대기업이 엄청난 토지를 소유하고 있는 '대지주'라는 사실을 생각하면 이런 의혹은 해소될 것이다 (《표 4-4》 참조). 대지주인 대기업들은 법인세가 줄어드는 대신 그에 상응하는 토지세를 납부하게 되는 것인데, 이렇게 되면 토지투기와 같은 비생산활동은 중단되고 상품과 서비스를 만들어내는 생산활동은 더욱 활발해질 게 분명하다. 그리고 근로소득세를 많이 납부하는 사람일수록 고가의 주택이나 부동산을 소유할 가능성이 높다는 걸 생각하면 결국 이들도 토지세를 많이 납부하는 대신 근로소득세를 감면받게 되는 것이며, 이로써 이들의 근로의욕은 더욱 높아지는 긍정적인 효과가 나타날 것이다.

한편 토지세 부담을 강화할 때 업무용/비업무용을 구분해서 징수하

표 4-4 대기업의 부동산 보유현황 (2004년)

회사	삼성전자	롯데	현대자동차	(주)LG	(주)SK
부동산 소유 내역	18조 7,007억 원	9조 5,030억 원	8조 7,233억 원	6조 1,567억 원	5조 7,233억 원

자료 : 『국민일보』, 2008.9.25, 「대기업 부동산 평가의 콧노래」

는 것은 피해야 한다. 업무용이라고 해서 토지 불로소득이 발생하지 않는 것은 아니다. 만약 구분하여 징수하게 되면 토지 사용의 왜곡이 발생하기 쉽다. 예를 들어서 비업무용은 투기 목적이기 때문에 무거운 세금을 부과하고 업무용 토지에는 가벼운 세금을 부과하면 소유한 토지에다 사용도 하지 않을 허름한 가건물을 지어놓는 낭비가 발생한다. 이런 문제를 방지하기 위해서는 업무용/비업무용과 관계없이 토지세를 부담시켜야 할 것이다. 또한 토지보유세 강화에 따른 조세 저항을 줄이기 위해서 준조세 성격의 의료보험료나 국민연금을 감면하는 것도 적극 고려해볼 필요가 있다. 이렇게 하는 것이 기회균등의 원칙을 구현하는 재원은 토지를 비롯한 각종 불로소득이어야 한다는 앞의 주장에 부합하고, 토지보유세 강화의 필요성도 부각시킬 수 있을 것이다.

(2) 지대이자차액세제 전략

지대이자차액세제는 토지소유자가 토지를 매입하기 위해 지불한 금액에 대해서 소유권을 인정하는 또다른 패키지형 세제개편 전략이다. 지대조세제의 방법대로 지대를 100% 환수하면 지가가 '0'이 되므로, 토지사유제가 지속될 것이라고 가정하고 토지를 매입한 사람은 결국 원금을 날릴 뿐만 아니라 매년 지대를 납부해야 하는 손해를 본다고 할 수 있는 데 반해, 지대이자차액세제는 지대 중에서 매입지가의 이자를 초과하는 부분만, 즉 지대와 이자의 차액만 환수하는 방법이다. 토지가격은 항상 오른다고 하는 '토지신화'에 익숙한 한국 사회구성원들에게 지가地價가 고정된다는 것이 쉽게 이해하기 어려울 수 있어 좀더 자세히 설명해보자.

예를 들어, 매년 100만 원의 고정수익이 생기는 기계가 있다고 하고, 은행 이자율은 5%라고 가정하자. 그러면 이 기계의 가격은 얼마나 될까? 그것은 고정수익을 이자율로 나눈 결과에 의해 결정된다. 즉, 100만 원÷0.05=2000만 원이 되는 것이다. 마찬가지 원리로, 지대와 이자의 차액을 환수하는 지대이자차액세제를 적용하는 토지도 고정수익만 발생하기 때문에 지가가 고정된다. 예컨대 어떤 토지의 가격이 1억 원이라고 하고, 이자율이 5%라고 하자. 그리고 그 토지가치인 지대가 2010년 450만 원, 2011년 500만 원, 2012년 510만 원, 2013년 530만 원…… 이렇게 계속 상승한다고 하자. 이런 상태에서 지대에서 이자부분만을 빼고 환수한다는 것은 토지가격 1억 원에 대한 이자인 500만 원을 넘는 부분만 세금으로 환수한다는 것이다. 즉, 2012년 10만 원(510-500) 환수, 2013년 30만 원(530-500) 환수……. 이렇게 하면 그 토지에서는 앞으로 계속 500만 원의 고정수익밖에 발생하지 않기 때문에, 결국 그 토지의 가격은 1억 원(500/0.05=1억)으로 고정되는 것이다.

이러한 지대이자차액세제는 세 가지 장점이 있다. 첫째, 매입지가를 보장해주기 때문에 사유재산권 침해와 같은 논란을 미연에 방지할 수 있다. 물론 그렇게 한다 하더라도 정치적 반대가 있을 수 있지만, 반대하는 자들의 주된 논거가 사유재산권 침해, 원본 잠식이었다는 것을 생각하면 반대할 명분은 크게 줄어든다. 둘째, 양도소득세나 개발이익 환수와 같은 추가적인 제도적 장치들이 불필요하다는 점이다. 왜냐하면 국지적인 개발로 개발지역과 개발인근지역의 토지가치인 지대가 갑자기 높아지더라도, 이자 부분을 초과하는 지대를 환수하면 토지가격이 계속 고정될 수밖에 없기 때문이다. 이런 개발이익이 발생하면 토지를 소유한 사람은 그 전보다 많이 내고 사용하게 되는 것이다. 그리고 셋째, 점진적인 지대조세제와는 달리 실시 시점에서 토지투기가 완전히 근절된다는 점이다. 왜냐면 지가가 고정되어 불로소득을 기대할 수 없기 때문이다.

(3) 패키지형 세제개편의 효과

분배에 관한 효과

패키지형 세제개편이 진행되면 토지는 투기의 대상이 아니라 이용의 대상으로 전환된다. 왜냐하면 토지를 가지고 있기만 해서는 돈이 되지 않기 때문이다. 토지가치에 비례해서 세금을 내면서까지 토지를 방치할 사람은 없다. 돈을 벌려면 토지를 최선으로 사용해야 하고, 사용할 의사가 없으면 처분하게 된다. 개편 전에는 토지를 사용하지 않고 오히려 방치하는 것이 돈 버는 데 유리했지만, 개편 후에는 최선으로 사용해야만 돈을 벌 수 있다. 따라서 현재의 토지소유 편중도는 상당히 완화될 것이다.

그리고 위와 같은 세제개편을 단행하면 토지 불로소득 때문에 발생하는 빈부격차는 시정될 것으로 예상된다. 오늘날 빈부격차의 주된 원인이 부동산이라는 것을 생각하면 이는 엄청난 효과라고 생각된다.

생산에 관한 효과

불로소득의 기회가 많은 사회는 자금이 생산적인 부문보다는 불로소

표 4-5 국내순생산의 변화 : 1993년

구분	기존 조세체계(A)		개편된 조세체계(B)		B/A(%)
	NDP (십억 달러)	일인당 NDP(달러)	NDP (십억 달러)	일인당 NDP(달러)	
미국	5,495	20,894	7,097	26,986	129
캐나다	490	16,348	765	25,490	156
프랑스	952	16,409	1,831	31,575	192
독일	1,178	14,370	2,196	26,776	186
이탈리아	892	15,460	1,707	29,588	191
일본	2,134	17,071	3,669	29,355	172
영국	883	14,972	1,599	27,105	181

자료 : N. Tideman & F. Plassman(1998, p.147)

득이 가능한 데로 흘러들어가기 마련이다. 또 불로소득의 규모가 클 경우에는 열심히 일할 의욕이 줄어들고 절약하거나 저축할 생각도 사라지게 된다. 그러나 위의 개편을 실시하면 토지를 통한 불로소득 추구의 기회가 점점 봉쇄되므로 자금이 생산적인 부문으로 향하게 되고 근로의욕이나 저축의욕도 자연스럽게 높아지게 된다.

아울러 토지를 놀리거나 저사용underuse할 경우 손해가 되기 때문에, 한국 사회에서 흔히 볼 수 있는 현상, 즉 한때 화려했던 도시의 중심이 슬럼화되고 도시 외곽의 녹지가 무분별하게 잠식당하는 현상이 상당히 완화될 것이다. 그리고 과거에 건물을 소유한 사람들은 건물이 노후해도 건물이 입지하고 있는 토지의 위치가 좋아지면 수입의 규모가 자연스럽게 커지기 때문에 건물의 내부와 외부를 잘 관리할 필요가 적었지만, 토지 불로소득을 환수하면 이제는 돈을 버는 수입의 원천이 토지에서 건물로 이동하기 때문에 건물의 내부와 외부를 깨끗하게 관리할

표 4-6 초과부담의 감소와 저축률·자본스톡의 변화

구분	초과부담 감소		저축률(%)		자본스톡의 증가(%) (1993-1998)
	금액 (십억 달러)	대 NDP 비율 (%)	기존 조세체계	개편된 조세체계	
미국	784	14	3.4	8.2	31
캐나다	141	29	5.6	14.6	29
프랑스	457	48	7.2	18.8	31
독일	531	45	15.2	38.6	60
이탈리아	451	51	9.3	20.3	18
일본	699	33	19.6 ·	57.4	106
영국	352	40	3.8	10.0	19

자료 : N. Tideman & F. Plassman(1998, p.148)

수밖에 없게 된다. 이렇게 되면 도시의 외관도 상당히 좋아지게 된다.

마지막으로 '소비와 투자의 선순환'도 예상된다. 세제 개편이 창업을 활성화시켜서 일자리를 자연스럽게 증가시키고 토지가격의 경향적 하락으로 주택가격을 하향 안정화시키는데, 이것은 가계의 소득 증가와 주거비 하락으로 이어지기 때문에 가계의 소비 여력은 크게 증가된다. 이와 같은 소비 증가는 자연스럽게 투자 증가로 이어지고, 그것은 다시 소비 증가로 이어지는 선순환이 일어날 것이다.

그런데 여기서 한 가지 재미있는 것은 위와 같이 토지 불로소득을 환수하면 기존에 부동산 과다 보유자들의 수입은 계속 줄어들고, 즉 상위계층의 소득은 줄어들 확률이 높고 부동산 문제에 짓눌렸던 하위계층의 소득은 늘어나 국민경제를 건강하게 하는 데 크게 기여할 것이라는 점이다. 잘 알려진 것처럼 부동산을 과다하게 소유하고 있는 상위계층의 소비는 대개 해외 명품 등의 사치재 구입과 자녀들의 해외 유학 등에

집중된다. 그들의 소비는 내수를 확대시키기보다 수입import 확대를 통해서 국부를 해외로 이전하는 데 더 많이 기여한다. 그러나 소득이 이렇게 줄어들면 이들의 그런 소비행태는 건강하게 바뀔 것이고, 하위계층의 소득수준 향상은 내수를 진작시킴으로써 국민경제의 내용은 더욱 튼실해져 갈 것이다.

〈표 4-5〉는 패키지형 세제개편을 서방 선진국에 적용했을 때 예상되는 결과다. 〈표 4-5〉와 〈표 4-6〉에 따르면 G7 국가에서 패키지형 세제개편을 단행할 경우 국내순생산(NDP)이 작게는 29%, 많게는 92% 증가하며, 생산에 세금을 부과해서 발생하는 경제적 손실을 뜻하는 초과부담은 작게는 14%, 많게는 51% 감소할 것으로 전망되고 있다. 그리고 각 국가의 저축률도 크게 증가하며, 기계와 같은 장비를 의미하는 자본스톡은 세제개편 후 5년간 작게는 18%, 많게는 106% 증가할 것으로 예상되고 있다. 한마디로 말해 보수가 원하는 더 많은 성장, 더 많은 일자리, 더 빠른 생산성 증가와 함께 부동산으로 인한 빈부격차는 사라지는 것이다.

기업과 노동의 힘의 비대칭성 해소

기업의 협상력이 노동에 비해 압도적으로 높은 이유 중 하나는 양질의 일자리가 부족하기 때문이다. 일자리 구하기가 어렵다 보니 고용주에게 잘못 보이면 실업자 대열에 끼게 될지 모른다는 두려움이 고용주인 기업의 협상력을 높여주는 것이다. 그러나 토지 불로소득에 대한 환수를 강화하는 대신 다른 노력소득에 대한 세금을 감면하면 '토지 때문에 발생하는' 기업과 노동 간의 힘의 불균형은 완화될 것이다. 패키지형 세제개편은 투자를 촉진하여 일자리가 자연스럽게 늘어나기 때문에 실업에 대한 노동의 불안감은 상당히 해소되어, 노동의 힘은 자연스럽게 커지게 된다. 물론 노동의 힘이 기업의 힘과 대등할지 확언할 수는 없지만, 현재와 같은 극도의 비대칭성은 해소될 것이다. 따라서 기업과 노동 간의 힘의 불균형이 초래한 노사갈등, 비정규직 문제, 노동의 경영참여 문제 등도 해결의 실마리를 찾을 수 있을 것이다.

개발의 효율성과 민주성 증진

국가가 추진하는 개발 방식을 보면 공개적인 의견수렴을 거쳐서 결정되기보다, 기습적으로 발표하고 추진하는 경우가 거의 대부분이다. 이것은 국가가 비민주적이라서 그런 게 아니라, 공개적인 의견수렴을 거치는 과정에서 엄청난 토지투기가 일어나기 때문이다. 토지투기가 일어나면 국가의 토지매입이 매우 힘들어지고 개발도 순조롭게 진행되기 어려워지며 개발정보를 둘러싸고 각종 비리가 생기게 된다. 그러나 위와 같은 세제개편이 이뤄지면 토지보상비가 적게 들고, 개발이익은 환수되기 때문에 개발이익의 사유화가 초래하는 비리와 갈등은 사라지게 될 것이다. 국가는 개발계획을 사전에 충분히 공개하고 주민의 여론을 수렴하여 계획·집행할 수 있는 여유를 갖게 될 것이다. 한마디로 개발의 민주화가 이루어진다는 것이다.

한창 논쟁의 대상이 되었던 세종시 문제도 패키지형 세제개편이 실시되면 그것을 둘러싼 갈등도 그리 심하지 않았을 것이다. 세종시를 행정복합도시로 건설하는 데 반대하는 측은 수도분할 혹은 정부부처 이전으로 인한 행정 비효율 등을 반대근거로 내세우고 있지만, 그 이면에는 수도권이 누리고 있었던 토지 불로소득의 감소에 대한 염려가 있었을 것이다. 자신들이 소유하고 있는 집값·땅값이 떨어질 걱정 말이다.

충청권이 세종시 원안 추진을 강력히 요구하는 것도, 행정중심복합도시가 들어서면 그 지역 주민이 가진 토지가격이 폭등하여 불로소득을 누릴 수 있기 때문이다. 그런데 만약 토지 불로소득이 생기지 않으면 어떨까? 정부 부처를 세종시로 옮긴 결과로 서울과 수도권의 땅값이 낮아지더라도 별로 손해 볼 게 없고, 충청권에도 발생한 토지 불로소득을 환수한다면 세종시 원안 추진 문제를 보다 민주적으로 논의할 수 있게 된다. 결국 각종 개발에 관한 이해관계의 충돌과 대립이 토지 불로소득 환수로 인해서 방지되는 것이다.

부정부패 해소

각종 재개발이나 재건축에 조직폭력배가 동원되고 정치권에 엄청난 로비가 행해지는 근본 이유는, 무엇보다 막대한 '개발이익', 즉 토지 불로소득이 생기기 때문이다. 용도를 변경하는 행정절차를 통해서 땅값이 올라가고 그 오른 땅값을 토지 주인이나 재개발 시행사 혹은 시공사가 차지하는 한, 이런 부정부패는 근절되기가 불가능하다. 그러나 토지 불로소득의 완전 환수를 목표로 하는 패키지형 세제개편이 실행되면 부정부패라는 곰팡이가 자라는 환경인 토지 불로소득을 치워버리기 때문에 부정부패를 미연에 방지한다.

그리고 국가가 민간으로부터 사들인 토지를 다시 분양하지 않고 임대하는 공공토지임대제가 실시되면 토지 분양으로 발생하는 부정부패도 사라질 것이다. 지금까지는 분양받기만 하면 엄청난 돈을 벌 수 있었고, 이를 노린 문제가 많이 발생했는데, 그 소득의 원천인 토지 불로소득을 완전히 환수하기 때문에 이런 문제는 일어나지 않는다.(자세한 내용은 6장에서 언급되겠지만, 공정국가에 가장 부합하는 북한의 토지제도 개편 방향은 공공토지임대제다. 따라서 남한에 국공유지 비율을 높여서 임대제를 추진하는 것은 북한과의 통일을 염두에 둔 개혁조치라는 의미도 있다.)

2) 주식 불로소득 환수 방안과 예상 효과(주로 조복현, 2007, 327~329쪽에서)

은행 중심 시스템을 강조한다고 하더라도 주식시장의 순기능을 부정할 수는 없다. 기업공개나 유상증자를 통한 투자자금의 조달이 활발히 이루어져 기업이 투자자금을 은행에만 의존하지 않도록 하는 것에 유익이 크기 때문이다. 첫째 유익은, 기업의 투명성 제고다. 기업이 주식시장으로부터 자본을 조달받으려면 기업운영은 투명해야 한다. 그랬을 때 기업에 대한 신뢰도가 올라가고, 이는 그 기업의 주식가격 상승에 도움이 될 뿐만 아니라 유상증자를 통한 새로운 자본 조달에 유리할 수 있게 된다. 둘째는 기업의 투자 부담 경감이다. 은행에서 자금을 빌리면 원금과 이자를 갚아야 하지만, 기업 입장에서 주식은 원금과 이자에 대한 부담이 없다. 발행한 주식은 기업이 언젠가 갚아야 하는 채권이 아니기 때문이다. 다만 기업은 주식 소유자에게 일정한 배당금을 지불하고, 법적 절차에 따라 주주들을 경영에 참여시키면 되는 것이다. 실상이 이렇기 때문에 주식 불로소득에 대한 적절한 환수를 통해서 주식시장의 역기능은 막고 순기능은 극대화하는 방향으로 가야 하는데, 이를 위해서는 다음과 같이 세제가 개편되어야 한다.

첫째, 주식거래를 통해 벌어들인 매매차익인 자본이득, 즉 주식 불로소득에 대해 자본이득세를 부과함으로써 주식투자가 단기적 투기로 변질되는 것을 억제해야 한다. 물론 자본이득세 부과는 기간별로 차등세율을 적용해 장기보유를 유도하는 방향에서 설계되어야 할 것이다. 참고로 미국의 경우 1년 이하의 단기 보유에 대해서는 28%의 연방세를, 1년 초과 보유에 대해서는 15%의 연방세를 부과하고 있다. 이 외에도 주州에 따라 추가의 주세를 내야 한다. 영국의 경우도 자본이득 8200달러 이상에 대해서 10%, 20%, 40%의 차등세율이 적용되며, 보유 연수에 따라 과세표준이 달라진다.

둘째, 주식시장에서의 투기적 거래를 막기 위한 높은 거래세 부과도 필요하다. 거래세의 부과가 자본시장에서의 유동성을 손상시켜 투자를 저해할 수도 있기는 하나, 조세 부과로 인해 저해되는 유동성은 장기투자 성격의 유동성이 아니라 단기 차익을 노린 투기적 성격의 유동성이라는 점을 유념할 필요가 있다. 물론 거래세도 기간별로 차등 적용해야 할 것이다.

셋째, 주식시장에서의 과잉거래로 인한 거품형성 및 붕괴현상이 발생하는 것을 막기 위해서는 신용거래를 제한해야 한다. 자기자금으로 주식거래를 하는 것 외에 신용에 의한 차입거래는 과도한 투기적 거래와 단기 매매를 낳고 주가가 하락할 때 이를 가속화시키는 역할을 한다. 신용거래는 일반적으로 주가 상승시에 크게 늘어 주가폭등과 거품형성을 부추기는 역할을 한다. 주가가 상승하면 불로소득을 노리는 투기 심리가 작동해 돈을 빌려서라도 주식시장에 뛰어든다는 것이다. 그러다가 주가가 약간 하락하는 기미만 보이면 손해를 줄이려 가지고 있던 주식을 시장에 마구 쏟아내 주가가 급락하게 된다. 따라서 시장의 과열 및 급락을 막기 위해서는 신용거래를 제어하는 조치가 필요하다.

이렇게 주식 불로소득을 환수하고 과잉거래로 인한 거품형성 가능성을 낮추면 다음과 같은 긍정적 효과가 발생한다. 첫째, 금융자본의 투기적·단기적 성격은 투자적·장기적 성격으로 바뀌게 된다. 주식을 소유하려는 사람이 가장 눈여겨보는 점은 기업의 장기적 발전가능성이 될 것이다.

둘째, 주식의 투기적 거래가 초래한 주주이익 극대화 경영과 적대적 M&A가 억제됨에 따라 이런 요인들이 유발한 근시안적 경영과 내부유보율 증가로 인한 투자 위축, 비정규직 양산 등과 같은 현상들이 크게 완화될 것이다. 아무래도 주식투기가 기승을 부리면 적대적 M&A를 목적으로 하는 주가담합이 훨씬 쉽기 때문에 기업은 이를 방어하기 위해 비상시에 쓸 수 있는 자금을 늘 쌓아놓게 된다. 그런데 위와 같은 정책을 실행하면 적대적 M&A를 목적으로 하는 작전세력의 활동 가능성이 낮아지기 때문에 쌓아둔 자금의 상당부분이 고용을 유발하는 생산적인 투자로 전환될 수 있을 것이다.

셋째, 주주이익을 극대화하기 위해 경비절감 차원에서 추진되는 부당한 납품단가 인하 등과 같은 중소기업에 대한 대기업의 반칙과 인건비 절감을 위한 비정규직 고용이 억제될 것이다. 경영자 입장에서는 주가를 올리는 것도 경영권 보호의 중요한 수단이기 때문에 어떻게든 영업이익을 끌어올리기 위해 협력 중소기업을 착취한다든가 비정규직 고용을 늘리는 경우가 많은데, 위와 같은 개혁을 단행하면 그럴 가능성은 상당히 줄어들 것이다.

2. 사회제도: 균등한 기회 제공의 길

기회 균등을 구현하는 데는 두 가지 원칙이 필요하다.

하나는, 여기에 소요되는 재원을 불로소득에서 충당하는 것이다. '실질적' 기회균등에 대해서 보수가 반대하는 이유는 무엇보다 재원 조달

문제에 동의하지 않았기 때문이다. 그러나 기회균등에 소요되는 재원을 불로소득에서 충당한다고 하면 반대의 근거는 사라진다. 건강한 보수라면 동의하지 않을 수 없다.

또 하나는, 성장과 복지의 결합 차원에서 해야 한다는 것이다. 기회균등의 구현은 열악한 환경에 처해 있는 자들에게 돈을 주는 것이 아니라, 노동생산성을 증가시키는 차원과 사회적 서비스 제공(교육, 의료, 육아)을 늘리는 차원에서 구현되어야 한다. 예를 들어 한국에서 사회복지·보건의료·교육·환경·문화 등 사회서비스 부문의 고용 비중은 2007년 기준으로 13.8%인데, 이는 OECD 평균 21.3%에 크게 못 미친다. 반면에 일본은 17.0%, 독일은 24.1%, 미국은 25.1%, 영국은 28.0%, 스웨덴은 32.5%이다. 한국이 OECD 평균수준만 맞추더라도 사회서비스 분야에서 앞으로 170~180만 명의 일자리가 생긴다(『한겨레』, 2010.2.18). 이런 부분에 일자리를 늘리면 부모가 육아와 교육으로부터 좀더 자유로워지기 때문에 마음 놓고 직장에 열중할 수 있게 되고, 이는 노동생산성 향상에 크게 기여할 것이다.

1) 교육균등 실현과 예상 효과

국가가 교육균등을 실현해야 하는 이유는 출신과 관계없이 자신이 가진 재능을 능력으로 전환할 수 있는 기회를 충분히 주어야 평등한 출발이 가능하기 때문이다. 돈이 없어서, 열악한 환경에서 태어났기 때문에 공부를 할 수 없는 사회는 대단히 불행한 사회다. 출생을 한탄하는 사람이 많은 사회가 어찌 건강할 수 있겠는가.

그러므로 취학전 교육, 초등교육, 중등교육에 충분한 재정 지원을 하고 고등교육에 등록금 보조비율을 지속적으로 높여서 국가가 책임지고 고른 배움의 기회를 제공해야 한다. 물론 이것은 세칭 명문 대학이 주는 엄청난 프리미엄을 낮추는 정책과 병행되어야 한다. 그렇지 않으면 교육 균등을 구현한다고 해도 일류 대학을 가기 위한 치열한 경쟁은 수그러들지 않을 것이고, 결과적으로 국가의 재정투입은 밑 빠진 독에 물 붓기가 될 수 있다. 큰 배움을 의미하는 대학大學에는 학문에 대한 열정과 재능이 있는 사람들이 가야 한다. 지금처럼 공부에 흥미가 없는데도 학벌과 인맥을 쌓으려고 대학에 진학하는 것은 사회적 낭비다. 좋은 사회는 고등학교만 졸업해도 열심히 일하면 인간의 존엄성을 지킬 수 있는 수준 이상의 삶을 살 수 있는 사회다. 따라서 능력을 평가하는 지표에서 학력의 영향력은 낮춰야 하고, 대학의 서열화도 완화시킬 수 있는 구체적인 방안을 마련해야 한다.

그러나 국가가 고른 배움의 기회를 제공하는 것이 학생일 때에만 국한된다면 그것도 곤란하다. 역동적인 시장이 갖는 특징 중 하나는 변화의 속도가 매우 빠르다는 것이다. 이는 '사업 구조조정의 상시화'를 요구하는데, 이렇게 되면 실직자들이 생기게 마련이고 이들은 변화에 적응하기 위해서 새로운 기술을 익혀야 한다. 그런데 여기에 들어가는 비용을 개인이 부담한다면 평등한 출발이라는 공정성의 한 축은 무너지기 쉽다. 따라서 국가는 이들에게 직업 재교육의 기회를 적극적으로 제공해야 한다. 그래야 기회균등의 원칙이 지속적으로 지켜질 수 있다.

2) 의료균등 실현과 예상 효과

정신적·신체적 건강이 제대로 갖춰져 있을 때 평등한 출발이라는 것도 의미가 있다. 따라서 국가는 사회구성원 전체에게 저가·양질의 의료서비스를 제공해야 한다. 그러나 이러한 의료균등의 구현은 의료산업 발전과 함께하는 방향에서 방법을 모색해야 한다. 저가·양질의 의료서비스 제공도 좋지만, 지나치게 이 목적에만 집착하면 엄청난 고용과 부가가치를 창출하는 의료산업 및 의술 발달에 장애가 될 수 있다.

사실 모든 국가가 저가·양질의 의료서비스 제공과 의료산업 발전이라는 두 마리 토끼를 다 잡고 싶지만 그렇게 하지 못하는 까닭은 그 두 가지가 상충된다는 데 있다. 전국민에게 소득에 관계없이 저가·양질의 의료서비스를 제공하려면 결국 지금 한국에서 시행하고 있는 국민의료보험의 적용범위를 대폭 확대해야 한다. 그런데 이렇게 하면 의료산업은 필연적으로 위축될 수밖에 없다. 국민의료보험의 적용대상을 늘리려면 국가가 그만큼 다양한 의료행위에 개입하겠다는 뜻이다. 예를 들어 어떤 의료행위를 새롭게 의료보험 대상에 포함시키면 국가는 그 의료행위에 가격을 책정해야 한다. 책정된 가격 중에 일부를 환자가 부담하고 나머지는 국가가 부담해야 하기 때문이다. 그러면 국가가 그 가격을 책정할 때 그 의료행위의 시장가격에 가깝게 책정하려고 할까?

그렇지 않을 것이다. 국가는 예산 제약이 있기 때문에 웬만하면 가격을 낮추려고 할 것이다. 물론 가격 책정에는 약값도 들어가고 의료기기 가격도 들어간다. 따라서 이렇게 하면 의사가 의료기술을 연마할 인센티브가 줄어들게 되고, 제약회사도 약품개발에 소홀하게 되며, 의료기기의 질도 떨어지게 된다. 국민의료보험 적용대상이 되는 모든 의료행위와 관련 의료산업이 국가가 책정한 가격에 맞추게 되는 것이다. 뿐만 아니라 가격 결정을 둘러싸고 관계 부처와 의약품 제조회사 간에 갈등과 부패가 발생할 가능성이 커진다. 의사와 제약회사, 그리고 의료산업 종사자들이 인류애를 실현하기 위해서 일하는 것은 아니다. 이들에게도 더 열심히 일할 물질적 인센티브는 반드시 필요하다. 그리고 의료산업은 고부가가치 산업임과 동시에 엄청난 인력을 필요로 하는 사업임을 염두에 둘 필요가 있다.

그러면 반대로 국민의료보험의 적용범위를 축소하고 의료에도 시장원리를 강력하게 적용하면 어떻게 될까? 이것은 민간의료보험의 길을 열어주자는 것인데, 이렇게 하면 의료균등이라는 목표는 더더욱 멀어지게 된다. 의료산업이 미국처럼 발전하는 것은 좋지만, 만약 그렇게 된다면 한국도 마이클 무어 감독의 〈식코〉에 나오는 사람들처럼 아파도 병원에 가지 못하는 사람이 속출할 것이다.

그러면 어떻게 저가·양질의 의료서비스를 제공하는 것과 의료산업 발전이라는 두 마리의 토끼를 잡을 수 있을까? 다른 부분의 방안도 그렇지만 이 부분 역시 공정국가 구현 전반과 관련지어서 생각해야 한다. 의료균등도 공정국가 '전체' 속에서 보면 '부분'이기 때문이다. 다시 한 번 강조하지만, 공정국가의 특징이자 강점은 총체성에 있고 각 부분이 서로 연락하고 상합相合한다는 점이다.

이를 위해서는 첫째, 국민의료보험 재정의 상당부분을 불로소득에서 충당해야 한다. 그렇지 않고 노력소득에서 충당하는 방식을 고수하면서 의료보험 보장의 범위를 계속 확대하면, 보건의료 재정의 상황은 악화될 가능성이 매우 높다. 현재 한국은 보장범위 확대로 인한 의료수요의 폭발적 증가와 고령화 추세 그리고 국민 전체의 건강상태 악화 때문에 보건의료 재정의 건전성은 급속도로 나빠져 2009년까지 누적적자가 2조3000억 원이었고, 2010년 1월에만 무려 2000억 원의 적자를 기록했다(이은경, 2010, 39쪽). 그러나 노력소득의 충당비율은 줄이면서 불로소득 충당비율을 높이면 이런 경향은 억제될 수 있다. 왜냐하면 앞에서 살펴보았듯이 이는 두 가지 효과를 동시에 낳기 때문이다. 먼저 불로소득 환수 자체가 고용률을 크게 증가시킨다. 이렇게 되면 의료보험료 납부자 수는 크게 증가할 것이고, 이것이 건강보험 재정의 건전성을 확보하는 데 크게 기여할 것이다. 지금 한국의 건강보험이, 원천징수가 어려운 영세자영업자(500만 명)와 일용근로자가 많고 해마다 증가하는 기초생활수급자들에 대한 급여액으로 인해 재정 건전성이 나빠지고 있는 상황을 감안하면 이는 굉장히 중요한 변화다. 그뿐 아니라 불로소득 환수는 하위계층의 생활수준을 향상시켜 빈곤이 초래한 나쁜 건강상태를 개선하는 데도 기여하여 의료보험 재정지출을 줄이는 데 도움이 될 것이다. 또한 바로 이런 것들이 의료산업 발전의 중요한 발판이 된다.

둘째, 민간의료보험의 길을 열어놓아야 한다. 의료산업도 하나의 산업이기 때문에 이윤이 중요하다. 그러나 한국의 모든 병원은 국가가 운영하는 건강보험관리공단과만 계약을 맺을 수밖에 없기 때문에, 의료 관련 산업은 역동적으로 발전하기 어렵다. 이는 의료보험에 적용을 덜 받는 피부과·성형외과에 최우수 인력이 몰려들고 이와 관련된 산업이 발전하는 것만 보아도 잘 알 수 있다. 그리고 의료에 대한 국가의 통제 범위가 확대되면 될수록 맞춤형 의료와 고급 의료서비스 발전은 점점 지체되고, 결과적으로 해외 의료쇼핑객이 증가할 수밖에 없다는 점을 생각하면 민간의료보험을 전향적으로 검토해야 할 필요성은 더 커진다. 따라서 민간의료보험의 길을 열어주어 그것으로 새로운 기술과 서비스가 발전할 수 있도록 해주면, 고급 의료쇼핑객들의 요구를 국내로 끌어들여 의료산업 발전에 기초로 삼을 수 있다.

이에 대해, 만약 그렇게 하면 안 그래도 매달 수백만 원씩 내고 평준화된 의료서비스만 받는다고 불만이 큰 고소득층(통계에 따르면 상위 5%가 건강보험 재정의 30%를 감당)이 국민건강보험에서 탈퇴하여 민간보험에 가입하는 비율이 급증하면, 결국 국민건강보험의 재정건전성은 급속도로 악화될 것 아니냐? 그리고 그것은 다시 의료서비스 질 저하로 나타나 결국 중산층도 건강보험에서 이탈하여 국민건강보험 재정이 붕괴되는 악순환에 빠져 건강불평등이 더욱 악화되지 않겠느냐고 걱정할 수 있다. 일리 있는 지적이다. 현재 한국에서 민간의료보험을 하려고 해도 하지 못하는 건 바로 이 때문이다. 그러나 앞에서 말했던 것처럼 국민건강보험 재정에서 불로소득의 충당비율을 계속 높이면 재정 악화에 대한 염려는 크게 줄어들 수 있다. 그리고 일정 비율의 고급 의료기관만 민간보험을 허용하면 염려는 더욱 줄어들 수 있고, 여기에 더하여 민간의료보험의 재정은 노력소득으로 충당하게 하면 걱정은 더 줄어들 것이다. 또 한편으로 생각해보면, 민간의료보험의 출발은 지금까지 독점적으로 운영했던 국민건강보험이 더욱 효율적으로 운영되는 자극이 될 수도 있다.

셋째, 국가는 국민의료보험의 재정 건전성과 국민의 건강을 위하여 '치료 중심적' 보장보다는 '예방 중심적' 보장에 역점을 둬서 가능한 의료기관에 덜 방문하도록 해야 한다.

바로 이런 방향으로 개혁을 추진했을 때, 저가·양질의 의료서비스를 국민들이 제공받으면서 의료산업도 더욱 발전할 수 있는 것이다.

앞에서 필자는 교육 불평등과 의료 불평등의 상당한 원인이 사회경제적 양극화에서 비롯되었다는 것을 지적한 바 있다. 그런데 공정국가로 이행하면, 즉 불로소득 환수의 원칙과 자유경쟁의 원칙이 구현되면 소득 불평등 심화를 비롯한 각종 사회경제적 양극화가 크게 완화될 것이기 때문에 교육 불평등과 의료 불평등의 정도도 지금보다 크게 낮아질 것이다. 거기에 더하여 앞서 제안한 교육균등과 의료균등이 실현되면 평등한 출발을 뜻하는 기회균등은 크게 제고될 것이다.

3) 사회안전망 구축과 적극적 노동시장 정책 추진 및 예상 효과

바야흐로 지금은 상품과 기술주기의 단축으로 기업의 상시적 구조조정이 선택이 아니라 필수인 시대다. 따라서 국가는 실업자 보호와 같은 소극적 노동시장 정책에서 벗어나 실업자를 재교육하고 일자리를 알선하는 적극적 노동시장 정책을 취해야 한다. 이제 사람들은 평생에 걸쳐서 최소한 두세 번은 직장을 옮겨야 하고, 그렇게 하려면 그때마다 새로운 기술을 연마하기 위한 직업 재교육이 필요하다. 그런데 그때마다 그 비용을 스스로 부담한다면 '평등한 출발'이라는 원칙은 점점 설 자리를 잃게 된다. 직업 재교육을 위한 비용지불능력이 천차만별이기 때문이다. 앞서 말했듯이 출발의 평등은 '지속적'으로 보장되어야 한다. 새로운 직장으로 옮겨가기 위한 국가의 직업 재교육 지원은 바로 평등한 출발의 가능성을 높일 것이다.

한편 국가는 시장에 접근하기가 불가능한 사회구성원들이 기본적인 삶을 영위할 수 있도록 지원해야 한다. 그들의 처지는 자신의 선택보다는 선천적으로 타고난 질병이나 불의의 사고에 기인한 것이기 때문이다. 국가는 이들이 인간의 존엄성을 유지할 수 있도록 적극 배려해야 한다. 다시 말하지만 자기가 선택하지 않는 영역, 즉 운에 의해서 개인의 행불행이 결정되는 것을 국가는 가능한 적극적으로 차단해야 한다.

이렇게 적극적 노동시장 정책과 사회안전망을 구축하면 노동과 기업의 갈등은 훨씬 완화될 것이고, 노동의 유연성뿐만 아니라 안정성도 동시에 확보할 수 있게 된다. 노동이 구조조정에 극렬하게 저항하는 이유는 실직 이후의 삶이 너무나 불안정하고, 재기가 거의 불가능하다는 인식 때문이다. 그런데 만일 이런 정책들이 실행되면 저항의 수위는 대폭 낮아질 것이다. 거기다 자유경쟁의 원리와 불로소득 환수의 원리가 구현되면 노사갈등도 획기적으로 줄어들 것이다.

3. 경제제도: 참다운 자유경쟁에 이르는 방법

공정국가의 경제제도에 적용해야 할 '자유경쟁의 원칙'에서 말하는 '자유'란 다른 시장 참가자들의 경제활동에 반칙을 가하지 않은 조건하에서 누리는 '자유'를 의미한다. 나의 자유가 중요하다고 해서 다른 사람의 자유를 침해할 수는 없다. 논의를 본격적으로 진행하기 전에 한 가지 확인해두어야 할 사항은 반칙 중의 반칙인 불로소득이 조세제도에 의해서 제거되었다는 걸 전제하고 얘기하겠다는 점이다. 이와 같은 조세제도의 구현으로 자유경쟁의 원칙을 구현하는 것은 훨씬 쉬워졌고, 이는 아래에서 제시하는 많은 방안들의 실현 가능성을 높이는 것으로 작용할 것이다. 물론 바로 앞에서 다룬 기회균등의 원칙을 구현하는 것도 자유경쟁의 가능성을 훨씬 높여준다. 계속 강조하지만, 공정국가의 각 영역의 방안과 예상 효과는 전체 속에서 파악해야 한다.

이제부터 다룰 내용은 재벌문제의 해결방향과, 고용생태계와 기업생태계의 발전방향이다. 이 방안들의 목표는 자유로운 경쟁을 구현하는 것이다.

1) 재벌개혁의 방향

대기업 문제가 재벌문제로 환원되지는 않지만, 재벌개혁이 대기업 문제를 해결하는 데 크게 기여한다는 사실은 분명하다. 재벌개혁의 원칙은 공정성에 바탕을 둔 투명성과 책임성 구현이라고 할 수 있는데, 투명해야 반칙이 쉽게 드러나고 거기에 따른 책임을 부과할 수 있기 때문이다.

재벌문제는 상당부분 제왕적 권한을 가지지만 책임을 지지 않는 총수체제에서 기인한다. 따라서 재벌개혁의 핵심은 총수에 대한 견제장치를 어떻게 만드느냐에 있다고 할 수 있다(김기원, 2001). 먼저 생각해볼 수 있는 견제장치는 시장규율을 통한 방법이다. 재벌의 지배구조가 개선되려면 일단 재벌그룹 내부의 이사회라든지 주주총회 같은 지배구조 장치들이 제대로 작동해야 한다. 이를 위해서는 독립적인 사외이사 선출, 투명한 회계 처리 등이 우선적으로 필요하다. 그래야 견제가 가능하고 각종 반칙들을 사전에 예방할 수 있다. 또한 공정위·금감위 같은 외부 감독기구들의 감시기능 정상화 및 검찰·법원 등 사법기구의 엄정한 법해석 및 집행이 필요하다. 이렇게 하면 총수가 멋대로 계열사간 자금 흐름을 결정하고, 그 과정에서 주주의 이익을 침해하고 사익을 챙기는 행위를 상당부분 시정할 수 있다.

그동안 재벌기업은 개별 독립기업의 목적에 좌우되기보다는 집단 전체의 목적, 즉 총수의 통제권 편익을 높이는 방향으로 의사결정이 이루어져왔다. 이것은 자유로운 경쟁을 방해하는 반칙이다. 총수에겐 이익일지 몰라도 개별 회사의 주식과 같은 재산권을 가지고 있는 사람에게는 명백한 손해다. 그런데 위와 같은 시장규율이 제대로 작동하면 이 같은 병폐가 상당부분 시정될 수 있다.

그룹 총수의 전횡을 막기 위한 두번째 방법은 계열사간 상호출자·순환출자의 제한 정도를 강화하고, 계열사간 부당거래에 대한 관리·감독을 강화해서 적은 지분을 가지고 엄청난 영향력을 행사하는 '소유와 지배의 괴리' 문제를 해결해야 한다. 기업 지배구조에서 가장 해결하기 어려운 것이 상호출자와 순환출자, 계열사간 부당거래인데, 총수는 이런 방식으로 얼마 안 되는 지분을 가지고 계열사 전체를 각 계열사의 주주가 아니라 총수의 이익을 극대화하는 방향으로 운영하는 경우가 비일비재했다.

예를 들어 한 재벌 밑에 A회사와 B회사가 있다고 하자. A회사가 B회사에 1000억 원을 투자해서 지분 50%를 확보하고, 이번에는 다시 역으로 B회사는 A회사에 1000억 원을 투자해서 지분 30%를 확보한다고 하자. 그러나 이것은 A와 B회사의 자본 확충에 전혀 기여하지 않는다. 재벌의 지배권만 강화되었을 뿐이다. 그런데 이 두 회사가 거래를 하면 정상적으로 거래를 할까? 그렇지 않을 가능성이 크다. 만약 A사가 B사에게 상품을 팔았다면, 이런 경우에는 A사가 만든 상품의 판매가격이 시장가격보다 낮을 가능성이 크다. 그런 이유는 그래야만 B사의 주식을 많이 가지고 있는 총수의 이익이 극대화되기 때문이다. 이는 총수의 이익이 A사 주주들의 손해를 기반으로 해서 이루어지는 반칙에 해당한다.

재벌들은 위와 같은 상호출자 외에 순환출자라는 방법을 사용해서 자신의 지배권을 강화하기도 한다. A회사가 B회사에 출자하고, B회사는 다시 C회사에 출자하고, C회사는 D회사에 출자하고, D회사는 다시

A회사에 출자하는 방식이다. 출자의 흐름이 'A→B→C→D→A' 같은 형태가 되는데, 이것 역시도 소유와 지배의 괴리를 심화시킨다. 다시 말해서 총수의 적은 지분으로 수많은 회사의 자금 흐름이나 거래·투자 방향을 결정하는 것이다. 이렇게 되면 재벌 총수의 이익과 특정 회사의 주식을 소유한 주주들의 이해가 상충된다. 재벌 총수는 순환출자를 통하여, 위의 경우에서처럼 계열사 한쪽이 일방적으로 희생하는 부당한 거래를 통해서 우량 계열사가 부실 계열사를 지원하는 경우가 많은데, 이것이 설령 재벌 총수의 지배권이나 이익에 부합된다고 하더라도 우량 계열사의 일반 주주 입장에서 보면 손해일 경우가 많다. 일반 주주들의 손해가 총수의 이익으로 바뀌는 것이다. 이것은 당연히 자유경쟁의 원칙과 충돌한다. 일반 주주들의 사적 소유권을 심각하게 침해하는 행위인 것이다. 따라서 이런 반칙을 차단하기 위해 순환출자와 상호출자는 법으로 제한하고, 국가는 계열사간 부당거래를 철저히 관리·감독해야 한다.

그룹 총수의 전횡을 막기 위한 세번째 방법은 금산분리 원칙을 더욱 강화하는 것이다. 그렇게 해야 할 이유는 금융권에 있는 자금이 효율적으로 배분되게 하기 위해서다. 금융기관은 본래 기업에 자금을 대여해줄 때 사전심사를 하고, 이후에도 경영상태를 감시하다가 자금을 대출해준 기업의 경영능력이 저하되면 대출금을 회수해서 보다 생산적이고 수익이 많이 나는 쪽으로 돌리는 역할을 해야 한다. 즉, 금융기관은 상시적 구조조정과 자원배분의 역할을 해야 하는 것이다. 그러나 금산분리 원칙이 완화되면 금융기관이 기업에 편파적이 되어 이런 중립적인 역할을 하기 어렵게 된다. 대출을 받은 기업주가 은행의 대주주라면 누가 봐도 대출해주지 말아야 할 회사에 자금을 공급해야 할 경우가 발생하고,

그리하여 적기에 자금을 회수하기 어려워지는데, 이것은 금융기관의 투자자나 예금자들에게는 명백한 손해이자 재산권 침해다. 이렇게 금산분리 완화는 비효율적이고 위험하다. 공정성의 중요한 항목인 책임성 및 효율성을 담보할 수도 없게 된다.

네번째 방법은 재벌 대기업이 중소기업의 사업기회를 가로채는 것을 막는 것이다. 재벌 대기업이 중소기업이 잘하고 있는 분야에 계열사를 만들어 시장에 진입한 후 다른 계열사가 일거리를 몰아주면 경쟁 중소기업은 심각한 어려움에 직면한다. 더구나 대기업은 같은 상품이라도 대형마트에 중소기업보다 단가를 싸게 공급할 여유가 있기 때문에, 이런 방식으로 시장에 밀고 들어오면 중소기업은 버틸 수가 없다. 확언하기 어렵지만 소기업에서 중기업으로, 중기업에서 중견기업으로, 중견기업에서 대기업으로 발전하는 '동태적 발전현상'이 매우 더딘 이유도 바로 여기에 있을 것이다. 따라서 국가는 대기업이 중소기업 시장에 뛰어드는 것을 막기 위한 관리·감독을 강화해야 한다. 또한 국가는 독립 중소기업이 재벌의 계열사와 같은 조건에서 경쟁하고 있는가도 엄격하게 감독해야 한다. 그리고 피해를 본 중소기업이 직접적으로 손해배상을 청구할 수 있도록 하되, 손해액도 편취기회를 훨씬 초과하는 수준의 징벌적 손해배상을 받을 수 있도록 해야 한다.

마지막으로, 하도급 구조가 재벌과의 친소親疎의 정도에 따라 계열사, 관계사, 일반 협력업체, 범용제품 납품업체 등으로 층화되어 있는 구조를 개혁하는 방법이다(조성재, 2005, 213쪽). 기술력과 경영능력에 따라 하도급 선택이 이루어지는 것이 아니라, 재벌과 얼마나 가깝냐에 따라 사전적으로 결정된다는 것은 반칙이다. 이것은 자유로운 경쟁이 가져다주는 역동성을 감소시킨다. 이런 환경에서는 누가 생산성이 높으냐가 아니라 누가 튼튼한 인맥을 잘 쌓았느냐, 누가 더 힘 센 사람에게 로비를 했느냐가 사업권을 따내는 것인데, 이것은 자유경쟁과 너무나 거리가 멀다.

2) 건강한 기업생태계와 고용생태계 형성 방안

시장생태계라는 관점에서 보면, 대기업만 성장하는 독생獨生적 패러다임은 지속가능하지 않다는 걸 알 수 있다. 1990년대 이미 한국의 가전제품 업체들은 HDTV 기술을 완벽하게 확보했지만, 핵심부품의 기술부족으로 제품을 제때 시장에 출시하지 못했던 사실에서 독생적 패러다임의 한계가 여실히 드러난다. 첨단기술을 필요로 하는 제품일수록 모기업의 혁신을 지원하는 중소기업의 역할이 중요하다. 대기업의 혁신에 보조를 맞춰서 핵심부품을 지원할 수 있는 중소기업의 역할 말이다. 이런 이유 때문에 세계 초일류 기업일수록 창조적이고 건강한 생태계 조성을 강조하는 것이다(한정화 외, 2006, 396쪽). 이런 측면에서 보면 대기업과 중소기업을 이어주는 공급사슬, 즉 튼튼한 연결경쟁력이 무엇보다 중요함을 알 수 있다. 하지만 앞서 보았듯이 현재 대한민국의 대기업과 중소기업을 잇는 공급사슬은 반칙이 초래한 악순환으로 인해 점점 허약해지고 있다.

대기업과 중소기업 간의 공급사슬은 여러 가닥으로 이루어져 있다. 어떤 가닥을 통해서는 중소기업의 부품이 대기업에게 공급되고, 어떤 가닥을 통해서는 대기업으로부터 중소기업의 기술혁신을 지원할 수 있는 기술과 자원이 공급된다. 그러면 이 공급사슬의 가닥을 어떻게 하면 키우고 튼튼하게 만들 수 있을까? 핵심은 대기업과 중소기업 간의 '신뢰'다. 결국 상호 신뢰가 공급사슬의 가닥을 튼실하게 키워 대기업과 중소기업의 상생을 가능하게 하고 국민경제 전체를 튼실하게 해준다.

오늘날 '신뢰의 유익'은 실로 엄청나다. 먼저 신뢰는 중소기업의 부품 공급능력을 강화시켜준다. 대기업에 부품을 조달하는 중소기업은 자신들이 흘린 땀방울이 더 많은 수입으로 돌아올 수 있다는 믿음을 가질 때 더 열심히 노력한다. 대기업과 신뢰감을 갖고 있는 중소기업은 대기업의 기술 필요에 민감하게 반응하고 그 요구를 만족시키기 위해서 기술 개발에 몰두한다. 또한 대기업과 중소기업 간의 신뢰는 대기업과 중소기업 간의 거래비용도 감소시켜준다. 인간관계도 마찬가지지만 기업 간 관계도 상호 신뢰가 약해지면 그로 인해 많은 비용이 발생한다. 상대방이 한 말이 진실인지를 알아내기 위해 여기저기 알아봐야 하고 고민도 해야 하듯이, 기업간에도 신뢰가 없으면 쓸데없는 비용이 발생하게 마련이다. 그러나 기업간 신뢰가 돈독해지면 거래비용은 크게 줄어든다. 대기업과 중소기업 간에 구축된 신뢰관계는 안정적인 거래를 담보하고, 상호간의 생산성을 증대시키며, 궁극적으로는 상호간의 가치를 공유하는 단계까지로 나아가게 만든다.

이처럼 중요한 의미를 지니고 있는 기업간 신뢰의 핵심은 무엇일까? 그것은 바로 '공정성'이다. 중소기업이 대기업의 요구에 민감하게 반응하고, 대기업이 중소기업의 성장에 도움을 주려면 공정성이라는 토대 위에서 서로가 원하는 것을 주고받아야 한다. 여기서 중요한 것은 시장에서 우월한 지위를 점하고 있는 대기업이 먼저 중소기업의 요구조건을 수용해야 한다는 점이다. 대기업이 중소기업의 최대 숙원이라 할 원가나 기술수준에 걸맞은 단가 인상요구를 전향적으로 수용한다면, 중소기업은 원가 및 기술경쟁력에서 해외 부품업체를 능가하는 대기업의 안정적 파트너가 될 가능성이 높아질 것이다(한정화 외, 2006, 407쪽). 따라서 대기업은 중소기업에게 가했던 반칙, 즉 원자재 가격 상승분의 납품단가 반영을 미루거나 무리하게 납품단가 인하를 요구하는 것 등을 절제해야 하고, 국가는 대기업이 이 같은 반칙을 하지 못하도록 법과 제도를 만들어 엄정한 법 집행을 해야 한다. 무엇보다도 대기업은 위와 같은 방식의 생산이 지속가능하지 않다는 점을 명심해야 한다.

그리고 국가는 대기업과 중소기업이 상호 존중하는 관계가 될 수 있도록 중소기업의 대기업과의 거래가 일방적일 가능성이 높은 전속거래, 즉 오직 자신에게만 부품 공급을 요구하는 수요독점을 철회하도록 유도해서 중소기업이 다양한 거래선을 갖도록 해주어야 한다. 이렇게 되었을 때 대기업과 중소기업의 힘의 비대칭성이 상당부분 교정될 수 있고, 상호 신뢰의 기반이 조성될 수 있을 것이다. 상호 신뢰는 버림받은 쪽이 치명적인 손상을 입을 때 형성되기 어렵다. 이런 관계는 일방적이기 쉽고, 힘이 센 쪽의 요구가 약한 쪽에 관철될 수밖에 없다. 이렇듯 시장이라는 생태계는 국가의 주도면밀한 관리·감독이 없으면 건강하기 어렵다. 국가가 시장에 개입하지 않아야 잘 돌아간다는 것은 이데올로기적 주장일 뿐이다.

이렇게 공정성에 바탕을 둔 신뢰가 형성되면 대기업에 대한 중소기업의 '애로사항'은 줄고 '협력사항'은 늘어나게 된다. 대기업과 중소기업의 협력사항이 늘면 대기업이 글로벌 플레이어로서 충분히 선전할 수 있도록 중소기업이 우수한 부품을 안정적으로 공급할 수 있게 되고, 중소기업의 기술개발도 대기업과 보조를 맞출 것이다. 아울러 글로벌 플레이어로서 대기업도 원가경쟁cost down이 아니라 기술과 사람이 주도하는 가치지향형value up 경쟁의 주자로 자연스럽게 변모해갈 것이다.

위와 같이 재벌이 개혁되고 중소기업에 대한 대기업의 반칙이 시정되면 중소기업이 성장할 수 있는 여건은 크게 개선될 것이나, 이런 조치만으로 중소기업의 성장이 담보되지는 않는다. 대기업과의 평등한 출발을 확보하는 차원에서 국가의 중소기업 육성전략이 필요한 것은 바로 그 때문이다. 이를 위해서 국가 차원에서 중소기업에게 더 많은 신용을 공급할 필요가 있다. 창업과 벤처에 신용을 공급하는 벤처캐피탈을 활성화시키고, 특별히 자원을 배분하는 금융의 기능을 중소기업의 모험투자지원에 집중하는 것이 필요하다. 그리고 국가는 중소기업을 위한 맞춤형 경영 인프라 구축을 지원할 필요가 있다. 중소기업은 자금의 부족이나 규모의 영세성 때문에 경영의 효율화 기법, 다양한 상황에 대한 법률상의 준비, 효율적 경영을 지원할 회계와 같은 영역이 대기업에 비해 상당히 뒤떨어져 있다. 다시 말해서 이런 영역의 지원이 부족해 양질의 상품을 생산하고도 높은 수익을 창출해내지 못한다는 것이다. 따라서 국가는 중소기업이 보다 경쟁력을 갖출 수 있도록 이 부문에 대한 체계적인 지원을 확대해야 한다.

한편 시장생태계를 건강하게 유지하려면 임금구조와 고용구조도 개혁되어야 하는데, 그 원칙은 다음과 같다. 첫째 원칙은 상시적 구조조정이 필요한 기업에게 정규직과 비정규직을 적절하게 조합할 수 있는 권한을 부여하는 것이다. 물론 기업은 해고의 자유를 의미하는 '수량적 유연성'에 지나치게 의존하기보다 불필요해진 부서의 인력을 새로운 부서에 투입하는 '기능적 유연성'을 우선적으로 추진해야 한다.

둘째 원칙은 임금체계를 연공급에서 숙련급으로 전환해야 한다. 세월이 흐르면 자연스럽게 임금이 올라가는 연공급은 생산성과 임금의 괴리를 키우고 이를 메우기 위한 반칙이 하청업체에 자행되어 기업생태계에 해를 주게 된다. 그 피해는 더 이상 부담을 전가할 데가 없는 가장 약한 부분에게 귀착되게 마련이다. 그런데 임금체계를 숙련급으로 전환하면 이러한 문제가 해소될 것이다.

셋째 원칙은 동일 노동에는 동일 임금을 적용해야 한다는 것과, 기술수준이 비슷할 경우에는 고용의 안정성이 보장된 정규직보다 안정성이 크게 떨어지는 비정규직의 임금수준을 좀더 높여야 한다는 것이다. 직업의 안정성과 반비례하는 합리적 임금체계는 비정규직의 불만을 크게 줄여줄 것이고, 비정규직의 정규직 전환을 위한 격렬한 투쟁도 자취를 감추게 할 것이다.

기업간에 벌어지는 반칙의 문제는 기업 차원에서 그치는 것이 아니다. 반대로 노동 안에서 행해지는 반칙도 노동 차원에서 끝나는 것이 아니다. 기업 내에서의 반칙은 고용생태계를 파괴하고, 임금 안에서의 반칙은 기업생태계의 건강성을 손상시킨다. 그리하여 결국 가장 약한 고리, 즉 더 이상 그 피해를 전가할 데가 없는 비정규직, 하청의 하청을 감당하는 중소기업과 거기에 근무하는 노동자들에게 전가된다. 이는 마치 고요한 연못에 돌을 던지면 그 물결이 계속 퍼져나가서 결국 연못 둑에 전달되는 것과 마찬가지 이치다.

그러면 위와 같은 원칙을 어떻게 실현할 것인가? 필자의 생각으론 공정성을 최대의 가치로 여기는 국가의 중재 아래, 노동(정규직과 비정규직)과 기업(대기업과 중소기업)이 '새로운 협약'에 사인하는 것이라고 생각한다. 협약의 내용은 ① 정규직은 비정규직의 임금이 정규직의 임금을 상회할 때까지 임금인상 자제하기, ② 임금체계를 연공급에서 숙련급으로 전환하기, ③ 대기업이 중소기업에게 가했던 각종 반칙 중단하기, ④ 불로소득으로 마련한 재정으로 실업자들에게 충분한 재기의 기회를 주는 국가의 적극적 노동시장 정책 추진하기 등이다.

여기서 하나 덧붙일 것은, 국가가 불로소득 환수의 원칙을 관철해감으로써 '협약'의 가능성을 훨씬 높일 것이라는 점이다. 불로소득 환수의 원칙을 적용하면 노동과 기업의 협상 공간이 훨씬 넓어지기 때문이다. 노동은 주택문제가 상당히 해결될 뿐만 아니라 일자리가 더 많이 생기기 때문이고, 기업은 고高지가라는 진입장벽이 낮아지고 생산에 부과되는 다른 세금이 감면되기 때문이다.

3) 개혁의 예상효과

앞에서 보수와 진보가 동의할 수 있는 자유경쟁의 원칙과 이를 구현하기 위한 구체적인 방법들에 대해서 살펴보았다. 이제 위와 같은 자유경쟁의 원칙이 시장에서 실현되면 어떤 효과가 발생하는지 알아볼 차례다.

첫째, 재벌의 지배구조에 투명성과 책임성의 원리가 적용되고, 대기업-중소기업 착취관계가 근절되며, 더 나아가서 국가가 체계적이고 효율적인 중소기업 육성전략을 수립·집행하면 대기업 발전의 성과가 중소기업에게까지 이어지는 낙수효과가 복원될 것이다. 즉, 글로벌 플레이어인 대기업이 벌어들인 수익이 중소기업에게까지 이어진다는 말이다. 이렇게 착취관계를 시정하면 중소기업의 투자·생산성·이윤율 등의 등락은 대기업과 보조를 맞추게 될 것이다. 그리고 이것은 중소기업의 임금지불능력을 향상시켜 그곳에 근무하는 노동자들의 처우수준도 크게 개선되어 대기업과 중소기업 노동자의 임금격차도 완화시킬 것이다.

둘째, 괜찮은 일자리decent jobs가 크게 증가하고 나쁜 일자리는 줄어들 것이다. 한국은 저임금-저생산성 일자리가 몰려 있는 중소기업의 고용비중은 계속 증가하는 반면 고임금-고생산성의 좋은 일자리인 대기업의 고용비중은 상대적·절대적으로 하락하고 있었고, 이렇게 나빠지는 가장 큰 이유는 다양한 반칙에 있었다. 그런데 중소기업에 대한 대기업의 반칙이 시정되고, 임금이 연공급에서 숙련급으로 전환되며, 고용의 안정성과 급여가 반비례하게 되면 대기업의 고용흡수력이 크게 신장되는 동시에 중소기업 일자리의 질도 좋아질 것이다. 이렇게 되면 중소기업에 들어가서 박봉에 시달리느니 내 사업을 한다는 심정으로 시작하는 '떠밀린 창업'이 크게 줄어 자영업과 중소기업의 과당경쟁도 잦아들 것이다.

셋째, '소기업→중기업→중견기업→대기업'으로의 동태적 발전이 훨씬 수월해질 것이고, 이로 인해 사회 전체의 역동성도 크게 높아질 것이다. 국내 대기업 사업체 수는 계속 줄어드는 반면 중소기업의 사업체 수는 계속 늘어나고 있었는데, 이런 양상은 미국이나 일본과는 대조적이었다. 한정화(2006, 11쪽) 교수에 따르면, 2005년 현재 생존 기업만을 대상으로 했을 때, 종업원 1~19인의 소기업으로 창업해서 종업원 100인 이상 중기업으로 성장할 확률은 8.4%에 불과하고, 성장에 걸리는 기간은 평균 22.5년 정도라고 한다. 그리고 생존 기업만이 아니라 도산한 기업까지 고려하면 성장확률은 더욱 낮아져 2.52%에 불과하다. 이는 거의 낙타가 바늘귀를 통과하는 정도에 버금간다. 물론 모든 소기업이 중기업을 거쳐서 중견기업으로, 모든 중견기업이 대기업으로 성장할 수 있는 것은 아니다. 하지만 국내에 있는 소기업들이 그렇게 성장하지 못하는 데에는 시장에 만연한 반칙 탓이 컸다. 만약 반칙이 제거되면 중소기업의 상향이동이 지금보다 훨씬 수월해질 것이다. 요컨대 대기업과 대기업 정규직의 반칙이 초래한 중소기업의 생산성 하락, 중소기업이 열심히 해서 일궈놓은 시장을 막강한 자금력과 마케팅 능력을 가진 대기업이 침탈하는 반칙, 열심히 기술 개발해서 돈 버는 것보다 적당히 하다가 안 된다 싶으면 공장을 처분해서 토지 불로소득 얻는 것이 편하다는 인식에서 비롯된 중소기업의 나태함, 기업가 정신의 실종, 사회적 안전망의 부실로 인해 직무와 무관한 창업 러시가 초래한 중소기업의 과당경쟁 등이 시정되면 소기업이 더 큰 기업으로 성장할 가능성이 높아지는 것은 필연적이다.

넷째, 노사갈등이 크게 완화될 것이다. 임금의 불합리한 차별과 정규직의 특권이 시정되면 정규직과 비정규직의 과도한 투쟁은 사라질 것이다. 정규직이 투쟁하는 이유는 비정규직이 처한 비참한 상황과 열악한 사회적 안전망에 대해 익히 알기 때문이다. 또 한편으로는, 정규직이 누리는 엄청난 혜택은 비정규직의 선망의 대상이 되고, 이는 정규직이 되기 위한 가열찬 투쟁으로 이어질 수밖에 없다. 그러나 위와 같은 개혁을 통하여 정규직과 비정규직의 차별이 시정되면, 그리고 불로소득을 재원으로 한 튼튼한 사회적 안전망이 구축되면 이로 인한 노사갈등은 완화될 것이다. 그렇게 되면 대기업의 정규직 고용의지가 되살아나서 좋은 일자리는 더 늘어날 것이다.

다섯째, 창업의 내용과 성격이 변화할 것이다. 반칙이 만연하고 사회적 안전망이 너무나 허술한 상태에서의 창업은 기업가 정신의 발휘나 직업적 경험에 기초한 창업이 아니라 '떠밀린 창업'이 주류를 이룬다. 그러나 위와 같은 개혁을 실시하면 중소기업 창업의 성공률이 높아지고, 신기술이나 노하우 등을 개발하고 이를 기업화하여 사업을 하는, 소규모이지만 창조적·모험적인 벤처 중소기업의 등장이 눈에 띄게 증가할 것이다.

여섯째, 15세 이상 인구 중 취업자를 나타내는 고용률도 선진국 수준 이상으로 높아질 것이다. 우리나라 고용현황을 보면, 생산가능인구 중에서 실제 일해야 함에도 불구하고 이러저러한 사정으로 일하지 않는 비경제활동인구가 1000만 명 정도나 된다. 그런데 개혁의 효과로 산업의 고용흡수력이 증가하면 비경제활동인구가 줄어들 뿐만 아니라, 청년들이 고시나 공무원·교사 준비를 위해 좁은 고시원에서 몇 년을 보내는 풍토도 사라질 것이다.

일곱째, 수출과 내수의 선순환이 가능해질 것이다. 수출과 내수가 선순환하지 않는 중대한 이유 중 하나가 고용인원이 계속 줄어드는 수출대기업은 승승장구하는 데 비해 내수와 고용의 90% 정도를 담당하는 중소기업은 퇴보를 거듭하기 때문이다. 중소기업이 퇴보를 거듭하니 거기에 근무하고 있는 노동자가 제대로 된 임금을 받기 어려웠고, 이것은 다시 내수 부진의 이유가 되었다. 또한 높은 집값 때문에 엄청난 대출을 받은 것도 내수 부진의 이유가 되었는데, 위와 같은 개혁이 실행되면 이로 인한 내수 위축도 시정될 것이다. 한마디로 중소기업 노동자들의 임금수준 상승, 주거비 하락 등으로 내수는 더욱 활성화될 것으로 보인다.

마지막으로 성장잠재력이 지속적으로 제고될 것이다. 대기업과 중소기업의 연결경쟁력이 높아지고 열심히 노력한 대가가 보장되는 사회, 출신과 소속이 아니라 능력에 따라 평가받는 사회에서 사회구성원들은 자신이 가진 재능을 마음껏 발휘한다. 이런 사회의 성장잠재력이 높아지는 것은 당연한 일이다.

지금까지 우리는 기존의 진보와 보수의 시각을 뛰어넘는 새로운 인식틀인 공정성에서 도출된 3원칙을 구현하는 구체적인 방안과 예상효과를 살펴보았다. 전술한 것처럼 3원칙의 구현은 진보가 원하는 빈부격차 완화와 연대의 정신이 살아 있는 안정된 사회가 가능하고, 보수가 바라는 성장잠재력이 향상되고 경제효율이 증가하는 역동적인 시장이 가능하게 된다. 그렇다면 이런 원칙을 북한에도 적용할 수 있을까? 이제는 공정국가라는 안경을 끼고 북한으로 한번 들어가보자.

V
공정성으로 본
북한의
어제와 오늘

공정성은 농업사회든 산업사회든 모든 사회에 적용할 수 있는 가치다. 농업사회에 공정성을 적용하면, 모든 사회구성원이 평등한 토지권(농업사회에서 출발이 평등하려면 토지에 대한 권리부터 평등해야 한다)을 누리면서 각자가 열심히 일해서 거둔 농산물을 먹고 살면서 남는 것을 서로 교환하는 사회가 될 것이다. 산업사회에 공정성을 적용하면, 환수한 토지 불로소득을 출발을 평등하게 하는 데 투입하고 다양한 분야에서 자유로운 경쟁이 일어나는 역동적인 사회가 될 것이다. 따라서 필자는 공정성의 원칙을 북한에도 적용할 수 있다고 본다.

현재 북한의 상황이 매우 유동적이긴 하나, 통일은 둘째치고 살아남기 위해서라도 개혁이라는 관문을 북한은 반드시 통과해야 한다. 따라서 중요해지는 것은 어떤 개혁모델이 북한에 적합한가 하는 것이다. 일반적으로 남한과의 통일 (전)후 북한이 참고할 만한 개혁모델에는 크게 두 가지가 존재하는 것으로 알려졌다. 하나는 중국식 개혁이고, 또 하나는 동유럽식 개혁이다. 여기서 대부분의 학자들은 동유럽 방식의 급격한 시장자유화가 북한에 적합하지 않다고 말한다. 급격한 시장자유화가 엄청난 실업난을 초래하기 쉽고, 통제되지 않는 국민들의 경제적 자유는 극도의 혼란으로 귀결되기 쉬우며, 결과적으로 이런 혼란은 남한에게 엄청난 부담으로 다가올 수밖에 없다는 것이다.

이런 이유 때문에 많은 학자들은 북한이 모방해야 할 모델로 중국의 경험을 적극 추천한다. 개혁이 강압적인 방식으로 진행되었지만, 체제전환 과정에서 이만한 실적을 낸 나라는 없기 때문이다. 그렇다고 해서 중국식 개혁모델이 문제가 없는 것은 아니다. 지금 중국은 빈부격차가 심해지고 있고 실업문제도 심각한 수준에 와 있는데, 중국을 벤치마킹의 대상으로 생각하는 북한도 이를 보면서 상당한 고민을 할 것으로 보인다.

이에 필자는 북한의 개혁모델로 공정국가를 제안한다. 북한이 개혁에 성공하기 위해서는 재산권에 대한 확실한 원칙과 그것을 바탕으로 한 시장 운영 방법, 그리고 어떤 원칙과 무슨 기금으로 복지제도를 운영할지를 모색하는 것이 가장 중요한데, 이런 관점에서 보면 중국식과 동유럽식 모델은 한계가 너무 분명하다.

일각에서는 북한이 박정희식의 개발독재와 중국식 개방체제를 결합한 모델로 나아갈 것이라는 주장도 하는 듯한데, 개발을 어떤 방식으로 추진할지는 사실 부차적이다. 가장 중요한 것은 누구나 동의할 수 있는 합리적 원리·원칙을 일관되게 추진하는 것이다. 그렇게 하면 개발 방식도 '억압'에 의존하는 '독재적 방식'이 아니라 '동의'에 의존하는 '민주적 방식'이 될 수 있다. 따라서 북한이 공정국가의 원리·원칙으로 개혁하게 되면 개혁 방식은 억압이 아니라 동의에 기초할 것이다. 공정국가는 누구나 동의할 수 있는 공정성이라는 원리를 담고 있으면서 기존의 자본주의 시장경제가 안고 있는 많은 문제들, 즉 실업·빈부격차·주기적 불황 등이 상당히 극복된 모델이다. 특히 개혁 과정에서 빚어지는 상당한 문제들이 해결 가능한 모델이다.

따라서 이제부터 공정성이라는 시각으로 북한을 들여다보면서, 어디를 고쳐야 할지를 탐색해보려고 한다. 이 과정을 통해 우리는 북한경제가 어찌해서 이렇게까지 망가졌는지를 새로운 관점에서 보게 될 것이다.

여기서 하나 밝혀둘 것은 북한에 대한 서술방식이 남한의 그것과 약간 다르다는 점이다. 3원칙을 통해서 북한을 분석하기보다는 침체의 역사를 공정성이라는 틀로 들여다보려고 한다.

1. 북한 경제침체의 근본 원인은 불공정성

보통 우리는 의식 여부와 상관없이 현실을 분석할 때 현실에서 중요하다고 생각한 경험을 뽑아서 만든 개념이나 그 개념들을 모아서 만든 이론이라는 안경을 사용하게 된다. 따라서 현실 분석의 내용은 상당부분 각자 자신이 채택한 이론이 좌우한다고 할 수 있다. 사회주의적 관점에서 북한을 보면 관료의 부패를 북한경제 침체의 원인으로 볼 수 있고, 자본주의적 관점에서 보면 시장을 인정하지 않아서 북한이 저렇게 되었다고 할 것이다. 그러면 북한은 어떤 개념 혹은 이론을 통해서 바라보아야 할까? 우리는 시장경제나 사회주의라는 안경이 아니라 앞서 다룬 공정국가의 3원칙이라는 안경, 즉 기회균등의 원칙, 자유경쟁의 원칙, 불로소득 환수의 원칙으로 북한을 관찰하려고 한다. 공정국가 3원칙은 자본주의 시장경제도 아니고 사회주의 계획경제도 아닌, 앞서 검토한 대로 상식 있는 모든 사람들이 공감할 수 있는 제3의 인식 틀이기 때문이다.

첫째, 불로소득 환수의 원칙, 다시 말해 노력소득 보장의 원칙에서 보면 북한은 개인이 열심히 일해서 번 소득이 인정되지 않는 극단적으로 불공정한 사회라고 할 수 있다. 북한은 여타 사회주의국가들이 그랬던 것처럼 산업화 초기부터 중공업 우선주의를 내세워 농업과 경공업에서 나온 잉여를 중공업 부문에 쏟아붓는 경제였다. 이 과정에서 생산주체의 동의는 무시되었고, 이같은 노력소득의 불인정은 인신人身의 자유, 자기소유권, 자기결정권을 엄격하게 제한하는 결과를 낳았다. 노력소득의 상당부분이 부정되는 사회에서 사회구성원의 삶은 자율적이 아니라 타율적이 되기 쉽고 개인의 창발성이 발현되기 어려우며, 결과적으로 사회 전체의 활력은 시간이 가면 갈수록 떨어질 수밖에 없다.

둘째, 북한 사회에서 기회균등은 무의미하다. 고른 경쟁의 기회를 주는 것이 의미가 있으려면 개개인 스스로가 경쟁의 스타트라인에 나갈 것인지, 나간다면 언제 나갈지를 결정할 수 있어야 한다. 그러나 북한에서는 어떤 직업을 가질 것인가가 개인의 선택사항이 아니다. 개인의 의견이 반영되기도 하지만 계획당국의 결정이 개인의 직업 선택에 가장 큰 영향을 주고 있다. 또한 북한은 1980년대 이후로 생계도 해결하기 어려웠는데, 이런 상태에서 기회균등을 논하는 것 자체가 사치라고 하겠다.

셋째, 북한은 자유경쟁 자체가 없는 경제다. 자유경쟁을 바탕으로 하는 시장은 선택사항이 아니라 공정성을 구현하기 위한 필수 메커니즘이다. 필자는 '화폐를 매개로 한 상품과 서비스의 자유로운 교환'이라고 정의된 시장은 인위적인 것이 아니라 자연스러운 것으로 본다. 물론 역사적으로 보면 시장 시스템이 폭력을 수반해서 전세계로 확산된 것은 사실이다. 하지만 그렇다고 해서 시장의 확산이 반드시 폭력의 과정을 수반해야만 하는 것은 아니다. 마르크스는 시장은 태생적으로 착취를 동반할 수밖에 없다고 했지만 시장은 착취 없이도 얼마든지 가능하다. 생산수단, 특히 토지에 대한 평등한 권리가 보장된 상태에서의 시장, 거기에 더하여 적절한 기회균등이 보장된 상태에서 착취는 거의 불가능하다. 노력소득이 보장된 상태에서 자기가 만든 것을 다른 사람과 교환하고, 그것이 발전하여 분업화·전문화가 이루어지는 것이 어찌 자기파괴적이고 착취적이라 할 수 있겠는가.

그러나 북한은 이런 자연스러운 시장을 폐기시켜버렸다. 따라서 북한에서는 기업간, 소비자간 경쟁이 없다. 기업은 더 많은 이윤을 얻기 위해서 생산·투자·고용을 결정하는 능동적 주체가 아니라, 당국이 명령이라는 방법으로 주문한 물량을 수동적으로 생산·납품하는 객체로 전락해버렸다. 소비자들도 노력한 것보다 훨씬 적게 받은 임금을 가지고 국영상점에서 수동적으로 구매하면 되는 존재가 되어버렸다. 노동시장이 존재하지 않으니 노동자간 경쟁도 없고, 따라서 노동자는 자신의 가치를 높이기 위해서 직무능력을 향상시키려 애쓰지 않는다. 결과적으로 노동자는 효율적으로 일하기 꺼려하고, 더 신속하게 더 질 좋은 상품을 생산하기 위한 기계와 같은 자본도 잘 만들지 않게 된다.

필자는 이와 같은 북한의 모습을 사유제가 인정되지 않는 사회, 시장경제를 폐지한 사회가 아니라 '극도로 불공정한 사회'라고 언급하려 한다. 그런 이유는 흔히 시장경제라 함은 불로소득도 인정하는 경제 시스템으로 알려져 있기 때문이다. 그에 반해 앞서 정의한 것처럼 공정성 안에는 불로소득이 끼어들 자리가 없다. 따라서 출발도 불평등할 뿐 아니라 경쟁과정에서 반칙을 제거해야 하는 국가가 반칙의 주체가 돼버린 체제인 북한을 '극도로 불공정한 사회'로 언급하는 것이 현상을 더욱 분명하게 드러내는 것이라 생각한다.

　이런 불공정한 사회의 대표적인 현상이 '침체'다. 그런데 문제는 이렇게 시작된 침체가 근본적 변화가 없는 한 멈추지 않고 계속 심화될 뿐이라는 사실이다. 본래 공정성이 담보된 시장은 시장에 참가한 모든 사람들을 노력하게 만들고 사회 전체에 활력을 불어넣는다. 먼저 이런 시장은 소비자와 생산자 모두를 노력하게 만든다. 다시 말해서 시장은 생산자로 하여금 소비자를 더 만족시키기 위해 열심히 노력하도록 유도하고, 소비자로 하여금 최소의 비용으로 최대의 만족을 얻기 위한 구매를 하도록 유도한다. 생산자 입장에서는 적은 비용으로 더 좋은 상품을 개발해야 돈을 많이 벌 수 있고, 소비자 입장에서는 그렇게 해야 '만족-비용'이 극대화되기 때문이며, 이런 과정을 거쳐 사회 전체는 더욱 발전하게 된다. 또한 시장은 기업가와 노동자도 노력하도록 유도한다. 더 열심히 일할수록 노동자에게 혜택이 돌아가는 시스템에서는 노동자는 자신의 직무능력을 향상시키기 위해 더 노력하게 되고, 같은 이유로 기업가도 더 노력하게 되며, 결과적으로 노동자와 기업가는 협력 내지는 상생하게 된다. 요컨대 공정성이 담보된 시장은 시장에 참가한 사람 모두를 '윈-윈'이 가능하도록 유도하고, 역동적인 사회를 만든다.

　그러면 이제 '극도로 불공정한 사회'인 북한에서는 어떻게 모든 부문에서 침체가 일어나는지 살펴보자. 대표적인 예로 기업과 국가 간의 상호작용을 들여다보자. 사회주의든 자본주의든 경제가 발전하느냐 그렇지 못하느냐는 기업의 역할에 달려 있다. 사회주의국가 북한에서 기업은 생산과 고용을 주체적으로 결정하는 단위가 아니다. 협의 과정은 거치지만 최종적인 결정은 계획당국이 하고, 생산해서 벌어들인 수입도 기업이 가져가지 못한다. 그렇기 때문에 기업의 합리적 행동은 국가 전체의 이익과 충돌하는 경우가 허다하다. 이 같은 사례는 기업과 계획당국의 협상 과정에서 발견된다.

북한에서 기업은 계획 관련 행정기관에 대해 자신의 생산능력을 낮추어서 신고하고 생산에 필요한 자재에 대해서는 부풀려서 요구하는데, 그 이유는 기업이 사회주의 국가에서 항상 발생하는 자재 부족을 대비하기 위해서다. 또한 북한에서, 기업의 '합리적' 행동은 생산물 조합을 자의적으로 선택하는 데서 나타난다. 기업은 자신이 만드는 생산물을 필요로 하는 수요기업이 무엇을 원하는지에 대해 무관심할 뿐만 아니라, 수요기업이 필요로 하는 시기에 필요한 양만큼 공급해주는 데에도 둔감하다. 기업의 유일한 관심사항은 제품의 질과 생산비용이 아니라 당국이 계획하여 하달한 양量을 채우는 데 있다. 심지어 신기술을 도입하라거나 개발하라는 당국의 압력을 거추장스러워한다. 이런 문제는 계획을 보다 세밀히 하면 해결될 수 있다고 여길지 모르지만, 경제가 복잡해지면 계획을 세부적으로 짜는 것은 더욱 어렵다. 결국 아주 디테일한 것은 기업에게 맡길 수밖에 없는 것이다. 이런 틈새를 이용해서 기업은 제품의 사이즈·디자인·색·품질 등을 자의적으로 결정하게 되는데, 이 과정에서 기업은 수요기업의 요구는 전혀 고려하지 않고, 생산하기 어려운 품목은 피하며, 쉬운 품목만 보다 많이 생산하는 제품 조합을 선택한다. 가령 기술공정이 간단한 것은 수요가 적어도 많이 생산하고, 기술공정이 복잡한 것은 수요가 많아도 적게 생산하는 식이다(양문수, 2001, 215쪽). 북한과 같은 사회주의국가에 미성품未成品과 반제품半製品이 쌓여가는 이유가 바로 여기에 있다. 수요를 무시하고 생산품목을 자의적으로 선택하거나 변경하는 사례가 많아서 생기는 문제다(양문수, 2001, 173쪽).

이런 문제는 기업의 실적 평가 주체가 계획당국에서 수요기업으로 전환되지 않는 한 해결되지 않는다. 개별 기업의 이런 선택이 사회 전체적으로는 큰 손실이지만, 그 기업에게는 대단히 유리한 선택이기 때문이다. 그러니 그 기업으로서는 충분히 '합리적' 선택일 수 있는 것이다. 물론 시장 시스템 하에서 기업이 그런 선택을 하면 망한다. 그 기업의 생존권을 쥐고 있는 것이 수요자이기 때문에, 이들의 요구를 무시한 생산조합이라는 것은 있을 수 없는 일이다. 기업은 끊임없는 신기술 도입으로 제품의 양뿐만 아니라 질을 개선하여 수요자를 만족시키려 한다. 즉, 시장경제하에서는 개별기업의 주된 관심은 수요자의 요구다.

그러면 이렇게 '합리적' 선택을 하는 북한의 기업들을 관리·감독하는 국가의 행태는 어떨까? 물론 국가는 이러한 기업의 행태를 예견하고 있다. 그렇기 때문에 기업이 자신의 생산능력을 축소 보고할 것을 감안하여 계획을 세워 기업이 본래의 업무에 충실하도록 강제한다. 예컨대, 어떤 기업이 자신의 생산능력을 100이라고 보고하면, 과소하게 보고했다고 가정하고 120을 생산하라고 명령하는 식이다. 그러면 기업은 가만있을까? 기업 역시 당국의 계산방법을 감안하여 생산능력을 더욱 과소하게 보고하고, 이 밀고 당기는 과정에서 인적·물적 자원은 낭비되어간다. 당국에서는 기업이 감추는 것이 없나 늘 예의 주시하는 인력이 필요하고, 기업에서는 당국의 환심을 사기 위한 인력이 필요하다. 물론 이 과정에서 부패 발생의 개연성은 대단히 높아진다.

그러나 당국과 기업이 거짓 없이 정교하게 계획을 짠다고 하더라도 경제가 복잡해지면 계획을 세부화할수록 그 '부정합성'은 더 커질 수밖에 없다. 결국 생산량을 어림짐작으로 계산하기 때문이다. 따라서 어떤 물건은 남아돌고 어떤 물건은 모자랄 수밖에 없는데, 복잡하면 할수록 모든 영역에서 수요량과 공급량의 갭은 커질 수밖에 없는 것이다.

우리는 이것을 '생산애로의 연쇄반응'으로 설명할 수 있다(양문수, 2001, 234쪽). 예를 들어 한 공장에서 A라는 물건을 만들려면 a1, a2, a3, a4, a5라는 다섯 가지의 재료가 필요하고, 이 재료 중 a5는 B라는 기업이 공급해주어야 한다고 하자. 그런데 B기업이 A기업이 필요로 하는 양의 80%밖에 공급하지 못한다면 A기업은 생산능력의 80%밖에 생산할 수 없고, 다른 생산재료 a1, a2, a3, a4의 20%는 재고로 쌓이게 된다. A기업이 80%밖에 생산하지 못했기 때문에 A를 생산재료로 사용하는 기업은 또다른 자재 낭비를 수반하는 생산활동을 지속할 수밖에 없다. 그런데 더 큰 문제는 이런 흐름이 연쇄적으로 이어질 수밖에 없다는 점이다.

시장 시스템 하에서는 재료를 쌓아놓는 일은 예외적일 뿐이다. 만약 남는 게 있다면 기업은 손실을 줄이기 위해서 신속하게 처분하여 돈으로 가지고 있든지, 아니면 자신이 필요로 하는 다른 재료를 구입한다. 그러나 계획 시스템에서는 재료를 쌓아놓는 것이 오히려 기업 자체의 '손실'을 줄여준다. 여기서 손실이라는 것은 사회 전체의 손실이 아니라 감시 주체인 계획당국으로부터의 징계를 말한다. 징계를 당하지 않고 계획지표를 다 채우기 위해서는 언제 부족할지 모르는 재료를 쌓아놓고 있어야 한다. 이처럼 사회 전체적으로는 분명 낭비인데, 개별 기업에게 이익이 되는 시스템은 지속될 수 없다. 한 사회가 지속가능하기 위해서는 개인에게 이익이 되는 것이 사회 전체에게도 이익이 되어야 한다.

그리고 주인-대리인 모델로 잘 설명되듯이, 주인인 인민의 이익을 대변하는 계획당국 자체의 선택도 인민 전체의 이익과 충돌하는 경우가 허다하다. 주인인 인민의 이익을 극대화시킨다고 해서 대리인(관료) 자신에게 큰 이익이 되는 것이 아니기 때문이다. 오히려 대리인인 관료들에게는 자기가 관리하고 있는 기업으로부터 뇌물을 챙기는 것이 더 합리적이다. 이런 일련의 과정이 침체의 원인이며, 그것이 누적되어서 북한은 극도의 비효율과 낭비가 구조화된 체제가 되어버렸다.

2. 비효율과 낭비의 메커니즘

위와 같은 침체의 일차적인 결과는 자본생산성과 노동생산성의 급격한 하락이다. 특히 자본생산성의 경우, 북한은 1970년대 이후부터는 계속해서 마이너스를 기록하고 있다. 1966~1970년까지 0.1%였던 자본생산성 증가율이 1971~1977년에는 -2.2%였고, 1978~1986년에는 -6.3%, 1987~1990년에는 -4.7%였는데, 이를 1966~1990년까지로 늘려보면 -3.6% 감소한 것으로 나온다. 자본생산성이란 상품 및 서비스를 생산하기 위하여 투입한 자본의 양과 그 결과 생산된 산출물 양의 비율을 말한다. 따라서 자본생산성이 계속 하락한다는 것은 자본 투입의 양이 늘어나는 것에 비해 산출물은 별로 늘어나지 않는다는 얘기다. 즉, 자본 사용의 낭비가 시간이 가면 갈수록 심화되었다는 것이다.

또한 노동생산성 증가율도 1970년대 후반 제2차 7개년 계획기간 이후 크게 둔화되었다(양문수, 2001, 113쪽). 노동생산성이란 일정한 단위 시간에 투입한 노동량에 대한 산출량의 비율을 말하는데, 노동생산성 증가율이 둔화되었다는 것은 노동자가 더 이상 효율적으로, 열심히 일하지 않는다는 것을 뜻한다. 국가 건설 초기에는 '공산주의 국가 건설'이라는 대의에 동의·열광해서 몸을 불사를 수 있지만, 시간이 지나면서 그런 초심은 사라졌다. 아무리 열심히 일해도 자신의 생활은 나아지기는커녕 오히려 더 어려워지는 것을 체험한 노동자가 생산성을 높이기 위해 노력하리라 기대하는 것은 애초부터 무리다.

북한은 처음부터 국가발전전략으로 '외연적' 성장패턴을 선택했다. 외연적 성장패턴은 생산요소를 대량으로 투입함으로써 성장을 도모하는 방식으로, 구체적으로는 고용을 급속히 확대하고 투자율을 높이며 노동시간을 연장하고 경지면적을 확대하며 투입할 광물자원을 광범위하게 채취하는 것이다. 그런데 이는 사실 성장률이 하락하면 지속하기 어려운 패턴으로, 빠져나올 수 없는 늪과 같은 방식이다. 높은 투자율을 계속 유지하려면 결국 성장률이 받쳐줘야 한다. 왜냐면 투자재원이라는 것은 결국 이전 단계에서 생산한 것 중에 소비하지 않고 남는 것인데, 성장률이 하락하다 보니, 다시 말해 투자량에 비해 생산량이 적게 나오다 보니 나중에는 투자할 자원이 점점 줄어들게 되는 것이다. 결국 만만한 게 노동자들의 노동강도를 강화하거나 노동시간을 연장하는 것인데, 노동자들도 더 많이 일해도 그에 대한 대가가 없기 때문에 노동의 효율은 정체되거나 하락할 수밖에 없었다. 또다른 투자재원인 광물자원도 더 깊이 땅을 파야 하기 때문에 채취가 점점 어려워졌고, 그나마 있는 채취 장비도 점점 노후화되어 자원투입을 더욱 곤란하게 만들었다. 요컨대, 자본을 많이 축적하여 생산량을 늘리려는 모델은 생산성 하락으로 더 이상 지탱할 수 없게 되었다(양문수, 2001, 180~184쪽).

북한이 이런 상태에서 선택할 수 있는 유일한 길은 '내핍'이었다. 북한 인민들에게 저축을 강제하고, 노동에 비해 턱없이 낮은 저임금을 강요하는 방식이었다. 즉, 이 딜레마를 물질적 자극이 아니라 당성·이데올로기·사상교육 같은 정신적 자극을 통해 돌파하려고 한 것이다. 거기에다 북한은 체제의 보루, 즉 국방과 밀접한 관련이 있는 중공업을 유지시키기 위해서 농업과 경공업에서 더 많은 잉여를 짜내 중공업에 쏟아부어야 했기 때문에, 내핍의 강도는 더욱 세질 수밖에 없었다. 그러나 아무리 이념으로 무장해도 물질적 보상이 없는 시스템은 지속가능할 리 만무하다. 정신교육으로 '생산성 하락'이라는 난관을 돌파한다는 것은 애초부터 불가능한 일이었다.

그리고 이렇게 무리한 내핍은 결국 식량과 생필품의 부족사태를 초래할 수밖에 없었다. 농업과 경공업도 생산물 중 일정부분을 재투자해야 지속적 발전의 발판이 마련되는데, 북한은 재투자해야 할 부분의 상당량을 중공업에 쏟았기 때문에 농업과 경공업은 희생될 수밖에 없었고, 그 결과 식량생산과 생필품 공급능력이 급격하게 저하되는 처참한 상황에 놓이게 된 것이다. 이렇게 되자 당국은 급기야 인민 스스로 식량과 생필품을 거래할 수 있는 '시장'을 허용하게 된다. 배급으로 안 되는 부분은 스스로 채우라는 것이다.

3. 북한의 시장개혁은 왜 실패했나?

1) 초기의 시장개혁과 실패의 메커니즘

아무리 문제가 많아도 계획 시스템이 그나마 유지되려면 인민들에게 최소한의 생필품은 공급될 수 있어야 한다. 정신적 자극으로 생활의 궁핍함을 극복할 수 없기 때문이다. 앞서 다루었던 것처럼 자본을 많이 축적하여 생산량을 늘리려는 모델인 외연적 생산 패턴은 생산성의 지속적인 하락으로 더 이상 유지될 수 없었다. 이 패턴은 종국에 가서는 체제 존립을 위해서 경공업과 농업에서 생산된 잉여를 중공업에 쏟아부어야만 하는 방식이었다. 그런데 문제는 중공업의 생산성 유지에 들어가는 비용이 점점 더 늘어나고, 이 때문에 경공업과 농업의 희생이 점점 커지는 악순환이 반복된다는 점이다. 인센티브의 결여로 농업과 경공업 자체의 생산성도 하락해가는데, 거기에다 중공업의 생산성 하락을 막는 역할까지 감당해야 했으니 생필품을 조달하는 농업과 경공업의 급격한 추락은 충분히 예상되고도 남는다 하겠다.

이런 이유 때문에 북한은 도저히 계획 영역을 통해서 식량과 생필품을 조달하기가 불가능하게 되었고, 결국 사적 생산과 시장을 허용하기에 이른 것이다. 북한 당국의 사적 생산 허용은 1980년대 초 개인 부업을 허용하는 것으로부터 시작되었다. 부업을 통해서 모자라는 생필품을 스스로 조달하라는 것이다. 그 후 당국은 가내작업반, 부업반, 텃밭 사용을 통한 소규모 사적 생산을 허용하는 데까지 나아갔다. 사적 생산은 자연스럽게 자발적인 거래, 즉 시장 형성으로 이어졌고, 이것이 바로 사회주의 제2경제the second economy의 기원이라고 할 수 있다.

이렇게 되면 노동자들은 인센티브가 낮은 제1경제, 즉 계획 영역보다 생산물을 자유롭게 소유·처분할 수 있는 계획 영역 바깥의 생산에 힘을 기울이게 된다. 일터에 가서도 직무에 집중하기보다 귀가 후 텃밭을 어떻게 가꿀까 생각하고, 농사에 필요한 도구다 싶으면 직장의 작업 도구도 하나씩 집으로 가지고 간다. 시장의 영역이 계획의 영역을 서서히

침식하게 되는 것이다(임수호, 2008, 21쪽).

이런 일련의 나쁜 흐름이 가속화하자 북한은 어쩔 수 없이 기업 경영에까지 시장적 요소를 가미한다. 그것이 바로 독립채산제인데, 과거 예산제하에서는 국가가 기업 이윤을 모두 가져갔고 기업에 적자가 나면 국가가 메워줬지만, 독립채산제 방식은 당국에서 내려온 계획 목표의 초과 달성분은 사내에 유보시켜서 경영자와 종업원에게 물질적 인센티브를 주겠다는 것이다. 정신적 자극이 통하지 않자 물질적 자극을 동원한 것인데, 이를 추진한 계획당국의 생각은 기업의 책임감을 제고시켜 계획 목표도 달성하고 인민의 생활도 보장한다는 것이었다.

그러나 실제로 이 제도는 제 기능을 전혀 발휘하지 못했다. 화폐로 주어진 물질적 인센티브는 장부에만 있었고, 그나마도 국가재정이 부족해서, 즉 돈이 없어서 기업이 인센티브를 찾아갈 수도 없었다. 물질적 자극이라는 영향력을 발휘하기에는 그 체제가 너무나 허약했던 것이다. 뿐만 아니라 자재가 부족해 계획 목표의 초과 달성은 고사하고 하달한 목표조차 달성할 수 없었기 때문에 물질적 인센티브는 그림의 떡이 되어버렸다. 엎친 데 겹친 격으로 1980년대 말에 사회주의권이 붕괴하자, 소련으로부터의 에너지 공급 중단사태마저 발생했다. 이로 인해 가뜩이나 허약한 공장가동률은 급속도로 떨어졌으며, 공급능력의 급락은 극심한 인플레이션을 초래했다. 이로써 돈의 구매력이 형편없이 떨어진 나머지, 독립채산제의 효과는 더 크게 반감되었다. 따라서 기업에 시장적 요소를 도입해서 계획 목표를 달성하려던 전략은 철저히 실패로 돌아갔고, 물질적 자극이 있는 제2경제, 즉 시장은 급속도로 확산될 수밖에 없었다(임수호, 2008, 96~100쪽).

본래 북한에서 소비재 상품의 배급이 원활히 이루어질 때 농민시장은 빛을 보지 못했다. 그러나 소비재 상품 공급이 제대로 되지 않자 가내작업반·부업반·텃밭 등의 비계획 영역에서 생산된 상품이 생산되고 유통되었으며, 이에 따라 농민시장에서 다뤄지는 물건의 양과 종류도 급격히 증가했다. 그러다가 급기야는 금지된 곡물까지 거래되기 시작했다. 물론 당국은 단속으로 대응했지만, 중하층 관료들은 이런 대책에 소극적이었다. 왜냐하면 상부의 명령에 적극적으로 복종할 인센티브가 없었기 때문이다. 생산능력의 급격한 하락으로 인한 인플레이션 때문에 중하층 관료들이 받는 임금으로는 생활이 불가능했다. 오히려 자신이 가진 권한을 이용해 여러 가지 이익을 챙기는 것이 합리적인 행위였다 (임수호, 2008, 81쪽).

이렇게 북한은 시장적 요소가 가미된 개혁 조치를 단행했지만 실패했고, 그로 인한 공급능력의 지속적인 하락은 결국 제2경제의 급속한 확산 내지 계획 영역으로의 침투로 이어졌다. 실제로 북한은 1990년대 중반 성장률 급락으로 배급제와 국영유통망이 붕괴되자, 다시 말해 인민이 받은 임금을 가지고 국영상점에서 살 물건이 없어지자, 시장의 영역이 식량뿐만 아니라 소비재에까지 이르게 되었다.

2) '7·1조치'와 그 이후의 시장개혁

이런 한계를 극복하고자 북한은 2002년 7월 1일 '7·1경제관리개선조치'(이하 7·1조치)를 단행하게 된다. 그 이유는 농업과 경공업 영역에서 공급능력이 급격하게 저하하게 되면 체제 유지와도 관련이 있는 중공업을 유지하기도 어려워지기 때문이다. 저임금, 강제저축, 정신적 자극을 통해서 체제 존립을 도모하는 게 불가능하다는 것이다. 이제 북한은 국가 차원에서 시장적 요소의 적극적 수용이 필요했고, 그것의 결론이 바로 '7·1조치'였던 것이다.

7·1조치의 목표는 이러했다. 첫번째는 시장 메커니즘 수용을 통한 암시장 근절이다. 장마당이라고 불리는 농민시장의 가격이 국영상점보다 훨씬 비쌌기 때문에 국영상점의 물건은 농민시장으로 암암리에 반출되었고, 이런 유출을 차단하기 위해 7·1조치에서는 국영상점의 가격을 농민시장의 가격에 맞추는 가격 현실화를 단행한 것이다. 그런데 이를 달리 바라보면 수요와 공급이라는 힘의 균형으로 만들어진 장마당의 가격을 결국 계획으로 운영되는 국영상점이 수용한 것이라고도 할 수 있다. 결국 국가가 사적 영역에서 이뤄지는 시장가격을 인정하게 된 것이다.

그러나 공급능력이 받쳐주지 않는 이런 조치는 실패할 수밖에 없었다. 생필품 부족 문제가 해결되지 않았기 때문에 농민시장의 가격은 국영시장의 가격을 곧바로 넘어서버렸다. 국영시장이 농민시장에 맞춰 가격을 정해놓으면 농민시장의 가격은 곧바로 달아난다는 것이다. 이런 이유로 2003년에 당국은 스스로 종합시장을 개설하기에 이르렀는데, 이는 시장 자체를 공식 인정한 것이나 다름없는 조치였다.

여기서 눈여겨볼 것은 개인만 종합시장을 이용하는 것이 아니라는 점이다. 당국은 소비재 생산기업에게 시장 판매용으로 30% 정도 내다팔 수 있게 했으며, 시장에는 개인은 물론 협동농장을 포함한 협동단체, 그리고 소비재를 생산하는 국영기업도 공식적인 판매자의 위치를 가질 수 있게 했다. 좀더 구체적으로 살펴보자면, 종합시장 내 전체 판매대들 중 5%를 기업에게 먼저 배정하고 나머지는 개인 등 입주자에게 분양하는 방식을 취했다. 아울러 국영상점을 기관과 기업에게 임대 분양해서 운영하는 수매상점도 크게 확대되었다. 물론 입주자는 시장사용료와 국가납부금을 내야 했다. 결국 암시장 근절을 목표로 한 국영상점 개혁의 종착점은 '시장'이었던 것이다(임수호, 2008, 152~153쪽).

7·1조치의 두번째 목표는 앞서 언급한 재정 확충이다. 당국은 농업과 소비재기업을 비전략부분으로 중공업을 전략부분으로 분류하고, 비전략부분에서 생산한 잉여를 화폐지표를 통해 추출하여 국방과 관련이 깊은 전략부분에 투입하려는 계획을 가지고 있었다. 말하자면 국가는 종합시장이나 개인의 사적 영역을 일정부분 인정하면서 배급제나 공공요금 보조라는 의무를 벗어버리고, 이 영역에서 짜낸 잉여를 전략부분에 투하하는 경제로의 전환을 선택한 것이다. 이 과정에서 가장 중요한 변화는 바로 당국에 대한 기업의 의무가 현물에서 화폐로 바뀌었다는 점이다. 7·1조치 이전에 기업들은 책임 물량만 채우면 되었지만, 이제는 당국에 물건이 아니라 화폐를 가져다주어야 했다. 하달된 화폐적 의무를 달성하기 위해서 소비재 기업은 판매에 신경을 쓰지 않을 수 없었고, 소비재 기업은 종합시장에서 다른 판매자와 경쟁하면서 돈을 벌어야 했다. 이처럼 재정 확충을 통한 체제 유지도 결국 시장을 통해서 해결할 수밖에 없었던 것이다.

요컨대 북한의 7·1조치 이후의 궁극적 목표는 인민에 대한 부담을 줄이면서, 즉 인민이 각자 살아남도록 시장에 맡김으로써 인민에 대한 국가의 재정적 부담을 덜어내는 한편, 기업에게 시장사용료를 징수하고 현금지표를 강조하여 그곳에서 나온 잉여를 국방과 관련된 중공업에 투하해서 전략부분을 살리려는 것이었다. 한마디로 체제 수호를 위해 어쩔 수 없이 시장을 이용하는 것인데, 이는 심하게 말하면 국가가 시장에 기생하는 것이라 할 수 있다(임수호, 2008, 186~191쪽).

하지만 이러한 7·1조치 이후의 모든 시장개혁은 성공하지 못했다. 근본 문제는 농업과 경공업 부문에서 생산된 잉여를 시장을 이용해서 국가가 계속 착취한다는 데 있다. 소비재 기업이 종합시장에서 판매해서 얻은 잉여를 당국이 너무 많이 요구하는 것이다. 이렇게 되자 기업은 확대재생산을 위한 기술발전은커녕 단순재생산도 어려워졌다. 결과적으로 농업과 경공업의 공급능력은 계속 하락할 수밖에 없었다. 종합시장에 진열된 농산품과 공산품의 상당부분이 중국산이고, 북한의 공장과 기업이 만든 제품은 시장 내에서 그 비중이 축소되어 있는 사실에서 우리는 그러한 현실을 확인할 수 있다(양문수, 2008, 141쪽). 다시 말해서 계획과 공존하고 있다고 알려진 북한의 시장은, 사실상 노력소득의 상당부분이 인정되지 않는 극도로 불공정한 성격이라는 점에서 과거나 지금이나 달라진 게 없는 것이다. 시장개혁 이전에는 현물로 갈취했지만, 시장개혁 이후에는 현금으로 착취한다는 사실만 바뀐 것이다.

7·1조치를 비롯한 일련의 개혁 실패는 3가지 문제를 야기했다. 첫째는 인플레이션으로 인한 국가관료의 충성도 약화다. 소비재 등의 공급능력이 하락하면 물가는 오르게 되어 있는데, 이렇게 되면 결국 화폐로 임금을 받는 국가 관료의 충성심은 약화될 수밖에 없다. 결국 그들은 생계를 위해서 다른 곳에 눈을 돌리게 된다. 둘째는 생산 위축으로 인해 국가 재정능력이 위협받게 되었다는 점이다. 셋째는 정부 밖에서 이루어지는 시장화의 진전이 사회적 안정을 해치고 있다는 점이다. 7·1조치는 물건을 주고받는 물물교환 중심의 경제에서 돈을 매개로 물건을 사고파는 화폐 중심의 경제로 바뀌는 기폭제가 되는 사건이었다. 이를 계기로 장사와 거래를 통해 돈을 버는 사람이 생기게 되었고, 이런 세력의 등장은 북한 체제의 안정성을 흔들었다. 비록 소수지만 신흥 부자들이

등장하게 되면 인민들의 국가에 대한 충성심은 약해지기 마련이다. 국가가 시키는 대로 충성해봤자 돌아오는 건 없고, 오히려 국가의 요구에는 대충대충 응하고 각자 살길을 찾아서 돈 버는 게 최고라는 생각에 젖는 것이다.

바로 이런 다급한 상황에서 북한이 선택한 것이 지난 2009년 11월 30일 단행한 '화폐개혁'을 통한 체제안정이었다. 화폐개혁은 구화폐와 신화폐의 교환 비율을 100:1로 정했고 인민 1인당 교환할 수 있는 최고 한도도 구권 10만 원으로 고정시켰다. 10만 원의 구화폐를 가져가면 1000원의 신화폐를 받게 되는 것이다. 화폐개혁을 통해서 인플레이션을 진정시키려는 측면도 있지만, 이번 화폐개혁의 방점은 교환 한도에 있었다. 아무리 돈을 많이 가지고 있어도 일정 한도 이상 바꿀 수 없게 한 것이다. 개인 자영업자가 죽을힘을 다해서 번 돈, 보따리 장사 밑천으로 가지고 있던 돈 중 교환 한도를 초과하는 돈은 모두 휴지가 되어버렸다(김영윤, 2009, 9쪽). 북한식 시장개혁이 빈부격차 심화를 초래해 인민에 대한 당국의 통제력이 약화되자 이를 무자비한 화폐개혁을 통해 막아보려 했던 것이다. 그러나 이는 기존의 가난한 사람들을 끌어올려 빈부격차를 낮춰보려는 것이 아니라, 신흥 부자들을 끌어내려 격차를 줄이려는 대단히 '나쁜 선택'이었다.

이런 화폐개혁은 빈부격차를 완화하는 데는 어느 정도 성공했는지 몰라도 화폐개혁의 1차적 목표인 인플레이션을 잡지 못했다. 열심히 쌓아둔 돈이 한순간에 휴지로 변한다는 것을 경험한 인민들과 상인들은 화폐보다 물건이 더 확실하다고 판단하고 북한 원화를 최대한 써버리기 위해 물건을 모으기 시작했고, 동시에 교환되지 않은 구화폐를 폐기처분하려는 사람들로 인해 순식간에 상품에 대한 수요가 급증하여 물가 상승이 일어났던 것이다.

따라서 우리는 북한의 시장개혁을 다음과 같이 정리할 수 있다. 공식적으로 7·1조치 이전엔 계획당국이 계획이라는 메커니즘을 통해 농업과 경공업에서 잉여를 착취하여 중공업에 투하했으나, 그것이 불가능해지자 인민의 기본적인 생활을 책임져야 하는 국가의 의무를 저버린 채 시장을 적극 활용해서 전략산업에 집중하는 길을 선택했다. 하지만 이런 조치는 지속적인 인플레이션 발생과 시장화의 확산으로 인해 인민에 대한 통제력 약화와 빈부격차 심화를 초래했고, 급기야는 사회적 위기로까지 비화했다. 북한 당국은 이런 흐름을 차단하기 위해 화폐개혁이라는 극약처방을 내렸지만 결과는 참담했던 것이다.

VI
북한이
가야 할
공정국가의 길

현재 북한은 자국민의 끼니조차 해결하지 못하는 '극도로 불공정한 사회'다. 노력소득의 상당부분은 인정되지 않을 뿐만 아니라, 국가가 앞장서서 사회구성원을 대상으로 반칙을 일삼아왔고, 기회균등을 논하는 것 자체가 사치처럼 느껴지는 사회가 되어버렸다. 이런 사회는 헤어 나올 수 없는 침체의 늪에 빠지는 것이 특징이다. 탈출하기 위해 애쓰면 애쓸수록 수렁 속에 더 깊이 빠져들고, 사회적 유대감은 점점 시들해진다. 이제부터는 이와 같은 상태의 북한에 어떻게 공정국가의 3원칙을 적용할 수 있는지, 그리고 그렇게 하면 어떤 결과가 나타나는지를 검토해보고자 한다.

1. 불로소득 환수와 노력소득 보장의 기초 다지기

1) 공공토지임대제의 정의와 중국으로부터의 교훈

조세의 3원칙에 가장 잘 부합하는 것은 토지세다. 따라서 북한에 적용할 조세제도는 '토지 불로소득에 대한 우선적 환수+일부 노력소득 징수'로 요약될 수 있다. 그러면 토지 불로소득을 환수하는 하나의 방법인 공공토지임대제를 디자인해보자.

앞서 살펴본 것처럼 토지 불로소득의 사유화가 끼치는 사회경제적 악영향은 참으로 엄청난 것이었다. 토지 불로소득의 악영향은 빈부격차·실업·재정난·경제위기 등 거의 모든 부분에 걸쳐져 있다. 이를 감안하면 북한에 어떤 토지제도를 도입하느냐가 북한 경제의 재건과 경제발전의 내용, 더 나아가 남북한의 체제 통합뿐만 아니라 정서적 통합까지 좌우한다는 것을 알 수 있다. 이것은 북한의 체제이행 초기에 토지투기가 일어나서 인프라와 공장 세우기가 힘들어지는 문제, 그리고 토지를 가진 자와 그렇지 못한 자와의 빈부격차 문제가 불거질 상황을 예측해본다면 충분히 동의가 되는 바다.

북한에 적용해야 할 공공토지임대제란 토지가치공유제의 일종으로 토지가치에 대한 수익권은 공공에게, 사용권은 개인에게, 처분권은 공공 혹은 개인에게 두는 제도를 말한다. 〈표 6-1〉에서도 알 수 있듯이, 공공토지임대제는 공공이 수익권과 일부 처분권을 갖는다는 점에서 토지사유제와 다르고, 사용권·처분권이 개인에게 있다는 점에서 토지공유제와 다르며, 공공도 처분권을 행사한다는 점에서 지대조세제와 다르다.

표 6-1 다양한 토지소유제의 정의

구분		토지사유제	토지공유제	토지가치공유제	
				지대조세제	공공토지임대제
소유권 구성 요소	사용권	개인	공공	개인	개인
	처분권	개인	공공	개인	공공 or 개인
	수익권	개인	공공	공공	공공
배분방법		시장	공공	시장	시장
사례		한국·미국·일본	북한·구소련	덴마크[1]	중국[2]

주 1) 덴마크는 1957~60년 동안에 지대조세제를 주장했던 '정의당'이 연립정부를 통해서 집권했고, 집권기간
동안 지대조세제 방향으로의 개혁을 단행했으며, 이것을 통해서 놀라운 성과를 거두었다. 자세한 내용은
전강수·한동근(2000, 116~123쪽)에 나와 있다.
2) 중국은 온전한 의미의 공공토지임대제를 실시하는 국가라고 하기 어렵다. 자세한 내용은 6장에 소개되어
있다.

그런데 문제가 하나 있다. 그것은 토지 불로소득을 완전히 환수하는
공공토지임대제가 정당성 면에서는 동의할 만한데, 이 제도를 실시하는
중국에서 부동산 투기가 일어났고, 최근엔 투기가 만들어낸 거품이 붕
괴하는 조짐까지 보이고 있다는 사실이다. 다시 말해서 공공토지임대
제가 토지사유제보다 나을는지는 모르겠지만, 문제가 많기는 마찬가지
아니겠냐는 것이다.

하지만 이는 공공토지임대제 자체가 가지는 한계가 아니라 중국의 제
도가 불완전하게 설계되었기 때문에 발생한 일이다. 거기에는 두 가지
이유가 있다. 하나는 가장 중요한 토지임대료를 확실하게 징수하지 않
았기 때문에, 즉 수익권을 공공이 확실하게 환수하지 않았기 때문이고,
또 하나는 모든 토지를 임대하지 않았기 때문이다. 따라서 북한이 이런
전철을 밟지 않으려면 중국의 공공토지임대제의 실상을 제대로 알 필
요가 있다.

표 6-2 중국의 공공토지임대제의 실상 (2001년, 단위 : %)

구분	공공토지임대방식	유상매각방식	행정배분방식
비율	21.6	34.1	40.6
임대료 징수 방식	연불(annual land rent)	일시불(up-front premium)	무상
투기 유무(및 특징)	무	유	유

중국은 임대제를 100% 실현하는 국가로 알려져 있으나, 실제로는 그렇지 않다. 농촌 토지는 100% 공공토지임대제를 실시하지만, 부동산 투기가 창궐하는 도시 토지에서 명실상부하게 공공토지임대제를 실시하는 비율은 전체의 55.7% 정도다. 더구나 그 55.7% 중에서도 34.1%는 임대료를 일시불로 받는 방식이고, 21.6% 정도가 연불年拂 방식이며, 나머지 40.6%의 도시 토지는 임대료를 받지 않는 행정배정 방식(국영기업·공공기관·공공시설에 무상으로 임대하는 방식)으로 배분되고 있다. 따라서 엄밀히 말하면 중국의 도시 토지에서 공공토지임대제의 정의에 부합하는 비율은 21.6%에 불과한 셈이다(남기업, 2008).

지금 중국에서 투기가 일어나는 지역은 임대료를 일시불로 받고 사용권을 양도한 토지, 즉 유상매각 방식(북한은 개성공단을 설립하면서 토지사용권 유상매각이라는 중국식 경제특구 모델을 벤치마킹하고 있다)으로 배분한 토지다. 유상매각 방식으로 양도된 "토지의 최대 이용기간은 주거용지가 70년, 교육·과학기술·문화·위생 등이 50년, 상업·관광·위락·체육용지는 40년, 종합 및 기타용지는 50년으로 규정되어 있으며, 구체적인 사용기간은 이 한도 내에서 양도계약으로 지정"하고 있고(김시중, 2002, 248~249쪽), 국가는 이런 토지를 1차적으로 부동산 개발회사에게 매각한다. 그런데 문제는 부동산개발회사에게서 토지임대료를 일

그림 6-1 중국에서 토지투기가 일어나는 이유

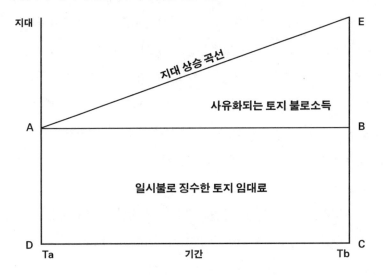

시불로 받게 되면 국가는 당장 목돈이 생겨서 좋을 수도 있겠지만 예기치 못한 토지가치 상승분(중국처럼 빠르게 경제가 성장하는 사회에서 토지가치는 더 빨리 상승한다)을 환수하지 못하게 된다는 점이다. 이렇게 되면 수익권의 일부 혹은 상당부분이 개발회사에게 귀속되어 공공토지임대제의 정신이 퇴색되고, 사유화된 수익권에 프리미엄이 붙어 투기가 일어나게 된다. 이해를 돕기 위해서 중국에서 부동산 투기가 일어나는 원인을 그림으로 나타내보면 이렇다.

〈그림 6-1〉을 보면 알 수 있듯이, 중국의 유상매각 방식은 토지임대료를 일시불로 받는 방식이다. 즉, 사각형 ABCD를 공공이 환수하고 삼각형 ABE는 맨 처음 토지를 양도받은 부동산개발회사가 사유화할 수 있는 불로소득이다. 바로 이렇게 지대가 완전히 환수되지 않기 때문에, 부동산개발회사는 국가로부터 양도받는 자체로도 엄청난 돈을 벌 수

있게 된다.

그러면 양도받은 부동산개발회사는 어떤 방법으로 토지 불로소득을 자기의 지갑에 넣을까? 첫째 방법은 그 토지 자체를 재양도하는 것이다. 재양도할 때는 회사가 국가에 지불한 사각형 ABCD뿐만 아니라 삼각형 ABE를 가격에 반영한 시장가격으로 거래를 한다. 둘째는 개발한 후 건물을 분양할 때 챙기는 방법이다. 가령 그 부동산개발회사가 주택단지를 건설해서 일반 개인에게 건물을 분양한다고 하자. 그러면 그 건물가격이 얼마나 될까? 그 가격은 건물소유주가 입지하고 있는 토지가격과 건물가격의 합으로 결정되는데, 이 토지가격에 사각형 ABCD와 삼각형 ABE가 합쳐지는 것이다. 이런 방법으로 처음에 국가로부터 토지사용권을 양도받은 부동산개발회사들은 토지 불로소득을 자기 주머니 속에 넣는다.

그러나 문제는 여기서 그치지 않는다. 시장 참가자들이 환수되지 않는 부분인 삼각형 ABE의 크기가 더 커질 것이라고 예상하면 개인에게 재양도할 때 개발회사들은 더 높은 토지 불로소득을 누릴 수 있게 된다. 한마디로 토지사용권 양도 가격이 폭등하는 것이다. 그리고 재양도받은 개인이 다른 개인에게 다시 양도할 때도 엄청난 불로소득이 발생하여 가격은 더 부풀게 된다. 특히 중국같이 매년 10% 이상 성장하는 국가에서는 그럴 가능성이 매우 크고, 그런 현실을 지금 목격하고 있다.

이런 토지 불로소득의 사유화는 국가의 입장에서 보면 재정 손실을 입은 것이나 마찬가지다. 그렇다면 이렇게 유상매각 방식이 초래하는 재정 손실은 얼마나 될까? 이와 관련하여 조성찬(2010, 117쪽)은 협의방식(중국의 유상매각은 '경매'보다 '협의' 방식이 주종을 이루는데, 국가로부터

표 6-3 일시불 방식 징수 총액과 매년 징수 방식 총액과의 지대총액 비교 (단위 : ㎡, 万元)

유상양도 방식		면적	표준(元)	기간(년)	지대총액	차이
일시불 방식(실제)		5412	200/50年	50	108.24万元(A)	-
매년 방식 (가정)	주택용지 최저기준	5412	30/1年	50	811.8万元(B)	703.56万元(B-A)
	주택용지 최고기준	5412	60/1年	50	1623.6万元(C)	1515.36万元(C-A)

자료 : 조성찬, 2010, 117쪽

사용권을 양도받는 자체가 엄청난 특혜여서 부패의 온상이 될 수밖에 없다)을 통해 처음으로 토지사용권을 유상으로 매각한 토지에서 재정손실이 얼마나 발생했는지 계산해보았다. 초기에 유상 매각한 주택용 토지 면적은 5412m²이었고, m²당 가격이 200위안이었는데, 토지사용기간인 50년 동안의 가격은 108만2400위안이었다. 만약 이 토지에 연불 방식을 적용할 경우, 즉 〈그림 6-1〉의 삼각형 ABE까지 환수할 경우 최저 사용료 기준인 30위안/m²을 적용하면 50년 동안의 총액이 811만8000위안이고, 최고사용료 기준인 60위안/m²을 적용하면 같은 기간 동안 총액이 1623만6000위안이 된다. 한마디로 환수하지 못한 재정손실이 최소 703만5600위안에서 최대 1515만3600위안 정도가 된다는 것이다. 그런데 이 토지뿐만 아니라 다른 토지도 이렇게 사용권을 매각했다는 것을 감안하면 중국의 재정수입 손실은 실로 엄청나다는 것을 알 수 있다(〈표 6-3〉 참조).

한편 지대를 일시불로 환수하면 재계약을 할 때 역시 일시불로 받아야 하는데, 이는 현실적으로 상당히 어렵다. 이미 사용자가 소유자처럼 행동하고, 거기에 더해 그의 정치적 영향력마저 커지면 징수되는 일시불은 경감될 가능성이 높고, 그렇게 되면 투기의 가능성은 더 높아진다.

그리고 행정배정 방식으로 배분되는 토지도 투기의 진원지다. 이 토지에서 투기가 발생하는 이유는 토지를 '무상'으로 임대받은 국영기업이 그것을 다른 주체에게 '유상'으로 양도하기 때문이다. 중국의 많은 국영기업은 아직도 국가로부터 무상으로 토지를 분배받고 있는데, 그 규모가 상당해서 이로 인한 지대의 유실이 매년 3000~4000억 위안에 달하고 있다고 한다(백승기, 2001, 165쪽).

요컨대 현 중국의 공공토지임대제가 경제성장에 큰 기여를 한 것은 사실이지만, 불완전한 공공토지임대제를 실시하여 투기가 발생했고, 이로 인해 거품 생성 및 붕괴의 위험이 상존하고 빈부격차도 계속 벌어지는 것도 사실이다. 물론 이것은 공공토지임대제 자체의 문제가 아니라 중국이 제도를 잘못 설계했기 때문이다. 북한에 적용해야 할 공공토지임대제는 바로 이런 문제들을 해결할 수 있어야 한다.

2) 공공토지임대제의 설계

중국의 사례를 통해 검토했듯이 공공토지임대제 성공의 핵심은 임대기간, 임대료의 책정과 납부, 국가의 토지사용권 회수, 임대관리기구 등 중요 사항들을 어떻게 정하느냐에 달려 있다. 다음은 이에 관한 구체적인 설계도를 제시해본 것이다(허문영·전강수·남기업, 2009).

임대기간

토지의 임대기간은 다양하게 설정할 필요가 있다. 공공토지임대제를 시행하고 있는 나라들의 임대기간은 5년에서 영구永久까지 다양하지만 보통은 50년이 많다. 그러나 임대기간이 지나치게 길게 되면 임차인은 소유권자와 비슷하게 되어서 임차인의 권리가 강해진다. 그렇게 되면 임대료 조정이 곤란해지기 때문에 임대기간은 너무 길지 않아야 한다. 물론 임대기간이 짧으면 토지사용권이 약해져서 토지의 안정적 보유와 장기 사용이 어려워진다고 할 수 있지만, 사용권 연장의 우선권을 임차인에게 확실하게 보장해주면 큰 문제가 되지 않는다. 따라서 이런저런 사정을 고려하여 임대기간은 10~15년 정도로 하고, 임차인에게 계약 갱신의 우선권을 부여하는 방식을 채택하는 것이 합리적이다. 예외적으로, 사용기간이 긴 주거용지나 상업용지의 경우는 임대기간을 30년 이상으로 해도 무방하다고 보는데, 이렇게 하더라도 5년에 한 번씩 임대료를 재책정하도록 해야 한다.

그리고 공공토지임대제를 실시하고 있는 대부분의 나라들처럼 임차인에게 임대기간 중 토지사용권을 자유롭게 처분(매각, 임대, 저당, 증여, 상속 등)할 수 있도록 해야 한다.

임대료 징수와 책정

중국의 예에서도 보았듯이, 공공토지임대제의 성패는 지대를 얼마나 철저하게 환수하느냐에 달려 있다고 해도 과언이 아니다. 만약 지대의 일부 혹은 상당부분이 개인에게 돌아가면 거기에 프리미엄이 붙고 투기가 일어날 가능성이 매우 크며, 결과적으로 제도의 신뢰도가 급락할 것이다.

이런 것을 고려하면 임대료 징수의 원칙은 일시불up-front premium 방식보다 연불annual land rent 방식이 바람직하다. 일시불로 하면 임대제가 아니라 토지사유제로 변질되기 쉽기 때문이다. 또한 사용자에게는 일시불 자체가 진입장벽이 될 수도 있다. 몇십 년 동안의 토지사용료를 한꺼

번에 내야 한다면 엄청난 자금을 동원할 수 있는 사람만 토지를 사용할 수 있게 되므로, 원칙을 연불로 하고 일시불과 연불을 혼용하는 방식을 예외로 해야 한다. 여기서 혼용이란 일종의 보증금 형식으로 목돈을 내고, 연간 임대료가 보증금의 이자를 초과할 시에는 초과분을 내는 개념이다. 물론 임대기간이 만료되면 보증금은 돌려받는다. 어떤 방식으로 할지는 임차인 스스로 선택할 수 있도록 하면 된다.

그러면 임대료는 어떻게 책정하는 것이 좋을까? 원칙적으로는 공개입찰을 통하여 최고 임대료를 부른 자에게 사용권을 양도해야 한다. '협의' 방식은 공개입찰보다 부패의 가능성이 높다. 사회주의 국가가 부패 정도가 심하다는 것을 고려하면 임대료 책정의 원칙은 공개입찰 방식으로 하는 것이 안전하다. 물론 소규모 토지나 사회적으로 수요가 적은 토지는 예외로 할 수 있다. 그리고 계약을 갱신할 경우에는 협상을 통해 임대료를 책정해야 하는데, 재협상이 되지 않을 경우를 대비해서 공개입찰을 요구할 수 있는 권한을 공공이 가지고 있어야 한다.

토지를 회수할 경우

공공은 토지가 심각하게 오·남용되거나 공공 목적이 있을 경우 토지를 회수할 권한을 보유해야 한다. 토지는 연속적으로 접해 있기 때문에 하나의 토지를 사용하는 행위는 해당 토지 이외에 주변의 다른 토지에까지 영향을 끼치게 된다. 인간의 모든 행위가 이와 같은 다소의 외부효과를 가지기는 하지만, 토지 사용행위가 끼치는 외부효과는 특히 강력하다. 따라서 토지의 오·남용은 주위에 있는 사람에게 악영향을 줄 수밖에 없기 때문에 이런 토지의 사용권은 공공이 회수할 수 있도록 해야 한다. 물론 공공 목적으로 토지를 회수할 경우 토지 개량물의 잔존 가치를 전액 보상해줘야 한다.

독립성이 보장된 새로운 기구 설치

공공토지임대제를 관리할 기구를 정부 내에 설치해야 한다. 이 기구는 토지사용권의 가치가 얼마나 되는지를 결정하고, 임대된 토지가 용도에 맞게 잘 사용되는지를 관리·감시하며, 임대계약 체결, 임대료 징수, 제도의 정당성·효율성을 홍보하는 임무를 맡는다.

한편 이 기구에는 반드시 중앙은행과 같은 정치적 독립성이 요구되는데, 그 이유는 정부부서나 임차인들의 정치적 압력에 영향을 받지 않기 위해서다. 그 대신 이 부서는 한 해의 수입과 지출을 자세히 밝히는 연차보고서annual report를 발간하는 의무를 진다.

3) 공공토지임대제의 예상효과

위와 같이 설계된 공공토지임대제가 북한에 실현되면 다음과 같은 효과가 예상된다.

첫째, 토지가 최선으로 사용될 수 있다. 공공토지임대제는 노동자와 기업가의 생산물에 대한 사적 소유 허용과 병행해서 실시해야 하는데, 이렇게 되면 근로의욕이 고취되어 임대된 토지가 최선으로 사용될 것이다. 결국 이 제도는 북한지역의 경제활동에 활력을 불어넣을 것이고, 더 나아가서 경제 재건의 속도를 가속화시킬 것이다.

둘째, 토지배분과 관련한 부정부패가 없어질 것이다. 한국과 같은 자본주의, 중국과 같은 사회주의에서 토지배분과 관련한 부정부패가 끊이지 않는 이유는 토지 불로소득이 사유화되기 때문이다. 토지 불로소득이 확실히 환수되지 않은 상태에서 토지가 국가의 임의적 방식에 의해서 배분되면 시장임대료와 징수임대료와의 차이인 불로소득을 노리고 임차인인 개인(기업)과 임대인인 국가 사이에서 부패가 발생하기 쉽다. 말하자면 토지사용권의 실제 양도가격이 10만 원인데 5만 원에 배정한다면, 양도받는 기업 혹은 개인은 정부 담당자에게 그 차익의 일부를 뇌물로 주고 양도받을 수 있는 것이다. 그러나 위와 같이 설계된 공공토지임대제에서는 임대된 토지의 임대료가 시장임대료에 거의 근접하기 때문에 이런 부정부패는 발생하기 어렵다.

셋째, 정부기구가 대폭 간소화된다. 위와 같이 설계된 공공토지임대제하에서는 사회주의하에서 토지 사용을 계획하고 집행·감독하던 식의 방대한 기구는 불필요하게 된다. 또한 임대료를 확실하게 징수하여 국가의 우선적인 재정수입으로 삼게 되면 그만큼 조세제도를 관리할 새로운 기구 설치의 필요도 줄어든다. 물론 앞에서 언급한 토지임대를 관리할 기구가 필요하지만, 기존의 사회주의적 관료기구나 한국과 같은 자본주의 정부의 기구와 비교할 바는 아니다.

넷째, 기업의 진입장벽이 상당히 낮아지고, 토지 불로소득의 사유화라는 반칙 없는 경쟁질서가 확립되어 역동적 시장이 정착될 수 있다. 위와 같이 설계된 공공토지임대제에서는 토지가격이 제로(0)가 되기 때문에, 한국과 같은 고지가高地價로 인한 기업의 엄청난 부담은 사라진다. 토지를 임차한 기업은 자기가 번 돈에서 사회 전체가 토지 임차자에게 제공한 지대를 납부하면 된다. 다시 말해 창업이 훨씬 쉬워진다는 것이고, 이는 체제 전환 과정에서 발생할 실업사태 해결에 크게 기여할 것이다. 또한 한국과 같은 높은 토지소유 집중도가 초래한 빈부격차도 공공토지임대제하에서 사라지기 때문에 북한의 시장경제는 더욱 활기차게 될 것이다. 한마디로 말해 남한처럼 토지를 가지고 있기만 해도, 토지를 매매하기만 해도 엄청난 돈(불로소득)을 버는 일은 자취를 감출 것이다.

다섯째, 토지의 계획 기능을 제고하고 정부 재정의 자기조달self-financing 시스템을 가능하게 한다. 한국과 같은 토지사유제하에서는 토지의 수익권뿐만 아니라 사용권·처분권이 개인에게 있기 때문에 토지의 계획 기능을 제고하기에는 한계가 너무 컸다. 또한 도로·공원·학교 등 기타 공공시설을 설치한다고 해도, 투여한 재정을 회수한다는 것은 거의 불가능했다. 하지만 공공토지임대제하에서는 수익권이 공공에게 있고, 처분권도 일정부분 공공이 가지고 있기 때문에, 그리고 공공이 공적 목적으로 처분권을 환수한다고 하더라도 개량물에 대해서 적절하게 보상해주면 되기 때문에 도시계획 기능을 크게 높일 수 있다. 또한 공공시설을 설치한 비용은 토지가치 상승으로 나타나기 때문에 투입비용을 회수할 수 있게 된다. 예를 들어 어떤 지역에 교통체증 때문에 도로를 확장하거나 좀더 쾌적한 환경을 위하여 공원 등을 설치하면 인근지역의 토지가치는 자연스럽게 증가하는데, 공공토지임대제는 임대료를 정기적으로 재평가하여 징수하기 때문에 투입한 비용을 회수할 수 있다는 것이다.

여섯째, 농업생산량이 크게 증가할 수 있다. 중국의 경우 불완전한 임대제를 했음에도 불구하고 생산량이 비약적으로 증가했는데, 이는 "경제적이고 기술적인 진보에 의해 이루어진 것이 아니라, 작업과 그에 따른 보상 간의 연관성을 높인 생산 조직방식이 변화되어 나타난 결과"라는 데에 주목할 필요가 있다(장윤미, 2007, 154쪽). 이는 생산의 결과를 노력한 주체가 가질 수 있도록 했기 때문에 나타난 효과라는 것이다. 실제로 중국은 이 제도의 실행으로 1994년 중국 농민의 1인당 소득이 1978년도에 비해 9.13배로 증가될 수 있었다고 한다(최상철·이영성, 1998, 3쪽). 마찬가지로 북한에서도 사적 소유를 확실하게 보장만 해주면 농업생산량의 비약적 증가는 충분히 가능하고, 이를 통해서 북한의 식량문제는 상당히 해결될 것으로 보인다. 그리고 중국과 마찬가지로 농가소득의 증대는 공산품에 대한 수요 증가로 이어질 것이다.

마지막으로 토지사유제보다 사회적 갈등이 훨씬 줄어들 것으로 예상된다. 토지사유제하에서는 국가의 필요에 의해서 토지를 강제로 수용해야 할 경우가 많은데, 그 과정은 생각처럼 만만치 않다. 재산권자는 더 많은 보상금을 타내려고 애쓸 것이고 국가는 되도록 적게 주려고 할 것인데, 양자를 절충하는 일은 참으로 지난한 작업이다. 지난 2008년 1월 남대문 화재사건의 원인은 다름 아니라 토지보상금 때문이었다. 토지수용 과정에서 기대했던 보상금을 받지 못한 개인이 화가 나서 국보 제1호인 남대문에 불을 지른 것이다. 그러나 공공토지임대제하에서 이런 일은 일어나지 않는다.

또한 내 앞마당에는 혐오시설이 들어서면 안 된다고 하는 님비nimby 현상도 공공토지임대제하에서는 크게 줄어들 수 있다. 토지사유제하에서 님비현상이 일어나는 핵심 원인은 사람들이 기피하는 시설이 들어오게 되면 땅값이 떨어지기 때문이다. 그런데 공공토지임대제하에서는 그런 시설이 들어와서 토지가치가 떨어지면 임대료를 덜 내면 되기 때문에 갈등이 발생할 여지가 크게 줄어든다. 그리고 남한에서 일상적으로 일어나는 그린벨트 지역 재산권자들의 개발 요구와 환경보존론자들의 갈등도 공공토지임대제하에서는 발생하지 않는다. 요컨대, 공공토지임대제는 토지사유제가 초래한 수많은 사회적 갈등을 줄어들게 해준다는 얘기다.

2. 고른 기회 제공의 방안

북한 국유기업을 민영화하게 되면 국가는 재정 원천을 새롭게 발굴해야 한다. 대부분의 국가가 능력원칙, 즉 불로소득과 노력소득을 가리지 않고 많이 번 사람이 세금을 많이 낸다는 기준에 근거한 세금으로 국가재정을 충당하고 있지만, 북한에서는 이런 세금에 크게 의지하지 않아도 된다. 왜냐면 앞에서 다루었던 토지임대료가 있기 때문이다. 정상적으로 성장하는 경제에서 토지임대료는 경제발전의 결과로 상승하게 되는데, 이는 자연스럽게 국가운영 경비의 원천이 증가한다는 것을 말한다. 한마디로 토지임대료는 '황금알을 낳는 거위'라고 할 수 있다.

그럼 이런 재원을 어디에 써야 할까?

첫째는 실업급여에 투여해야 한다. 자유경쟁의 원칙을 북한에 적용하면 지금까지 국영기업에 초과 고용된 인력 중 20~30%, 전체 인구 가운데 37%에 달하는 농업인구 중 상당수, 군 병력 축소로 인한 실업인구, 과잉 고용된 국가공무원 등 엄청난 실업사태가 예상된다. 이런 실업자들을 구제하는 기본 방향은 민간기업의 투자가 만들어내는 일자리 창출이다. 하지만 이들 모두를 고용할 수 있는 일자리가 생길지는 알 수 없기 때문에 실업자들이 최소한의 생활은 할 수 있도록 국가가 지원해야 한다. 이는 사회 안정과 직결된 것이기 때문에 매우 중요하게 추진되어야 한다.

둘째는 적극적 노동시장 정책에 투여되어야 한다. 앞서 언급한 실업급여는 소극적 정책이고 정부는 보다 적극적으로 고용 창출 및 실업대책을 지원할 공공서비스 및 행정팀을 조직하고, 직업훈련을 담당해서 고용 가능성을 높이는 정책을 추진해야 한다. 이와 아울러서 북한 경제가 아직 발전하지 못한 점을 고려하여 미용·이발·관광·소매업 등 서비스업 관련 교육훈련도 실시해야 한다(조동호, 2010, 56쪽).

셋째는 교육균등에 투입해야 한다. 모두에게 출발이 평등하기 위해서는 출신과 빈부에 상관없이 국가는 반드시 교육의 기회를 고르게 제공해야 한다. 투입된 교육 재정은 양질의 노동력을 양성하는 의미도 있으므로, 이는 결국 경제발전에 크게 도움이 될 것이다.

넷째, 의료균등에 투입해야 한다. 현재 북한 인민들의 건강상태를 고려하면 이 부분에는 엄청난 재정이 투입될 것으로 예상된다. 건강한 노동이 계속해서 공급되지 않으면 경제가 성장하기 어렵다는 것을 감안하면, 그리고 인간다운 삶을 살기 위한 우선적 조건이 신체적 건강이란 점을 고려하면 이 부분에 대한 재정 투입은 적극적이고 과감하게 수행되어야 한다.

이렇게 토지임대료를 국가재정의 최우선 수입으로 삼고 이를 기반으로 남한과 같이 교육과 의료의 기회를 고르게 제공하고, 실업자를 구제할 뿐만 아니라 고용 가능성을 높이기 위한 직업교육과 일자리 알선까지 한다면 북한 사회는 빠르게 안정되고, 이런 안정성은 성공적인 체제이행의 토대가 될 것이다.

3. 자유로운 시장으로 가는 방법

공정국가의 관점에서 볼 때 남북한 체제통합의 전제조건은 북한도 남한처럼 공정국가 모델로 이행하는 것이다. 하지만 완전한 통합 시기는 북한이 체제이행을 성공적으로 완료한 이후에 하는 것이 서로에게 유익하다. 예를 들어 체제이행 초기에 남북한 노동시장이 개방되면 북한은 노동생산성을 상회하는 임금의 급격한 상승 때문에 신규 투자 유치는 물론 산업경쟁력조차 잃어버릴 수 있다. 경제력 격차가 너무 크거나 제도적 이질감이 크면 통합은 서로에게 고통이 될 것이고, 결국 이는 통일 자체에 대한 회의감 확산으로 이어질 수 있다.

공정국가로의 체제이행에서 가장 핵심적인 문제는 '자유경쟁의 원칙'을 제도적으로 어떻게 구현할지와 그 제도 위에서 행위자로 참가하는 기업과 노동의 자유로운 활동을 어떻게 보장하느냐에 있다. 이 부분에 있어서 가장 큰 어려움은 국영기업의 민영화 과정에서 대량실업 사태가 발생한다는 점이다(조동호, 2010). 민영화 과정에서, 국가의 행정기구를 정비하는 과정에서, 그리고 100만이 넘는 엄청난 수의 군대를 구조조정하는 과정에서 발생하는 실업문제를 제대로 해결하지 못하면 체제이행은 중대한 위기를 맞을지도 모른다.

다음으로는, 자유경쟁의 원칙이 구현될 수 있는 제도를 디자인한 후 주요 경제행위자인 기업과 노동에 관한 개혁 방향을 제시하고, 아울러서 실업문제의 해결 가능성도 검토해보기로 하겠다.

1) 자유경쟁을 위한 제도적 준비

자유경쟁이 가능하려면 다음과 같은 최소한의 제도적 준비가 필요하다.

첫번째는 노력소득을 사유화할 수 있는 사유재산제를 도입해야 한다. 이는 자유경쟁 원칙의 고갱이에 해당된다. 북한 경제 침체의 원인을 정확히 꼬집어 말하라면 그것은 '사적 소유권의 불인정'이라고 할 수 있다. 소유는 기본적으로 자유의 기본 전제다. 소유가 없는 자유는 상상할 수도 없다. 사적 소유가 없는 경제발전도 불가능하다. 경제가 발전한 나라의 공통된 특징은 합리적이고 안정적인 재산권 제도였다. 따라서 북한에도 노력한 결과물에 대한 사적 소유권을 확실히 보장하는 제도를 도입해야 하고, 소유물에 대한 자유로운 처분권도 보장해야 한다. 이런 제도가 갖춰져야 비로소 고용을 낳을 수 있는 투자가 활성화될 수 있다.

두번째로 점진적 가격자유화를 실시해야 한다. 시장경제는 수요의 힘과 공급의 힘에 의해서 결정되는 가격 메커니즘을 통해 자원을 배분하는 시스템인데, 이 가격을 당국이 인위적으로 결정하는 것이 아니라 시장에 의해서 자연스럽게 결정되도록 해야 한다. 한편 가격자유화는 사적 소유권의 완성을 위해서도 중요하다. 가격이 자유롭게 결정된다는 것은 결국 처분 시기와 구입 시기를 시장 참가자들이 자유롭게 결정한다는 의미이기 때문이다.

세번째로는 시장을 더욱 활기차게 만들 수 있는 파산법과 경쟁법을 제정해야 한다. 파산법 제정은, 시장경제에서 흔히 나타나는 개인과 기업이 파산하는 상황에서 채권자의 피해를 최소화하고 파산자의 신속한 재기를 도울 수 있는 법적 장치를 두는 것을 말하고, 경쟁법은 시장경제의 기능을 저해하는 경쟁제한적인 요인들을 제거하는 장치를 만드는 일을 뜻한다. 따라서 제정된 파산법과 경쟁법은 시장경제를 건강하게 만드는 데 아주 중요한 제도적 장치가 될 것이다. 하지만 계획경제하에서 수동적인 경제활동을 해온 북한 인민들에게는 이 제도가 상당히 낯설기 때문에 계속적인 홍보와 교육도 필요할 것이다.

네번째로는 중앙은행과 상업은행을 분리하는 방향에서 금융제도를 구축해야 한다(박광작·박제훈·최신림, 2000, 55쪽). 중앙은행은 남한과 같이 통화정책과 은행의 감독기능을 수행하도록 하고, 상업은행은 가계

저축과 기업투자를 담당하도록 한다. 한편 러시아 실패를 교훈 삼아서 금융과 산업은 엄격하게 분리해야 한다. 러시아는 산업자본이 금융자본을 병합함으로써 금융자본이 해야 할 중요한 역할인 산업자본의 효율적 구조조정을 가로막았다. 경제 전체적으로 보면 퇴출되어야 마땅한 기업이 금융회사를 끼고 있기 때문에 자금을 계속 공급받아서 존속하는 식으로 말이다. 그런데 이것이 시장의 건강성을 해치고, 더 나아가 산업자본의 도산이 금융기관의 부실로 이어져서 악순환을 낳게 되었다. 따라서 중앙은행과 상업은행을 분리해야 하지만, 금융자본과 산업자본도 엄격하게 분리해야 할 것이다.

2) 기업 민영화 방안과 실업문제 해결방안

위와 같은 제도적 기반 위에서 활동할 주체는 기업과 노동이다. 따라서 여기서는 국유 상태에 있는 기업을 어떻게 민영화할지, 그리고 민영화가 초래할 실업문제의 실질적 해결책인 고용창출 방법이 무엇인지 검토해보자.

북한의 국유화된 기업은 민영화되어야 한다. 모든 기업을 민영화하는 것은 아니지만, 기업은 기본적으로 민간이 운영하도록 하는 것이 바른 방향이다. 예외적인 경우를 제외하고 국가의 기업 운영은 비효율을 낳기 때문이다. 국영기업은 기업의 운영자금이 국가재정에서 할당되기 때문에 예산 제약에 별로 신경 쓰지 않고 수요자들의 요구에도 둔감하다. 그러므로 국가는 기업 경영자가 책임을 지고 수요자가 기업이든 개인이든 그들이 원하는 것이 무엇인지를 조사하고 상품을 얼마나 만들지, 그 상품을 만드는 데 기계와 사람의 비율을 얼마로 할지를 스스로 결정하도록 해야 한다. 민영기업은 본디 주어진 자원을 가장 효율적으로 활용할 방법을 모색할 수밖에 없기 때문이다.

국영기업 민영화와 관련한 러시아와 동유럽, 중국의 체제전환 경험에서 기업 민영화를 점진적 개혁과 급진적 개혁으로 구분해 설명하고 각각의 장단점에 관해 분석한 연구는 상당히 축적되어 있다. 많은 연구결과들이, 점진적 방식을 취한 중국이 러시아보다 경제발전의 속도가 빨랐고 내용이 나름대로 튼실했기 때문에 북한은 러시아의 급진적 방식보다 중국의 점진적 기업 민영화 방식을 따라야 한다고 말한다. 하지만 사실 속도와 관련해서는 정답이 없다. "개혁의 속도와 성장의 관계는 그리 분명치 않다. 급진적 방식이 제도적 공백을 초래할 수 있지만, 점진적 방식도 두 제도를 병행하는 데서 혼란이 발생할 수 있다. 개혁에 대한 저항은 급진적인 방식에 대한 충격에서 올 수도 있고, 점진적인 개혁의 효과가 불리하다고 느낄 때 올 수도 있다."(장윤미, 2007, 144쪽) 러시아의 급진적 사유화 방식이 실패한 이유는 급진적 방식 자체에 있는 것이 아니라, 국가권력이 취약해 본래 의도했던 기업 외부자 우위의 지배구조를 창출하는 데 실패했기 때문이다. 기존 계획과는 달리 러시아에서는 기존 내부자들(경영자와 노동자)이 기업의 투자기금을 활용하여 러시아인들에게 공개된 주식의 대부분을 매입했다(이근·임경훈, 2001). 기업 내부자들이 회사 주식의 대부분을 소유했기 때문에 외부자 감시가 전혀 이뤄질 수 없었고, 정치권력과 유착관계에 있었던 내부자들은 민영화된 이후에도 국가로부터 온갖 특혜를 받았으며, 나중에는 금융부문까지 손에 넣게 되었다. 이 때문에 민영화된 기업 중에서 시장에서 사라져야 할 기업의 구조조정은 지연되었다. 결국 러시아는 시장개혁 이후에 생산량의 급격한 감소로 인한 물가 상승, 다수의 실업자 양산, 그리고 절대

빈곤층이 양산되었을 뿐만 아니라 부패와 정경유착 등 국가경제의 왜곡과 파행까지 초래했다(장덕준, 2000, 112쪽). 요컨대 러시아의 민영화 실패는 급진적 방식 자체에 있었던 것이 아니었다.

그렇다고 해서 점진적 방식인 중국의 민영화 정책이 성공했다고 보기도 어렵다. 중국이 점진적 민영화 방식을 택한 이유는 무슨 장기적인 계획이 있어서가 아니다. 오히려 국유화된 기업을 민영화하면 사회주의국가라 할 수 없다는 관료의 이데올로기적 집착과 민영화가 초래할 실업에 대한 염려, 기업이 책임졌던 사회보장에 대한 국가의 부담 때문에 점진적으로 진행된 것이다. 이런 이유로 중국은 국유화를 유지한 채 다양한 방식으로 국영기업의 최대 약점인 '낮은 효율성'을 만회하려고 애를 쓰게 된다.

중국은 국영기업 효율성 제고의 방안으로 중대형 국유기업에 청부경영책임제(독립채산제)를 실시하고, 소형 국유기업에는 임대제를 실시했다. 청부경영책임제는 기업과 국가가 3~5년의 청부계약을 체결하여 기업경영자가 기업을 독립적으로 운영하고 국가에 지는 의무를 초과해서 획득한 이윤은 기업에 귀속시키는 제도다. 그러니까 이 제도는 국가의 재정수입도 확보하면서 효율성도 살릴 수 있는 방법인 것이다. 그러나 국유기업의 총요소생산성이 거의 '0'에 가까워 국유기업의 개혁은 실패했다고 해도 지나치지 않다. 총요소생산성이란 똑같은 노동과 자본 등의 생산요소를 투입하더라도 산출규모가 얼마나 다른지, 즉 생산요소 외에 기술개발이나 경영혁신 같은 '눈에 안 보이는' 부분이 생산성에 얼마나 영향을 미쳤는지를 측정하는 지표인데, 이 부분이 '0'이라는 것은 결국 청부경영책임제가 경영자나 노동자에게 어떤 자극도 주지 못했다는 이야기가 된다. 우리는 개혁 이후에도 구태의연한 기업의 경영관행이 그대로 남아 있었다는 것에서, 그리고 청부기업이 국가에 납부하는 비율을 1984년 24.2%에서 1989년에는 17.2%, 1992년에는 9.7%로 계속 경감시켜주었음에도 불구하고 적자를 보고 있는 국영기업의 비율이 급속히 증가한 데서 이를 충분히 짐작할 수 있다. 심지어 1996년 1~4월까지 10만여 개에 달하는 국유기업 중 약 43.3%가 적자상태에서 허덕이는 기업이었으며, 회사에서 남는 노동력 또한 2억 명이나 보유하고 있는 것으로 드러났다. 많은 기업들이 전체 인원의 30~40%에 해당하는 남는 인원을 고용하고 있었던 것이다(조원호, 1997, 133쪽).

또한 청부경영책임제의 경우 경영자가 계약기간 중의 이윤 최대화를 목표로 하는 '단기행위' 때문에 생산수단이 과잉 사용되는 문제가 초래되기도 했다(서석흥, 1998, 29~35쪽).

한편 예산 제약이라는 측면에서 보아도 중국의 국유기업 개혁은 실패한 것으로 드러난다. 개혁된 국유기업의 성공여부는 예산 제약의 둔감성soft budget constraint이 민감성hard budget constraint으로 전환되느냐로 판별할 수 있는데, 중국 국유기업의 예산 제약에 둔감한 관행은 개혁 이후에도 계속되었다. 기업이 배정된 예산을 알뜰하게 쓰기 위해서 노력하지 않은 것이다. 일반 기업에서는 예산을 효율적으로 사용하지 않으면 생존이 위험하다. 하지만 사회주의국가 중국에서는 예산을 규모 없이 사용해도 부족분을 국가가 메워준다. 실제로 1988년 11월부터 기업파산법을 실행했지만, 실제로 파산 절차를 밟은 기업은 중소형 기업을 제외하고는 극소수였다. 많은 국영기업이 파산하면 대량실업 사태가 발생하고 이로 인한 사회적 불안정이 염려되었기 때문이다. 이 때문에 국가는 적자를 계속 내는 기업도 파산시키지 않고, 은행 융자와 정부자금 지원을 통해 계속 연명시켜주었다. 그리고 심지어는 이윤이 감소하여 청부지표를 달성하지 못하거나 적자상태에 빠진 기업의 경우에도 경영자와 종업원의 임금을 매년 인상시켜주기까지 했다(이원호, 2005, 293쪽).

요컨대 중국의 성공은 국영기업의 점진적 민영화 내지 국영기업의 효율화에서 비롯된 것이 아니다. 중국의 성공은 농업생산량 증가, 국가의 영향을 덜 받는 향진기업(한국의 읍·면에 해당하는 향진 주민들에 의해 설립되었고, 생산·판매를 자율적으로 결정하는 방식으로 운영)의 놀라운 발전과 사영私營기업의 폭발적인 증가에 힘입은 바 크다. 공공토지임대제를 기본으로 한 중국의 가족책임농업제도에서 각 가정은 집단농장으로부터 농토를 임대해서 각 가정의 책임 아래 농사를 짓게 되었다. 임대기간은 50년이었고, 상속과 거래가 가능했다.(본래 임대기간은 1984년엔 15년이었으나, 1987년에는 50년으로 연장되었다.) 농민들은 일정한 양의 수확을 채우고 나면 나머지 잉여생산물은 그들 마음대로 처분할 수 있었기 때문에, 잉여노동력으로 소규모 장사나 가내공업을 할 수 있게 되었다. 농민이 대도시로 완전히 이주하는 것은 불가능했지만 중소도시에서의 소규모 자영업은 충분히 가능했다.

그뿐만 아니라 중국의 농업생산 발전은 도시 발전과 선순환 구조를 만들어내었다. 농촌개혁의 성공이 곧바로 산업 발전으로 이어진 것이다. 면화·담배·설탕 등 공업적 가공을 필요로 하는 농산품의 풍부한 공급은 공업 부분도 활성화시켰고, 도시근로자들은 그들이 받는 보너스를 가지고 필요한 식품을 다양하게 구입할 수 있었다. 역으로 농촌 소득의 증가는 공산품에 대한 구매력을 증대시키고, 이는 다시 더 많은 공업 생산을 자극했다. 또한 농민들은 잉여수입을 저축했는데, 이 자금은 다시 산업 부분에 재투자되었고, 농산물 수출을 통해서 외화까지 획득

할 수 있었다(남정휴 2003, 143~144쪽). 이런 과정에서 결정적으로 발전을 가속화시킨 역할을 한 주체가 바로 정부의 통제로부터 상대적으로 독립된 농촌지역의 향진기업과 도시 내의 사영기업이었던 것이다.

'예측하지 못한 결과'인 향진기업의 발전은 1990년대 중반까지 중국 경제발전에 중요한 역할을 했는데, 향진기업에 대거 고용된 인력이 바로 농촌의 풍부한 노동력이었다.(덩샤오핑은 "우리가 완전히 예상하지 못했던 최대의 수확은 바로 향진기업이 발전하여 우뚝 일어섰다는 것. 향진기업은 농촌 잉여 노동력의 50%를 점하는 사람들의 출로문제를 해결하였다"고 말한 바 있다. –유병주·신광철 2003, 1쪽에서 재인용.)

또한 1988년부터 사영기업이 도시 내의 청년실업자들을 흡수하기 위해서 허용되었는데 이것도 큰 성공을 거두었다. 하지만 여기서 눈여겨봐야 할 것은 국가가 사영기업을 육성하기 위해 적극적으로 나선 것이 아니었다는 점이다. 오히려 사영기업은 국영기업에 비해 홀대를 받았다. 일관성 없는 세금정책이 사영기업의 생존을 어렵게 만들었고, 국영기업에 비해서 은행에서 융자받는 것도 상당히 까다로웠다. 이런 열악한 환경 속에서도 사영기업은 1990년대 중반 이후에 중국 성장의 견인차 역할을 했고, 심지어 국영기업의 개혁을 압박하기까지 했다. 사영기업은 국가가 돕지 않아도 스스로 발전하는데, 각종 세제와 금융혜택을 독식하고 있는 국영기업은 도대체 뭐하는 거냐는 공감대가 확산된 것이다. 실제로 1996~2001년 5년간 사영기업의 수는 2배, 취업자 수는 3배로 증가했고, 자본총액과 총매출도 각각 3.6배와 6.8배로 증가했다(이상윤·이영철, 2006, 84쪽).

이상에서 살펴본 중국과 러시아의 경험을 통해서 북한 기업의 민영화에 두 가지 원칙을 세울 수 있다. 첫째는 중소형 국영기업은 급진적 방식인 경매로 민영화하고, 대형 국유기업은 점진적 방식으로 민영화하는 것이다. 후자를 점진적으로 하는 이유는 "국가경제의 대부분을 점유하는 국유기업을 매입할 수 있는 구매력과 구매의지를 국민이 가지고 있어야 하는데, 초기에는 그럴 여건이 마련되어 있지 않기 때문"이다.(고상두, 1998, 271쪽) 또한 전환 초기에 신속히 매각하면 국가의 중요 재산이 헐값으로 매각되는 문제가 발생해 국가재정에 큰 손실이 날 수 있기 때문이다. 그러나 점진적 국유화 과정에서 빠지기 쉬운 예산 제약의 둔감성을 극복할 수 있는 장치를 마련해야만 하는데, 국영기업 경영자에게 민영화했을 때 매입우선권을 보장해주는 것이 하나의 대안이 될 수 있다. 그렇게 하면 기업 경영자는 경영효율화를 꾀하기 위해서 노력할 것이고, 기업 생산수단의 과잉 사용은 상당히 자제될 것이다.

그러면 국유기업의 민영화나 대형 국유기업의 경영합리화가 초래할 실업문제는 어떻게 해결할 수 있을까? 앞에서도 잠깐 검토했듯이, 민영화 등의 각종 조치는 엄청난 실업자를 양산해낼 가능성이 크다. 국영기업에 초과 고용된 20~30%의 노동자들은 민영화와 함께 구조조정의 대상이 될 것이고, 인구의 37%에 해당하는 농업인구에도 잉여인력이 상당할 것이다. 군 병력의 축소로 인한 실업, 인구에 비해서 한국의 2배 정도나 되는 국가 서비스업에서 쏟아져 나올 실업자까지 합하면 실업자 규모는 엄청날 것으로 예상된다(조동호, 2010, 48쪽).

동구의 예를 보면 이것이 단순히 기우가 아님을 알 수 있다. "예를 들어 헝가리는 1990년 경제활동참가율이 83%였는데 1993년에는 71%, 체코는 1990년 82%에서 1992년 74%, 슬로바키아는 1990년 84%에서 1992년 73%로 경제활동참가율이 급격히 감소하였다."(조동호, 2010, 333쪽) 〈표 6-4〉에서 보듯, 통일 후 구동독지역의 실업률에서도 이 같은

표 6-4 통일 이후 구동독지역의 실업률 (단위 : %)

1991년	1993년	1995년	1997년	1999년	2000년
11.1	15.5	14.1	18.3	17.6	17.4

자료 : DIW, Wochenbericht, 각호; 조동호(2010, 50쪽)에서 재인용

사실을 확인할 수 있다. 따라서 실업문제의 해결은 체제이행의 핵심이 슈다.

기본적으로 실업문제는 국가가 직접 나서서 해결할 수 없다. 민간에서 투자가 활성화되어야 실업문제의 해결이 가능한데, 중국의 경험을 보면 북한 실업문제 해결의 실마리를 찾을 수 있다. 먼저 농업생산량이 증대하고, 이를 기반으로 농촌 근교에 농가공업이 많이 활성화되면 잉여 농업인구를 흡수할 수 있을 것이다. 또한 도시에서는 도시에 기반을 둔 사영기업의 폭발적 증가가 국영기업 민영화 과정에서 구조조정된 노동자들을 흡수할 수 있을 것이다. 요컨대 '농업생산량 증대→농가공업 발달→농가소득 증대→공산품 수요 증가→사영공업의 폭발적 증가→공산품 수요 증가'라는 선순환이 작동하는 과정에서 실업문제는 상당 부분 해결될 것이다. 또한 여기에 중국 사영기업이 시장에 진입할 때 겪었던 애로사항(불합리하고 불규칙한 세제, 신용 접근 제한)을 해결해주면 투자와 고용의 선순환은 더욱 가속도가 붙을 것이다. 그리고 확실한 공공토지임대제가 실행되면 사영기업이 부담하는 세금도 상당히 낮아지게 되는데, 이것도 투자 활성화와 실업문제 해소에 크게 기여할 것이다.

대한민국의 새로운 좌표, 공정국가

오늘날 한국 사회의 모습을 한마디로 표현하면 무엇이라고 할 수 있을까? 필자는 '불평등한 출발과 반칙이 구조화된 사회'라는 표현이 가장 적확하다고 생각한다. 이제껏 보았듯이 한국 사회를 괴롭히고 있는 원인은 시장의 과잉 적용도 아니고, 국가의 지나친 개입도 아니다. 곳곳에 웅크리고 있는 불공정성이 주된 원인이었다. 이런 불공정한 사회에서 '사회적 자본'이라고 할 수 있는 '신뢰'가 싹튼다는 것은 거의 불가능에 가깝다. 이런 사회에서 기업가가 장기적 관점에서 투자하거나 노사가 협력한다는 것도 쉽지 않다. 기업가든 노동자든 사회구성원 대부분이 단기적이면서 협소한 이익을 추구하게 된다.

이런 사회가 장기간 계속되면 하층에 있는 사회구성원들은 '패배주의'에 사로잡히게 되고 그런 패배주의는 '기회주의'를 불러오며, 기회주의는 다시 패배주의를 강화하는 악순환을 초래하게 된다. 어쩌면 한국 사회가 지금 이와 같은 악순환의 초기단계에 와 있는지도 모른다. 더 힘들어지기 전에 한국 사회는 방향을 틀어야 한다.

따라서 이를 해결하는 방법은 하나다. 공정성의 원리를 시장과 사회에 적용하는 것이고, 바로 이것이 '국가의 역할'이어야 한다. 이렇게 했을 때 한국 사회는 출생이 한 사람의 일생을 좌우하지 않는 사회가 될 것이다. 대기업과 중소기업이 협력하고 상생하는 활력이 넘치는 시장이 될 것이다. 소속이 아니라 능력에 따라 지위와 소득이 결정되는 사회가 될 것이다. 불로소득이 환수되어 빈부격차가 완화되는 사회가 될 것이다. 승자에게 재신임을 묻고 패자에게 다시 기회를 제공하는 안정적이고 역동적인 사회가 될 것이다. 결과적으로 한국 사회는 '신뢰가 주도하는 사회'로 변화될 것이다.

진보 그룹은 정도의 차이는 있지만 '시장'을 용인하는 이상 위와 같은 사회는 불가능하다고 보는 듯하다. 하지만 보수가 중시하는 시장을 통해서도 좋은 사회는 충분히 가능하다. 중요한 것은 시장의 영역을 국가가 얼마나 대체할 것인가, 즉 시장과 국가의 '비율의 문제'가 아니라 국가가 어떤 원칙을 가지고 어떤 역할을 것인가, 즉 '내용의 문제'인 것이다. 새로운 인식 틀에서 국가의 역할을 고민하면 국가는 시장 실패가 만들어놓은 문제(예를 들어 실업, 빈부격차 심화 등)를 해결하는 데서 그치는 것이 아니라, 시장 실패의 인자들이 작동하지 못하도록 '사전에' 차단하여 보수가 바라는 건강하고 역동적인 시장을 만드는 역할을 할 수 있고, 결과적으로 진보가 바라는 연대감이 넘치는 안정된 사회도 만들 수 있게 된다.

이 책에서 우리는 공정성이라는 시각으로 시장과 사회에 웅크리고 있는 반칙과 특권을 포착하고, 그것이 대한민국 전체를 얼마나 병들게 했는지를 분석했다. 그리고 그것을 해결할 수 있는 종합적 해결책을 제시하고, 해결책이 가져올 예상효과도 검토했다. 여기서 흥미로운 것은, 이렇게 누구나 이해하고 동의할 수 있는 공정성이라는 가치가 기존의 진보와 보수의 인식 틀을 넘어서는 새로운 시각을 열어준다는 점이다. 출발이 같아야 하고, 경쟁과정에서는 반칙이 없어야 한다는 것에 누가 반대할 수 있겠는가. 불로소득은 다른 사람을 괴롭히는 것이므로 가능한 한 공적으로 환수해야 하고, 어디서 태어났느냐와 같은 운이 한 사람의 일생을 좌우하는 사회는 좋은 사회가 아니므로 모두에게 고른 기회를 주되 그 비용은 불로소득으로 충당하자는 것, 그리고 시장에서 경쟁할 때는 다른 사람에게 반칙을 하지 말아야 한다는 것은 역지사지를 하는 인간이라면 누구나 동의할 수 있는 원칙이다. 이런 점에서 보면 결국 공정국가 모델은 누구나 알고 있는 상식으로 돌아가자는 것일지도 모르겠다.

이와 같은 공정국가의 의의는 무엇일까? 첫째는 무엇보다도 진보와 보수의 가치를 새로운 차원에서 결합시키고 조화시키고 있다는 점이다. 불로소득 환수의 원칙은 양식 있는 보수와 진보 모두가 동의할 수 있는 지점이다. 불로소득은 기본적으로 다른 사람의 사적 소유를 침해한 것이기 때문에, 그리고 불로소득 환수 자체가 시장의 효율성을 획기적으로 높이기 때문에 시장과 개인의 자유를 중시하는 보수라면 당연히 동의할 것이다. 또한 불로소득 환수가 빈부격차를 완화시키기 때문에 형평성을 추구하는 진보도 동의할 것이다. 한편 기회균등의 원칙은 진보적 가치라고 할 수 있는데, 기회균등의 재원을 불로소득에서 충당하기 때문에 보수도 여기에 반대할 이유가 없다. 오히려 이를 통해서 사회가 보다 안정되고 시장이 더욱 역동적으로 되기 때문에 동의할 가능성이 높다. 그리고 자유경쟁의 원리는 보수적 가치이지만, 공정국가 모델에서 작동하는 자유경쟁은 진보가 우려하는 시장 실패의 가능성을 줄여주기 때문에 진보도 옹호할 수 있다. 요컨대 공정국가 3원칙에서 보수와 진보는 손을 맞잡을 수 있는 것이다.

또다른 의의는 자유와 평등의 새로운 결합이다. 이견이 존재하지만 대체적으로 자유와 평등, 혹은 효율과 형평은 조화되기 어렵다는 것이 학계의 중론이다. 즉 자유(효율)에 역점을 두면 평등(형평)이 훼손되고, 반대로 평등(형평)에 집착하면 자유(효율)가 침해받게 된다는 것이다. 그런데 공정국가에서는 '평등(형평)의 제고를 통한 자유(효율)의 강화'가 가능하다. 즉, 다른 사람에게 해를 주지 않는 '경제적 자유'와 실질적 의미의 '기회균등'이 창조적으로 결합하고 있는 것이다.

이 책은 제도에 관한 내용을 담고 있다. 필자는 좋은 제도가 좋은 사회를 만들 수 있다는 믿음 아래, 먼저 진보/보수건 관계없이 누구나 동의할 수 있는 공정성의 원리를 제시했다. 그리고 그것을 구현할 수 있는 원리를 도출하고, 남한과 북한이 이 원칙에서 얼마나 멀리 떨어져 있는지를 검토한 후, 그 원칙의 구체적 적용방법과 예상효과를 다루었다. 따라서 이 책에 남한과 북한에 어떤 산업을 발전시켜야 하는지에 관한 구체적인 전략은 들어 있지 않다.

제도는 물길과 같다. 필요한 물이 아무리 많이 흘러도 물길이 잘못 구축돼 있으면 강 주위에 사는 사람들은 홍수로, 정작 물이 필요한 사람들은 물 부족으로 피해를 본다. 이렇듯 아무리 좋은 발전계획을 세워놓아도 좋은 제도 위에서 실행되지 않으면 제대로 된 발전을 기대하기 어렵고, 발전과정에서 수많은 문제를 낳게 될 것이다. 예를 들어서 북한에 적합하다고 생각하는 산업을 추진하는 과정에서 토지투기가 일어나면 어떻게 될까? 그 효과는 반감되고, 그 과정에서 원하지 않는 사회적 갈등을 겪게 될 것이다. 공정국가가 지향하는 제도는 잘 설계되고 구축된 물길과도 같다. 공정국가가 추구하는 철학과 원칙과 실행전략들이 잘 구현된다면, 잘 만들어진 물길이 모든 사람들에게 고루 혜택을 미치는 것처럼 대한민국, 더 나아가 통일한국의 구성원 모두를 지금보다 더 행복하게 만들 것이라고 생각한다.

마지막으로 이 책의 부족한 부분, 추후 보완할 과제에 대해서 언급하려고 한다. 이 책은 불로소득 환수의 원칙, 더 구체적으로 말하면 토지문제와 그 해결책에 대해서는 상당히 구체적으로 다뤘지만, 필자의 역량 한계로 자유경쟁의 원칙과 기회균등의 원칙의 구현방안에 대해서는 방향만 제시하는 선에서 마무리했다. 물론 토지문제가 매우 중요함에도 기존 연구들이 잘 다루지 않았고, 그런 면에서 보면 본 연구는 '바로잡은 것'이라고 할 수 있지만, 다른 부분이 상대적으로 부족하다는 비판은 충분히 일리가 있다고 본다. 그리고 북한과 관련해서도 체제이행의 구체성이 떨어지고, 남한에 비해서 분량도 적으며, 남과 북의 통합부분도 거의 다루지 못했다는 점도 지적될 수 있을 것이다. 이런 부족한 부분들은 차후의 보완해야 할 과제로 남겨두려고 한다.

■참고문헌 및 자료

강승복, 2005.8.4, 「노동시장 정책을 위한 재정지출 수준 국제비교」, KLI 데이터
　　센터 보도자료.

고상두, 1998, 「러시아의 시장개혁과 사유화 정책」, 『유럽연구』(통권 제7호).

고세훈, 2007, 『복지한국, 미래는 있는가: 이해관계자 복지의 모색』, 후마니타스.

권영길, 2009.6.25, 「외고생 4명 중 1명만 동일계열 대학 진학, 동일 지역 중학교
　　출신」 보도자료.

금재호 외, 2009, 「자영업 노동시장 연구(I)」, 노동연구원 연구보고서.

김기원, 2001, 「재벌체제의 발전과 모순」, 『동향과 전망』, 제50호.

김대호, 2009, 『노무현 이후: 새 시대 플랫폼은 무엇인가』, 한걸음·더.

김상조·유종일·홍종학·곽정수, 2007, 『한국경제 새판짜기』, 미들하우스.

김승래·송호신·김우철, 2009, 「부문별 재정지출의 거시경제적 효과에 관한 연
　　구」, 한국조세연구원 연구보고서.

김승욱, 2008, 「노사관계」, 박세일·나성린·신도철, 2008, 『공동체자유주의: 이
　　념과 정책』, 나남.

김시중, 2002, 「중국의 토지제도와 헨리 조지」, 이정우 외, 『헨리 조지 100년만

에 다시 보다』, 경북대학교출판부.

김영순, 2007, 「사회투자국가가 우리의 대안인가?」, 『경제와 사회』(통권 74호).

김영윤, 2009.12.7, 「북한 화폐개혁의 배경과 파급효과」, 제19회 한반도평화연구원 포럼집.

김유선, 2009.11.11, 「비정규직 규모와 실태(2009년 8월 경활부가조사 결과)」.

김윤상, 2006, 『알기 쉬운 토지공개념』, 경북대학교출판부.

김윤상, 2009 a, 『지공주의: 새로운 토지 패러다임』, 경북대학교출판부.

김윤상, 2009 b, 「버블 비국과 지공주의」, 이정전 외, 『위기의 부동산』, 후마니타스.

김정원, 2007, 「사회적 배제 완화의 측면에서 바라본 마이크로크레딧의 활동」, 전남대학교 5.18연구소, 『민주주의와 인권』(제7권 제2호).

김종엽, 2003, 「한국 사회의 교육 불평등」, 『경제와 사회』(통권 제59호 가을호).

김호기, 2010.2.3, 「욕망의 정치인가, 살림의 정치인가」, www.pressian.com

나성린, 2008, 「경제정책」, 박세일·나성린·신도철, 2008, 『공동체자유주의: 이념과 정책』, 나남.

남기업, 2007, 『지공주의: 새로운 대안경제체제』, 한국학술정보.

남기업, 2009, 「시장 친화적 토지공개념의 이론과 쟁점」, 이정전·김윤상(외), 『위기의 부동산』, 후마니타스.

남기업, 2008, 「한국토지제도의 문제와 개혁방향에 관한 제언」, 홍성태 엮음, 『토지공사의 문제와 개혁』, 한국학술정보.

남기업, 「'토지가치공유'의 관점에서 본 자유지상주의의 새로운 가능성」, 2007, 『대한정치학보』(14권 3호), pp. 345~366.

남상호, 2007, 「家計資産 分布와 不平等度의 要因別 分解: 勞動패널 資料를 中心으로」, 경제학 학술대회 발표자료.

남정휴, 2003, 「등소평 시대 중국 개혁의 정치경제: 러시아와 동아시아 개혁과의 비교」, 『세계지역연구논총』(20권).

노무현, 2009, 『진보의 미래: 다음 세대를 위한 민주주의의 교과서』, 동녘.

변창흠·안규오, 2009.5.29, 「개발이익 환수규모 추정과 개발부담금제도 개선방안 연구」, 대한국토도시계획학회 2009 춘계산학협동 학술대회.

박광작·박제훈·최신림, 2000, 「이행기경제의 체제전환유형의 북한적용 유용성 비교연구-독일, 중국, 러시아의 경우」, 『비교경제연구』(Vol. 7. No. 2).

박세일, 2008, 「왜 공동체자유주의인가: 회의론懷疑論에 대한 답변」, 박세일·나성린·신도철, 2008, 『공동체자유주의: 이념과 정책』, 나남.

박세일, 2008, 「공동체자유주의: 이념과 정책」, 박세일·나성린·신도철, 2008, 『공동체자유주의: 이념과 정책』, 나남.

백승기, 2001, 「중국의 도시토지관리정책에 관한 연구」, 『토지법학』(제17권).

서석흥, 1998, 「중국 국유기업 개혁의 현황, 문제점 및 전개방향」, 대외경제정책연구원

손낙구, 2008, 『부동산 계급사회』, 후마니타스.

심의섭·이종윤, 2006, 「Grameen은행과 한국의 무담보 소액대출에 대한 고찰」, 명지대학교사회과학연구소, 『社會科學論叢』(제26집)

안종범·전승훈, 2008, 「교육 및 소득수준의 세대간 이전」, 『재정학연구』(제56호).

양문수, 2001, 『북한경제의 구조』, 서울대학교출판부.

양문수, 2008, 「소유제 변화 없는 시장화 정책」, 윤대규 엮음, 『북한 체제전환의 전개과정과 발전조건』, 한울아카데미.

여유진, 2008, 「한국에서의 교육을 통한 사회이동 경향에 대한 연구」, 『보건사회연구』(제28권 2호).

유병주·신광철, 2003, 「중국 향진기업의 발전단계에 관한 연구」, 『경영사학』(제18집 제1호).

윤태호, 2009.6.22, 「한국의 사회불평등 현황과 과제」, 복지국가SOCIETY 원례 발표회 발표문.

이근·임경훈, 2001, 「동아시아 모델에서 바라본 중국과 러시아의 이행경제」, 『중소연구』(제25권 제2호).

이상윤·이영철, 2006, 「중국 사영기업의 전개과정과 과제」, 국제유통 포럼집.

이상이, 2010, 「역동적 복지국가의 논리와 전략」, 이상이 편저, 『역동적 복지국가의 논리와 전략』, 밈.

이원호, 2005, 「1990년대 중국 사영기업의 성장과 지역발전」, 『한국경제지리학회지』(제8권 제2호).

이은경, 2010, 「우리나라 건강보험제도에 관한 고찰」, 『재정포럼』(제167호).

이정우, 2007, 「양극화냐 동반성장이냐」, 『세계화시대의 한국 자본주의: 진단과 대안』, 한울.

이정전 외, 2005, 『국가균형발전을 위한 토지정책 방향 연구』, 한국토지공사.

이정전, 2009, 「부동산 시장 만능주의를 넘어」, 이정전 외, 『위기의 부동산』, 후마니타스.

이창곤, 2006, 「한국의 건강 불평등과 정책방향」, 『아세아연구』(49권 1호)

임채원, 2007, 『사회투자국가: 미래한국의 새로운 길』, 한울아카데미.

임수호, 2008, 『계획과 시장의 공존: 북한의 경제개혁과 체제변화 전망』, 삼성경제연구소.

임채원, 2007.8, 「영국을 통해 읽는 사회투자국가의 이론과 현실」, 『말』(통권 254호)

장덕준, 2000, 「1990년대 러시아 사유화의 전개: 개혁의 성과 또는 '크로니 자본주의'의 원천」, 『중소연구』(Vol. 24, No. 3).

장윤미, 2007, 「개혁 개방에 관한 비교사회주의 연구: 중국과 러시아의 체제전환」, 『한국과 국제정치』(23권 4호).

전강수, 2007, 「북한 지역 토지제도 개혁 구상」, 『통일문제연구』(제19권 2호).

전강수·남기업·이태경·김수현, 2008, 『부동산 신화는 없다: 투기 잡는 세금 종합부동산세』, 후마니타스.

전강수, 2009, 「부동산 시장과 금융 위기」, 이정전·김윤상(외), 『위기의 부동산』, 후마니타스.

전강수·한동근, 2002, 『토지를 중심으로 본 성경적 경제학』, CUP.

전병유·안병진·이남주, 2007, 「한반도 발전전략의 신진보주의 구상」, 한반도사회경제연구회, 『한반도경제론: 새로운 발전모델을 찾아서』, 창비.

전병헌 의원실, 2005.9.27, 「상장기업들 부동산 보유현황」 보도자료.

정승일, 2007, 「신자유주의와 대안체제」, 『창작과 비평』(가을호. 통권 137호).

조덕희, 2004, 「중소기업 설비투자 부진의 원인과 대책」, 산업연구원, 『KIET 산업경제』.

조덕희, 2007, 「제조 중소기업 이윤율 장기 하락의 실태 및 원인 분석중소기업연구」, 산업연구원.

조동호, 2010.2.25, 「북한의 노동 분야 개혁과제와 남북한 통합방안」, 한반도평화연구원, 『남북정상회담 이후 남북한 경제통합 어떻게 준비할 것인가』.

조복현, 2007, 「경제성장과 안정을 위한 새로운 금융시스템의 구축」, 김형기 엮음, 『대안적 발전모델: 신자유주의를 넘어서』, 한울아카데미.

조우현, 2004, 「아버지 학력과 노동시장 불평등」, 노동경제논집(제27권 제2호)

조성재, 2005.6.8, 「우리나라의 하도급구조와 고용관계」, 한국노동연구원 '하도급 구조와 고용관계에 관한 토론회' 발표문.

조진한, 2007, 「사회투자국가: 새로운 사민주의 경제사회 패러다임?」, 참여연대 사회복지위원회 공청회 자료집.

조원호, 1997, 「러시아와 중국의 경제개혁 비교연구 –기업개혁이 경제성장에 미친 영향을 중심으로」, 경남대 극동문제 연구소, 『한국과 국제정치』(25).

최상철·이영성, 1998, 「통일 후 북한지역에서의 토지소유 및 이용에 관한 연구」, 『지역연구』(14권 2호).

한반도사회경제연구회, 2007, 『한반도경제론: 새로운 발전모델을 찾아서』, 창비.

한정화 외, 2006, 「대, 중소기업 상생협력의 이론적 모형 설계–건강하고 지속가능한 기업생태계 구축」(Vol. 28. No. 3.)

한정화, 2006.5, 「중소기업과 시장 및 정부, 무엇이 문제인가?」, NSI 정책연구보고서.

허문영·전강수·남기업, 2009, 「통일 대비 북한토지제도 개편 방향 연구」, 통일연구원.

허순임, 2009, 「소득 계층별 의료비 부담의 추이」, 『보건복지포럼』.

황경식, 1997, 『개방사회의 사회윤리』, 철학과현실사.

홍장표, 2008, 「한국 사회의 경제적 민주화 과제와 전망: 양극화의 현황과 쟁점을 중심으로」(http://myweb.pknu.ac.kr/org/user/jphong).

홍장표, 2006, 「하도급네트워크를 통한 기업간 기술협력과 혁신성과」, 『중소기업연구』(28권 4호).

Charles E. Lindblom 저, 한상석 역, 2009, 『시장체제』, 후마니타스.

George, Henry 저, 김윤상 역, 1997, 『진보와 빈곤』, 비봉출판사.

Nozick, Robert 저, 강성학 역, 1997, 『自由主義의 정의론』, 大光文化社.

Harrison, Fred 저, 전강수·남기업 역, 2009, 『부동산 권력: 투기와 거품붕괴의 경제학』, 범우사.

Rawls, John 저, 황경식 역, 1985, 『사회정의론』, 서광사.

Ricardo, David 저, 정윤형 역, 1991, 『정치경제학 및 과세의 원리』, 비봉출판사.

Smith, Adam 저, 김수행 역, 1998, 『국부론 (하)』, 동아출판사.

Tideman, Nicolaus, & Plassmann, Florenz, 1998. "Taxed Out of Work and Wealth: The Costs of Taxing Labor and Capital", in Harrison, Fred (ed.), *The Losses of Nations-Deadweight Politics versus Public Rent Dividends*, Manchester.

Vickrey, William. 2001. "Site Value Taxes and the Optimal Pricing of Public Services" in Giacalone, J. A. et al. eds., *The Path to Justice: Following in the Footsteps of Henry George*, Malden: Blackwell Publishing.

Wenzer, Kenneth C. eds.. 1999. *Land-Value Taxation: the equitable and efficient source of public finance*. M. D. Sharpe.

국가통계포털 http://www.kosis.kr

노동부, 2009.6.15, 「실업급여 수혜율 사상 첫 40% 돌파」 보도자료.

복지국가 SOCIETY 정책위원회, 2007, 『복지국가 혁명: 복지를 위한 성장, 복지를 통한 성장, 역동적 복지국가 창조』, 밈.

산업은행, 2009.11.27, 「설비투자 추이 및 전망」 보도자료.

중소기업중앙회, 『중소기업현황』 각년.

중소기업중앙회, 『해외중소기업현황』 각년.

진보신당 상상연구소, 2010, 「다시 '진보의 재구성'을 말한다」, 강수돌 외, 『리얼 진보: 19개 진보 프레임으로 보는 진짜 세상』, 레디앙.

진보정치연구소, 2007, 『사회 국가, 한국 사회 재설계도』, 후마니타스.

통계청, 2010.2.10, 「2010년 8월 고용동향」.

한국은행, 2003.2.27, 「한미일 기업의 재무구조 및 수익성 비교 분석」 보도자료.

한국은행, 『기업경영분석』 각년.

한국은행, 2008.10, 「생계형 서비스산업의 현황과 과제」(28호).

한국은행, 2007, 「사업서비스업의 현황 및 발전방향」, 『한은조사연구』(15호).

한국은행, 2010.4.29, 「2008년 산업연관표 작성결과」 보도자료.

행정자치부, 2007.10.1, 「2006년 토지소유현황 발표」 보도자료.

OECD, 2005. *National Accounts of OECD Countries: General Government of Accounts*

OECD. 2007. *Revenue Statistics*

OECD. 2009. *Factbook*

「30대 대기업 임원 최종학력 '해외대학' 출신 가장 많아」, 『조선일보』(2010.10.4)

「'사회서비스 일자리' 같은 진단 다른 처방」, 『한겨레』(2010.02.18)

「삼성전자·현대차, 그들만의 경기회복」, 『한겨레21』(2010.7.10. 818호)

「대통령님, 사교육 좀 없애주세요」, 『한겨레』(2009.12.27)

「'집값 거품 터질라' 또 위험한 '도박'」, 『한겨레』(2010.04.24)

「20대 취업자 370만명…30년전 수준」, 『한겨레』(2010.04.26)

「대기업 부동산 평가의 콧노래… 삼성전자 3조 이상 증가」, 『국민일보』(2005.9. 25)